JN410188

사랑이 꽃비 되어

안홍엽 두 번째 산문집

사랑이 꽃비 되어

신아출판사

머리글

"사랑이 꽃비 되어……"

故 장영희 교수가 조선일보에 「문학의 숲, 고전의 바다」라는 문학칼럼의 연재를 시작하면서 담당자로부터 받은 주문은 "글을 읽고 글 속에 소개된 책을 사기 위하여 서점으로 뛰어가게 해달라."는 것이었다고 한다. 적어도 책을 낸다면 이런 정도는 돼야 하지 않겠느냐는 생각을 하면서 책 내는 것을 몹시 망설일 수밖에 없었다. 글 속에 소개된 책을 사기 위하여 서점으로 달려갈 만큼 수준 높은 글이 아니기 때문이다.

이 책은 ≪전북일보≫에 게재되었던 〈전북칼럼〉원고와 ≪전북도민일보≫의 〈특별기고〉원고, 더러는 월간 문예지에 기고했던 글, 그리고 평소에 적어 놓은 짧은 글들을 모아 엮은 것이다. 길이가 제한된 신문과 잡지 원고, 그리고 길이와 형식에 제한을 받지 않은 자유원고를 모으다 보니 잡문 모음이라는 한계를 넘지 못했다. 그러나 글쓰기의 멘토가 되어주신 故 장영희 교수의 영향이랄까, 글 솜씨가 조금은 달라지지 않았나 자평을 해 보았다.

세상은 더 아름다워질 수 있다고 믿는 사람들, 글 쓰는 사람들의 마음은 무엇이 지배하고 있을까? 생각해 보았다. '사랑'이라고 믿었다. 나는 태어난 인연에서부터 70을 훨씬 넘는 이날까지 '사랑'을 먹으며 살고 있다고 믿는다. "고조부님께서 너를 '사랑'으로 보내 주셔서 모습도 고조부님을 닮았다."며 천하에 없는 증손자로 금이야 옥이야 하시던 증조부님 내외분의 사랑을 지금도 피부로 느끼고 있다.

그 후, 학교에 다니고, 직장을 구하고, 결혼을 하고, 아이들을 낳고, 병마와 싸우고, 심지어 사람들을 사귀고, 교제를 하고, 종교를 갖게 되고, 모든 것이 '사랑'으로 이루어지지 않은 것이 없었다.

영원한 베스트셀러 ≪성경≫을 읽으면서 가장 많이 접할 수 있는 말은 '사랑'이다. 하느님의 사랑으로 세상이 창조되었고 하느님의 사랑으로 인류가 구원을 받았기에 종교란 결국 '사랑'에 귀의하는 과정이랄 수도 있다.

보잘 것 없는 글이지만 멋있는 제목이라도 붙이고 싶어서 썼다가 지우고 생각하다 지우고 하면서 '위대한 침묵'(독립영화 감상기), '마지막 잎새'(일지스님의 편지), '사랑은 꽃비 되어' 등 몇 가지를 놓고 고민하다가 내 일생을 촉촉이 적셔 주었던 사랑, 사랑을 담은 ≪사랑이 꽃비 되어≫로 결정을 하였다. 결정을 하고 보니 참 잘했다 싶었다. '사랑'처럼 정다운 말이 또 어디 있을까? '사랑'처럼 좋은 말이 또 어디에 있을까? 생각해 보니 나는 '사랑'만 받고 살아온 것이 아니라 '사랑'을 하면서 살아온 것일 수도 있겠다 싶었다. 특별히 내가 미워하는 사람도 없으려니와 특별히 나를 미워한 사람도 없으니까 말이다. '사랑은 용서'라고 들었는데 나는 무한히 용서를 받았는가 하면 또 무한히 용서를 했는가도 싶다.

책을 디자인하면서 큰며느리 영주의 그림을 넣기로 했는데 뜻하지 않은 선물을 받았다. 고향의 후배인 서울대학교 김병종 교수가 그림을 제공해 주었다. 글, 그림에서 뛰어난 명성을 얻고 있는 분의 그림과 사랑하는 며느리의 그림이 보잘 것 없는 내 글과 같은 공간에 있게 된 것은 나에게 크나큰 영광이다. 책을 내면서 그림을 제공해 준 사람과는 특별한 인연이 있었음을 보았다.

4부로 나눈 순서는 특별한 의미는 없지만 1부 '사랑은 생명 이전', 2부 '사랑의 향기', 3부 '사랑의 땅', 4부 '사랑이 꽃비 되어'로 조금씩은 주제와 내용을 달리했다.

2006년 희수(稀壽)기념으로 발간한 칼럼집 ≪작은 영웅들을 위하여≫를 낼 때도 마찬가지였지만 두 번째로 상재한 ≪사랑이 꽃비 되어≫를 무슨 책으로 분류할까 고민스러웠다. 산문집?, 에세이&칼럼?, 수필집?, 어쩌면 어디에도 해당이 안 될 수 있다고 생각하며 또 한 번 출판이 망설여졌다. 그러나 아무래도 마지막 출간이 아닐까 싶어 개인적으로는 더 애틋한 마음이다.

책이 나오기까지 많은 분들이 사랑을 주셨다. 오랫동안 원고를 받아 주신 임병찬 사장, 김남곤 사장, 책을 만들어 주신 서정환 사장, 그리고 격려와 기대를 모아 준 아내와 아이들, 할아버지가 두 권씩이나 책을 지었다며 자랑스러워한 여섯 손자들, 집안의 형제자매들이 고맙다. 다시 태어나면 아름다운 글로 조금 더 세상을 아름답게 만드는 사람이 되고 싶다.

상할아버지, 상할머니, 할아버지, 할머니, 우리 아버지 우리 어머니! 하늘나라에 차리신 서가에 이 책을 꽂아 드립니다.

2011년 10월

인후동에서 백담 안홍엽 씀

■ 축간사

사위를 사려 깊게 살피는 큰 나무

— 안홍엽의 ≪사랑이 꽃비 되어≫에 부쳐

김 남 곤 | 시인 · 전북일보 사장

"많은 사람들이
제물을 탐하지만
나는 오직 자손들이
어질게 살아가기를 바란다

세상 살아가는 모든 지혜가
책 속에 있으니
책을 가까이 하거라

항상 부지런하고
검소하며
알뜰함을 잊지 말아라"

— 염와공 念窩公 (안홍엽의 증조부)

그러면 그렇지, 그 뼈대가 어디 가겠는가. 굳이 골품(骨品)을 따지고 가리지 않더라도 지체 있는 문벌(門閥)의 올곧은 심지가 그의 증조부인 염와공의 후예답게 살아가는 법도가 대낮처럼 밝다. 마치 맨발로 무서리를 밟고가듯 한 치도 버그러짐이 없다.

그 사람이 수필가이자 필 애드 대표인 안홍엽(安鴻燁)이다.

안홍엽의 아호는 백담(白潭)이다.

나는 이 글에서 아형(雅兄) 안홍엽의 호칭을 백담이라 쓰기로 한다.

나는 ≪사랑이 꽃비 되어≫를 세상에 내놓는 그의 산실에 들렀을 때 책머리에 꽃을 예쁜 핀 하나가 있었으면 좋겠다는 저자의 말을 듣고 언뜻 대답한 걸 얼마나 후회했는지 모른다.

문제는 축간(祝刊)에 들어갈 어떤 깍듯한 수사 때문이 아니라 무엇이라고 호칭을 해야 할 것인가. 거기에 딱 걸리고 말았던 것이다.

고하(古河) 최승범(崔勝範) 박사님은 2006년에 출간한 안홍엽 칼럼집 ≪작은 영웅들을 위하여≫의 하사(賀詞)에서 외우 안홍엽 "형"이라고 했다.

얼른 사전을 펼쳐봤더니 '형은 나이가 아래인 사람을 대접하여 이르는 말'로도 쓰인다라고 되어 있다. 안홍엽이 저만치 아래일 뿐 아니라 평소 더없이 친숙한 사이이므로 따뜻한 정감이 느껴지는 호칭이었다. MBC 전주문화방송에서 함께 근무했던 소설가 이병천(李柄天) 씨는 그 책의 평설(評說)에서 안홍엽 '선생'이라고 정중하게 호칭했다.

古河 박사님이 누구신가. 이 땅의 인습이며 의례 의식의 규범을 그 누구보다도 잘 챙기시는 분이 아니신가.

그런가 하면 젊은 이병천(李柄天) 씨가 호칭한 '선생'에 대해 나는 적이 전율했다. 선생으로 불리워지는 대상에 대한 야릇한 전율이 아니라 그렇게 부르는 사람의 심저에 깔려 있는 존경과 경모심에 대한 전율이었다.

거기에 나의 고민이 시작된 것이다.

나는 아형 안홍엽을 무어라고 호칭할 것인가. 고하(古河) 박사님이나 이병천(李柄天) 씨로부터 빼앗긴 나머지의 땅, 그 땅에 대한 그리움을 무엇이라고 표현할 것인가. 문득 생각이 치솟았다.

고희를 넘겼으니까 이쯤되면 이제 아호를 불러주는 게 도리가 아니겠는가 싶었다.

그렇다. 그의 아호인 백담(白潭)을 깃발처럼 들고 나가자.

백담(白潭)! 보태거나 덜 것도 없이 참 좋은 사람이다.

위에 실린 시문(詩文)은 백담의 증조부이신 염와공께서 가계를 철주처럼 굳건히 지키기 위해 내려준 교훈이자 철학이다.

백담은 그의 삶 속에 증조부님이 영생하고 계시다는 신념을 안고 있다. 증조부님의 글 읽는 소리를 자장가 삼아 잠이 들곤 했던 소년은 그 증조부님의 매섭고도 도타운 사랑 속에서 크게 어긋남도 없고 헐어짐도 없이 자랐다. 그는 그분을 제2창조주라고 말할 정도로 잊지 못한다. 오늘의 백담이 짙은 그늘을 드리우는 큰 나무로 서서 사위를 사려 깊게 응시하고 있는 자태도 그 웃어른에게서 이어받은 빈틈없는 잣대이자 맑은 거울인 것이다.

백담의 삶의 철학을 굽어보자.

“비판은 하되 편협하지 않고, 두려움이 없되 겸손을 잃지 않고, 감상에 젖되 환상을 좇지 않는 기상”이 그것이다.

나는 백담을 1주일에 한두 번은 만난다. 우리는 1960년대 후반, 그는 방송국에 나는 신문사에 입사한 언론 동지로서 매사에 의기투합하며 살아가고 있다. 때로는 개인사에서 국사에 이르기까지 고뇌의 길목에 자리를 펴고 앉아 회초리를 들기도 한다.

그 길목에 바람도 불고, 비도 내리고, 서릿발도 친다. 더러는 이 땅의 부조리에 불칼이 번뜩이기도 한다.

그런 백담을 대하면 덕윤신(德潤身)이라고 덕을 쌓은 그의 몸에선 윤기가 나는 것 같다.

법정(法頂) 스님도 ≪一期一會≫에서 그랬다. "덕스럽게 살면 덕스러운 얼굴이 된다."고.

≪사랑이 꽃비 되어≫에 담긴 그의 글 몇 대목을 보자.

그는 〈백혈병 소년의 아름다운 죽음〉에서 "사랑의 열매를 액세서리로 꽂고 다니는 데 만족하는 이웃사랑"을 보면서 "동전 세 닢을 바친 여인을 크게 칭찬하신 그리스도의 사랑을 기억해야 한다."고 말한다.

허식의 종아리를 때리는 가시 박힌 채찍이 아니고 무엇이겠는가.

그런가 하면 〈진정한 파수꾼을 기다리며>에서는 "우리에게는 지금 진정한 파수꾼이 필요하다. 한눈 팔지 않고 성실하게 경계하며 지켜주는 지도자가 필요하다. 거짓말로 시작하여 거짓말로 끝을 맺는 사이비 지도자가 판치는 세상은 이제 끝났으면 좋겠다."고 했다. 진정 허언의 혀를 자르는 톱날 같은 말이다. 그렇지 않은가.

이제 붓을 놓는다. 진정 축하를 하면서 나의 단필에 용서를 빈다.

오래오래 눈 크게 뜨고 살피며 살자꾸나.

| 차례 |

머리글 | 사랑이 꽃비 되어……
축간사 | 사위를 사려 깊게 살피는 큰 나무 · **김남곤** | 시인 · 전북일보 사장

1부 | 사랑은 생명 이전이고

위대한 침묵 • 019
보리피리 소리가 들리더이다 • 022
57세 문학소녀 장영희 • 027
지지 않는 꽃으로 환생하소서 • 033
부용산의 붉은 장미 • 038
포스마크의 요정 전수빈 • 043
일지 스님의 마지막 잎새 • 047
해가 산마루에 저물어도 • 052
나도 그런 형이 될 수 있었으면 • 056
3일만 볼 수 있다면…… • 059
내가 너희에게 한 것처럼 • 062
나 그대에게 고운 향기 되리라 • 066

5월이 되면 • 069
이 작은 소망들을 들어 주소서 • 072
임이라 부르리다 • 075
사랑은 생명 이전이고 • 079
사랑이 짙어 꽃동네 되다 • 082
십이월엔 사랑을 할 거예요 • 086
사랑이 싹틀 무렵 • 088
매화꽃 선물 • 092
스님과 수녀님의 끝나지 않은 인연 • 095
금강에 흐른 선혈 • 100
십자가의 길을 걸으며 • 104

2부 | 사랑의 향기

身老 心不老 • 109
백혈병 소년의 아름다운 죽음 • 113

땅끝마을 • 116
대통령의 눈물 • 119
숲길에서 유월을 걷는다 • 124
역사상 가장 위대한 일? • 127
시인은 잔인한 사월이라 했지만 • 131
사람의 향기가 그립습니다 • 134
다큐멘터리 2009년의 봄 • 137
때늦은 시작 • 140
우리가 뼈를 묻을 땅인데…… • 144
정초에 자살을 들먹이는 이유 • 147
나 좀 감동시켜 줄래 • 150
괜찮은 사람 괜찮은 일 • 153
더위의 고통이 잉태한, 오-가을이여! • 156
도대체 체면이란 게 뭔데? • 159
잘했군 잘했어 • 162
뻐꾸기와의 짧은 데이트 • 165
복실이는 행복할까? • 169
야! 무지개다 • 173

請託 • 176
해맞이 • 180
현역이지 않아 • 185
여인들의 수다 • 189
나비 • 193
여수, 55년의 추억 • 197

3부 사랑의 땅

법 앞에 움츠린 전주의 명예와 자존심 • 203
진정한 파수꾼을 기다리며 • 206
지방권력에 대한 기대와 우려 • 209
진정 독재를 바라는가? • 213
민주주의의 전사들 • 216
KO보다 판정승이 빛난다 • 221
시민 송하진, 도민 김완주 • 224
5+2, 5+3이 무슨 말이여? • 227

군수님의 애절한 기도 • 231
축제, 꽃과 나비여라 • 234
공적비를 세우는 뜻은…… • 237
뉴미디어 환상 • 241
문민 시대 머슴살이 윤리 • 245
선택의 의미와 투표 열흘 전 • 247
성숙된 의회문화 창출을 • 251
역사 앞에 엄숙해야 • 255
예술에서 공간의 뜻은…… • 259
자기부정과 전북재창조 • 262
전북의 미래는? • 266
역전 드라마를 써야 한다 • 270

4부 | 사랑이 꽃비 되어

지금도 살아계신 증조할아버지… 나의 영원한 멘토 • 275

가훈이 있는 집 • 280
사랑이 꽃비 되어 • 284
아버님 영전에 고하옵니다 • 288
어머님 영전에 올립니다 • 291
인민군 병사를 껴안고 우시던 어머니 • 294
白潭 安鴻燁 • 298
내가 누리는 축복을 세어 보니 • 303
책읽는 바보라고? • 308
희망은 축복이란다 • 312
가슴으로 난 딸에게 • 319
현정에게 • 324
연두색 수건 • 330
웰다잉 제1장 • 336
熾熱했던 삶을 讚美합니다 • 342
경계를 넘나드는 上善若水 • 346

발문 | 맑은 눈으로 보는 세상 · **라대곤** | 소설가 • 350

1
사랑은 생명 이전이고

〈사랑은 생명 이전이고〉 중에서……

당신을 어떻게 사랑하느냐구요?
내가 당신을 어떻게 사랑하느냐구요?
방법을 꼽아 볼게요. 내 영혼이 닿을 수 있는
깊이만큼, 넓이만큼, 그 높이만큼 당신을 사랑합니다.

위대한 침묵

심한 노이스가 눈과 귀를 어지럽게 한다. 깊은 정적 속의 노이스는 이상한 불안에 젖게 한다. 눈은 자연스레 감기고 이어지는 졸음, 진한 호기심으로 스크린을 응시하지 않으면 잠시 후 코 고는 소리에 엄숙한 분위기가 깨져 버릴 수도 있었다. 30여 년 동안 〈워낭소리〉에 이은 두 번째 영화관 나들이의 오프닝이다. 독립영화 〈위대한 침묵〉.

설날 새벽 미사가 끝난 뒤 신부님의 간절한 권유가 있었다. 독립영화 〈위대한 침묵〉, 영화에 대한 특별한 설명도 없었지만 짐작이 가능하였다.

한 영화감독의 끈질긴 집념으로 촬영 신청 19년 만에 "준비가 되었으니 들어오라."는 연락을 받고 영화감독 필립 그로닝은 달랑 카메라 한 대를 메고 홀로 수도원에 들어간다.

2년 6개월, 그로닝 감독은 한 마디의 연출 멘트도 하지 못하고 수도원의 일상을 카메라에 담는다. 영화적인 요소는 한 가지도 허락되지 않았다. 카메라의 어떠한 의도나 시선은 철저히 배제되었다. 영화적인 절정도 없고 작위적인 구성도 없다. 수도원 입구의 샘물을 처음과 마지막에 편집한 대목이 최소한의 영화적 구성이라고나 할까? 대사, 음악, 자막, 분장, 소도구도 물론 없다. 2시간 40분 동안 서너 번의 자막에 '모든 것을 버린 자만이 나의 제자가 될 수 있다.'는 성경 구절이 유일한 자막이다. 수도원 중앙에서, 굵은 동아줄로 잡아당겨 울리는 장중한 종소리가 수도원의 정적을 깰 뿐이다. 종소리에 이어지는 기도소리, 수도자들의 낮은 음성 그리고 형체 없는 자연의 소리, 환한 햇살에 노출되는 장면 몇 컷이 신이 인간에게 주는 사랑의 의미를 깨닫게 해준다. 모든 것을 스스로 해결해야 하는 곳이기에 페치카에 넣을 나무토막을 내려찍는 둔탁한 소리가 수도원의 정적을 깨는 거의 유일한 소리다. 메아리도 없는 소리였지만 수도원의 진혼곡처럼 장중하기까지 했다. 신비롭다 해야 할까, 장엄하다고 해야 할까. 눈부시도록 아름다운 침묵의 세계에 천상의 경이를 느끼게 한다.

해발 1,300미터의 알프스 계곡에 자리한 '카루투지오 수도원'. 죽어서 뼈조차 나올 수 없이 한 번 들어가면 영원히 그곳에 머물며 자신을 가두게 되는 봉쇄수도원이다. 수도자들은 모두가 백발이 성성한 노신부님들이다. 그 누구도 쉬이 들여다보지 못하는 고요함의 세계에서 수도자들은 영원을 만나고 있는 것이다. 해가 뜨고 달이 지고 별들이 나타났다 사라지길 반복하는 계절 속에서 그들만의 시간을 만들어가고 있는 것이다. 일상의 번뇌를 침묵과 기도로 물리쳐 가고 있는 수도자들에게도 더러는 자연에 대한 연민마저 버리지는 못한 것 같다. 알프스의 눈 덮인 언덕에서 천진스럽게 지치는 스노우 보드는 그것마저도 자연에 대한 사랑의 입맞춤일 뿐이었다.

특별한 날이 아니면 식사조차 쪽방에서 해결하는 수도자들에게 고독이란 사치스러운 욕망일 뿐이었다. "시력 상실이야말로 신의 은총이라."고 말하는 늙은 장님 수도자의 평화로운 미소는 하느님께서 주신 평화 그 자체가 아닐는지.

침묵으로 시작하여 침묵으로 끝나는 독립영화 〈영원한 침묵〉은 처음이자 마지막이 될 '카루투지오 수도원'의 일상을 우리에게 보여준 작품이라는 점에서 모든 이의 호기심을 불러일으켰다. 하지만 도대체 삶이란 무엇이며 영원으로 가는 이정표에서 삶의 좌표는 어디쯤에 있을까 궁금해졌다. 갖고, 버리고, 나누고, 빼앗는 우리네 일상은 도대체 어떤 의미를 갖고 있는 것인지 모르겠다.

화면이 사라지고 조명이 들어와도 잠시 몸을 움직일 수 없는 것은 무엇 때문이었을까. 영원한 침묵에 대한 공포였는지도 모른다. 그래서 위대한 침묵으로 영원을 장식했는지 모른다.

보리피리 소리가 들리더이다

처~ㄹ썩 처~ㄹ썩, 파도소리 평화로운 섬마을의 한낮은 깊은 정적으로 싸여 있었다. 무거운 침묵을 이고 한 서린 사연이 가을 햇볕에 졸고 있는 것일까. 관광객인지 탐방객인지 뜸하게 지나는 행인들이 사람 사는 마을임을 느끼게 해주었다. 길가에 도열한 아름드리 소나무들이 마을의 연륜을 새기고 있을 뿐 그저 평범한 섬마을의 모습이었다.

전라남도 고흥군 도양읍 소록리. 전라남도보다도 고흥군보다도 도양읍보다도 소록도로 훨씬 더 잘 알려진 이곳은 찾아가기에도 무척이나 힘든 곳이다. 국립 소록도병원이 있어서 유명(?)해졌고 유명한 곳이라서 찾아가기 어려운 곳에 있게 한 모양이다.

가도 가도 붉은 황톳길 / 숨 막히는 더위뿐이더라
낮선 친구 만나면 우리들 / 문둥이끼리 반갑다

천안 삼거리를 지나도 / 수세미 같은 해는 서산에 남는데
가도 가도 붉은 황톳길 / 숨 막히는 더위 속으로 쩔름거리며 가는 길
신을 벗으면 발가락이 또 한 개 없다
앞으로 남은 두 개의 발가락이 잘릴 때까지
가도 가도 천 리 먼 전라도길

문둥이 시인 한하운의 〈전라도길〉에서 참을 수 없는 단장의 아픔을 읽는다.

함경도로부터 시작한 길이었던가. 사람 없는 들길을 골라 남으로 남쪽으로 내려오는 길은 멀기도 하려니와 더위가 아니더라도 숨은 멎을 듯 고통스러웠을 것이다. 눈마저 어떻게 되었던가. 서산에 지는 해가 수세미같이 보였을까. 먼 길이 고달프고 아픔이 서러워 산모퉁이 후미진 곳에 몸을 기댄 한하운에게 개구리의 자장가는 그래도 따뜻한 위로였던 모양이다.

가갸거겨고교구규 / 라랴러려로료루류르리라

한하운의 시 〈개구리〉를 읽으면서 더는 쓰고도 싶지 않고 그 이상을 느낄 수도 없는 처절한 고독과 꺼지는 듯한 피로가 읽힌다.

1919년에 함경도 함주에서 태어난 한하운은 이리농고를 졸업하고 중국 베이징대학에서 농업을 전공한 뒤 1946년까지 함경남도 도청에서 근무했다. 이병철 씨의 후원을 받아 문단활동을 시작한 경력도 특이하다.

한하운의 비운을 보듬어 그래도 영혼의 안식처가 된 소록도는 작은 사슴 같다고 하여 붙여진 이름이라는데 천형의 사슬을 멘 한센인들에게는 글쎄…… 낙원이었을지 지옥이었을지 모르겠다. 문둥병, 나병, 한센씨병 등으로 알려진 천형이라는 이 병은 도대체 어떻게 하여 생겼을까? 소록도병원장으로 부임한 한 일본인 의사는 갖가지 방법으로 전염 경로를 추적했지만 끝내는 환자의 피를 뽑아 자기 혈관에 넣어 전염 사실을 확인한 뒤 자살했다는 애달픈 사연도 남아 있다.

녹동항을 왼쪽으로 놓여진 소록대교가 육지와 연결해주는 통로가 되었지만 다리가 놓여지기 전 소록도는 완전히 육지와 격리된 외딴 감옥이었다. 나폴레옹이 유폐됐던 엘바 섬이나 흉악범을 수용하고 있던 관타나모 섬과는 그 의미가 다르고 목적이 다른 섬이다. 탈출을 하고 싶어도 할 수 없는 해상 감옥, 이곳은 1916년 조선총독부에 의해서 만들어진 시설이었기에 93년이 지난 오늘 국무총리가 이들을 찾아 인권유린에 대한 사과를 할 만큼 일제가 우리에게 남긴 또 하나의 만행이었다.

93년이라는 세월이 말해주듯, 국립 소록도병원은 울창한 숲에 싸여 오히려 고즈넉한 관광지가 되었다. 병원 건물 뒤편으로 조성된 소록도 공원에는 유물전시관, 학교터, 유폐시설들이 잘 가꾸어진 나무들에 단아하게 싸여 있었지만 철조망을 가운데 두고 만날 수 없어 울부짖는 모자의 애달픈 사연이 어디선가 튀어나올 듯하여 가슴을 조이게 했다.

보리피리 불며 / 봄 언덕
고향 그리워 / 피-ㄹ 닐니리.

보리피리 불며 / 꽃 청산
어린 때 그리워 / 피-ㄹ 닐니리.

보리피리 불며 / 인환(人還)의 거리
인간사 그리워 / 피-ㄹ 닐니리.

보리피리 불며 / 방랑의 기산하(幾山河)
눈물의 언덕을 지나 / 피-ㄹ 닐니리. (1953)

흙 밭에 주저앉은 한하운을 닮은 양 널찍한 자연석 와비에 새긴 〈보리피리〉 시비가 소록도에 간직된 애달픈 사연과 함께 문둥이 시인 한하운의 외로운 넋을 달래주는 듯했다. 울창한 송림 사이로 햇빛을 받아 발산하는 시비의 여운이 소리 없는 한을 읊는 듯한 분위기였다. 섬에 깊이 갇혀 천형의 병마와 싸우다가 애달프게 숨져간 원혼들이 여기에 모여 울부짖는 소리가 들릴 것만 같았다. 하늘이 내린 형벌, 천형을 받은 이들은 도대체 무슨 죄를 지었기에 그 고통스러운 업보에 싸였을까 생각하니 가슴이 아려오는 듯했다. 한하운, 시를 쓰며 파랑새처럼 해맑게 살고 싶었던 그가 이승의 꿈을 접고 저 세상의 소원을 담은 울부짖음이 가슴 아프다.

나는 죽어서 파랑새 되어
푸른 하늘 푸른 들 날아다니며
푸른 노래 푸른 울음 울어 예우리.
나는 나는 죽어서 파랑새 되리.

백 편이 넘는 한하운의 주옥같은 시 가운데서도 〈파랑새〉처럼 우리의 가슴을 때리는 절규가 또 있을까.

2009년 11월 6일, 전북애향운동본부가 기획한 소록도 나로도 나들잇 길에는 오가며 줄곧 '피-ㄹ 닐니리' 보리피리 소리가 들리더이다.

57세 문학소녀 장영희

영혼이 담긴 글에 반했고 그를 쫓아가려고 애쓰는 사이 어느덧 나도 그 영혼을 닮아가는 듯했다. 보지도, 만나지도, 전화 한 통화도 해보지 못한 여인의 글을 나는 그렇게 사랑했다. 글을 사랑하다 보면 글 속에 담긴 영혼도, 그 영혼의 껍질까지도 사랑하게 되나 보다. 희망을 전하기 위하여, 사랑을 심어 주기 위하여 하느님이 보내주신 천사와 같은 사람이었다. 장 교수의 글을 읽고 있노라면 영혼의 소리를 듣고 있는 것 같아 삶 자체가 신비스러워짐을 느낀다.

2009년 5월 10일 아침, 조선일보는 A1면 톱에 '57세 문학소녀 떠나다'로 장영희 교수의 죽음을 알렸다. 쿵하는 소리가 들릴 만큼 가슴이 떨려왔고 눈에는 뜨거운 이슬이 맺혔다. 반의식불명 상태에서 3일에 걸쳐 썼다는 〈마지막 편지〉를 읽으며 눈가의 이슬은 방울로 바뀌었다.

"엄마, 미안해. 이렇게 엄마보다 먼저 떠나게 돼서. 내가 먼저 가서 아버지를 찾아 기다리고 있을게. 엄마 딸로 태어나서 지지리 속도 썩혔는데 그래도 난 엄마 딸이라서 참 좋았어. 엄마, 엄마는 이 아름다운 세상 더 보고 오래오래 더 기다리면서 나중에 다시 만나."

의식이 없어진 마지막 순간에도 안타까워하시는 엄마의 손길을 느낀 듯 엄마를 부르며 임종을 했다고 한다. 많은 사람들의 임종의 변이 있지만 장영희는 생전에 임종의 변으로 '엄마'를 생각해 두었었나 보다. 두 다리를 쓰지 못하는 딸을 업어 학교에 다니게 했고 대학 입학을 허락해 달라고 눈물로 애원하고 다녔던 어머니, 그리고 끝내 미국 유학의 길까지 열어준 어머니였기에 어머니는 하느님 다음의 분이었으리라.

'신은 모든 곳에 있을 수 없기에 엄마를 만들었다.'는 것을 짙게 실감하면서 살았을 것 같다. 그래서였던가 보다. 장영희는 어머니를 소재로 쓴 글을 많이 남겼다.

두 아들을 데리고 우동 한 그릇을 나누어 먹었던 어머니의 이야기 ≪우동 한 그릇≫, 정신지체아로 일생 동안 자라지 않은 아이를 기르며 고아의 어머니가 된 펄벅의 이야기 ≪어머니 그 위대한 이름으로≫, 유학에서 돌아온 지 10년이나 지난 뒤에 '영희의 짐'이라고 엄마가 써 놓은 상자 속에서 찾아낸 초등학교 시절의 추억거리를 다룬 「엄마의 눈물」 등 떠듬떠듬 기억되는 글들이다.

장영희 교수의 글을 처음 만난 것은 조선일보가 연재한 〈문학의 숲을 거닐다〉에서다. 그렇게 감동적일 수 없고 그렇게 순수할 수가 없었다. 그렇게 꾸밈이 없고 잔잔할 수가 없었다. 가을밤을 초롱초롱하게 수놓은 은하수를 닮은 글이었다. 모름지기 글이란 이렇게 써야 한다고 생각했다. 글재주 없는 사람이지만 글을 쓴다면 이렇게 써 보리라 마음먹었다. 2008년 5월 전북일보사 김은정 국장으로부터 '전북칼럼'의 필진 참여를 제안받았다. 물론 김남곤 사장의 귀띔도 함께였던 모양이다. 2008년 7월 14일자 '전북칼럼'란에 게재된 〈시민 송하진, 도민 김완주〉는 의외로 신선한 반응이었고 몇 분 유지와 함께 지사 김완주를 만나는 계기가 되기도 했다. 신문사의 편집 방침까지 바꾸어 집필을 연장하는 특혜까지 받아 1년 가깝게 칼럼을 싣고 있다. 그동안 많은 독자가 있는 듯도 하고 칼럼을 읽은 지인들마다 분에 넘치는 호평을 해 주었다. 10여 년간 전북도민일보 '전북춘추'에 실었던 칼럼을 책으로 묶어 ≪작은 영웅들을 위하여≫ (2006. 11.)를 칠순 기념으로 발간해서 가까운 친지에게 나누어 주었지만 전북춘추와는 달라진 분위기를 느낄 수 있는 글이라고 자평을 했다. 졸저 ≪작은 영웅들을 위하여≫의 책 제목도 장영희 교수의 ≪문학의 숲을 거닐다≫를 패러디했다. 책의 장정, 표지디자인, 편집까지도 닮으려 애썼다. 많은 디자인을 놓고 골랐지만 역시 좋아하는 사람의 좋아하는 책이기에 그 책을 닮을 수밖에 없었다. 사무적으로 얘기하자면 장영희 교수의 저작권을 침해한 셈이다.

"지독히 짝사랑하는 시인을 구하라."며 좋은 시 쓰는 법을 가르쳐 준

안도현 시인이 생각난다. 짝사랑한 시인을 닮은 시제가 많았고 시흥 또한 그를 많이 닮았다고 고백한 글을 읽었다. 나 또한 장영희를 무척 짝사랑했다고 고백한다. 칼럼을 시작하기 전 장영희의 ≪문학의 숲≫을 꺼내 든다. 〈정초에 자살을 들먹이는 이유〉는 헤밍웨이 일가 등의 자살 이야기를 쓴 〈생명의 봄〉을 패러디했고, 〈봄이 왔어도 봄 같질 않습니다〉는 〈어느 봄날의 단상〉을 흉내냈다. 〈어느 수인과 에밀리 디킨슨〉에 쓴 디킨슨의 시는 주례사에 인용하기도 했다.

사랑은 생명 이전이고
죽음 이후이며
천지창조의 시작이고
지구의 해석자

장영희는 거의 무식에 가까운 나의 글쓰기 수준을 상당히 업그레이드(?)시켜 준 스승이기도 하다. 장영희의 책은 이렇게 나의 문학 교과서이기도 하고 글 본이기도 하다. 사무실 책상에는 언제나 ≪문학의 숲≫이 있고 집에는 영미시집 ≪축복≫이 책상에 놓여 있다. 좋은 사람들에게는 ≪문학의 숲≫을 선물하여 동문수학했다. 스웨덴에 사는 전수빈에게도 ≪문학의 숲≫을 보냈다.

조선일보사 오명철 전문기자는 "무슨 흉흉한 일이 더 생기려고 이렇듯 소중한 분들을 하늘로 불러 가시는 것일까."라며 김수환 추기경의 선종과 함께 장영희의 죽음을 아까워했다. 그도 그럴 것이 장영희의 삶은 처음부터 희망과 사랑과 봉사였다. ≪문학의 숲≫에는 제목도, 글의 내용도, 모두가 희망과 사랑이었다. 엄마와 아빠를, 조카와 가족을, 제자와 학교를, 동네 아이와 붕어빵집 아주머니를, 그리고 하느님을 그렇게 사랑하며 살았다.

그대가 어느 봄날 / 나에게 그려 준 / 순정만화의 주인공처럼 맑게 밝게 살아온 영희 / 수녀님의 축시를 받기 위해 / 결혼을 할까 보다 하고 / 웃으며 고백했던 영희

잘 가 영희야 / 그리고 사랑해 / 나직이 말하는 나의 곁에 / 어느새 / 꽃을 든 천사로 / 꽃을 뿌리는 영희 / 오늘은 영희를 생각하며 / 바닷가에 나가 / 영희의 세례명인 / 마리아를 크게 부르겠어요 / 수평선에 눈을 씻으며 / 늘 푸른 엄마 성모님께 / 영희를 잘 부탁한다고 기도할게요 / 이 세상에 영희를 닮은 / 사람들이 더 많아져 / 아름다운 세상이 올 수 있도록 / 영희와 함께 기도할게요. 안녕.

시인으로서 암 투병을 하고 있는 문학소녀 이해인 수녀님의 추모시는 이처럼 많은 사람들을 슬프게 슬프게 울리고 있다. 손병두 서강대 총장은 장례미사에서 "여동생처럼 영희야, 부르고 싶었다. 영희야 수고했다. 잘 가라."며 눈물을 흘렸다. 손 총장의 조사처럼 영희의 글을 보면서 영희의 사진을 보면서 영희야, 라고 부르고 싶은 사람들이 어찌 나 한 사람뿐이었으랴만 진한 짝사랑으로 글을 닮으려 애쓰고,

마음을 닮으려 가슴 조이고, 사람을 닮으려 고백을 해보고, 그 희망을 닮으려 애썼던 나날들이 더 없는 선물로 나에게 남았다. 내 기억으로는 이렇게 모두를 짝사랑해 본 사람은 없다. 하느님 나라에 가면 아버지를 찾아 엄마를 기다리겠다는 그의 유서처럼 하느님 나라에 가면 장영희를 찾아 글과 사랑과 봉사와 희망을 닮고 싶어 짝사랑했노라고 고백을 해야겠다. 장영희 교수님! 편히 쉬소서.

지지 않는 꽃으로 환생하소서

시리도록 맑고 푸른 하늘이 때가 가을로 접어들었음을 읽게 해준다. 완연히 퇴색된 초록빛 들판은 머지않아 물들여질 황금빛 향연을 준비하는 모양이다. 용인에 자리한 가톨릭 성직자 묘지, 시쳇말로 좌청룡 우백호가 뚜렷한 좋은 자리에 노란색 국화 화분이 울타리를 이루고 하얀색 국화송이에 덮인 꽃 무덤이 있다. 꿀을 따는지 입맞춤을 하는지 나비들의 날갯짓이 예사롭지 않다. 하늘나라의 풍경인 듯 신비롭다. 원죄 이전의 에덴동산은 아마도 이랬으리라.

추기경 김수환님의 묘소에 도착한 것은 2009년 9월 19일 오후 4시쯤, "고맙습니다, 서로 사랑하세요." 마지막으로 우리에게 주신 강론이시자 평생 내내 지향하셨던 현수 표지 앞에서 살아계신 그분의 숨결을 느낄 것 같았다. '너희와 모든 이를 위해 야훼는·나의 목자, 아쉬울 것 없도다.' 시편 23장 1절 밑에 '추기경 김수환의 묘' 그리고 '1922년

5월 8일에 나시고 2009년 2월 16일 선종하시다.' 너무나 간소하고 소박한 묘비(와비)는 여든일곱 해 그분의 삶을 어찌 그리도 닮았을까. 일행 36명이 바치는 연도의 울림이 하늘에 닿은 듯 추기경님의 해맑은 웃음이 영롱한 가을 햇빛에 아른거리는 듯했다.

나는 추기경님의 간절한 기도의 모습을 거실 한가운데 모시고 있기에 언제나 우리 곁에 계시는 듯한 착각을 했는지도 모른다. 노기남 대주교님과 나란히 누워 계시는 추기경님은 모든 짐 다 내려놓으시고 편안한 천상 행복을 누리고 계실는지? "수고하고 무거운 짐진 자들아 다 내게로 오라, 내가 너희를 쉬게 하리라."시며 우리를 위해 간절히 기도하고 계시지나 않을는지? 추기경님! 부디 무거운 짐 다 내려놓으시고 팔십칠 년 쌓인 여독에서 벗어나소서. 삼십육 명의 일행은 한결같은 마음으로 간절한 청원을 올렸다. 친일이다 뭐다 해서 마음이 산란하실지도 모르는 노기남 대주교님을 위로하는 일도 잊지 않으시겠지. 추기경님이 옆자리에 누우시기 전까지 노기남 대주교님은 얼마나 쓸쓸하셨을까? 그리고 답답하셨을까. 오순도순 두 분의 얘깃소리가 들릴 것만 같았다.

TV화면으로 보았던 것처럼 추기경님의 묘지가 너무나도 소박한 것에 모두가 한결같이 놀랐지만 이 또한 평생을 낮은 곳에서 사시던 그분의 모습대로임을 쉽게 알 수 있었다. 초가을 햇살이 어느덧 힘을 잃어가는 시간인데도 끊임없이 이어지는 참배 행렬은 그분의 참사랑을 닮은 모습이었다. 고사리 손에 들려 묘소로 향하는 노란 국화꽃 행렬이 마치도 천국으로 이어지는 오솔길과도 같았다. 마음속 작별 인사를 드리고 귀로에 오른 차창 밖으로는 단정하게 가꾸어진 교우들의 묘소가 하느님 나라처럼 평화로운 모습이었다. 이승에서의 고단함 같은 건 다 잊고 모두가 안락한 영생의 복을 누리고 있는 듯했다. 일반 묘지에서 느끼는 인생의 허무함이나 속절없음이 없었다. 그리고 묘지마다 모셔 놓은 마리아상, 하느님께서는 모든 곳에 계실 수 없기에 어머니를 만드셨다고 했다. 아마도 마리아께서 그 모든 어머니의 사랑을 대신하고 계실 것으로 믿는다. 물론 추기경님의 묘지에도 마찬가지다. 묘지를 뒤로하고 굽이굽이 돌아 나오는 길가에는 하늘하늘 코스모스가 손짓을 한다. 코스모스를 노래한 오세영 시인의 〈9월〉이다.

코스모스는 / 왜 들길에서만 피는 것일까
아스팔트가 / 인간으로 가는 길이라면
들길은 하늘로 가는 길
....
9월은 그렇게 / 삶과 죽음이 지나는 달
코스모스 꽃잎에서는 항상
하늘 냄새가 난다.
....
코스모스 피어나듯 9월은
그렇게
하늘이 열리는 달이다.

마음이 한결 가벼웠다. 선종하시고 묘지에 안장된 이후 가보고 싶은 곳 1번의 소망을 풀었기 때문이다. 다음이 천안 공원묘지에 잠들어 있는 장영희 교수의 묘지다. 추기경님이 모든 국민의 진정한 애도 속에 가셨다면 장영희 교수도 하느님의 사랑을 실천한 추기경님처럼 많은 사람의 애도 속에 가신 분이고 나의 이 초라한 글쓰기도 그분의 모습에서 비롯되었기 때문이다. 말하자면 글쓰기의 스승인 셈이다. 하늘 냄새가 나는 9월에, 삶과 죽음이 지나는 달 9월에, 마음속의 그림자를 지우고 돌아오는 길은 긴 시간 여독마저 그렇게 부담스럽지 않았다.

추기경님의 묘소 참배가 있기 전, 오전 일찍 찾은 곳은 경기도 광주의 천진암. 한국천주교가 발상된 곳이다. 원래 불교의 암자가 있던 곳에 천주교 창립 성조로 추앙받고 있는 이벽 할아버지가 터를 잡은 곳이다. 한국천주교 창시 200주년 기념비가 우람하게 서 있고 그 위 언덕 양지바른 곳에 광암 이벽, 왼쪽으로 만천 이승훈, 정약종 그리고 오른쪽으로 권일신, 권철신 등 다섯 분의 천주교 성조들이 모셔져 있다. 모두 열 분의 유학자들이 이곳에 천주교 강학소를 열고 천주교 교리를 강하였다고 하니 대단한 일이다. 여기에 세워질 기념성당은 앞으로 100년에 걸쳐 지어진다고 하니 앞으로 100년 뒤에 이곳은 명실공히 한국천주교회의 메카로 자리잡게 될 것이다. 생각해 보면 붕당의 폐해로 생긴 천주교 박해 역사가 한없이 억울하고 분한 일이다. 천진암에 모셔진 열 분의 성조들은 모두가 당대의 유명한 실학자들이요, 당쟁에 휩쓸리지 않은 양심 있는 유학자들이었기 때문이다.

천진암 순례와 추기경님 묘소 참배는 열네 시간이 넘는 강행군이었지만 마음의 그림자를 지우는 후련함 같은 것으로 오히려 생기가 돋는 듯했다. 천진암 성당에서 우리 본당 김용태 신부님의 집전으로 바친 미사도 우리 교우들에겐 크나큰 은총이 아니었나 싶다. 성지 순례 때마다 느끼는 감흥은 조금씩 다르지만 이번 순례길이 유난히도 감격스러웠던 것은 물론 추기경님을 뵈온 거나 다름없는 설렘이 있어서다.

모두가 사랑하고 모두가 그리워하는 김수환 추기경님!

영원히 지지 않는 꽃으로 환생하시어 우리 곁에 계시소서.

부용산의 붉은 장미

부용산 오 리 길에 / 잔디만 푸르러 푸르러 / 솔밭 사이사이로 / 회오리바람 타고 / 간다는 말 한 마디 없이 / 너는 가고 말았구나 / 피어나지 못한 채 / 병든 장미는 시들어지고 / 부용산 봉우리에 / 하늘만 푸르러 푸르러.

우선 가사만으로도 애달픈 사연이 있음을 직감할 수 있다. 작가가 누구인지도 알 수 없는 시다. 1954년, 전쟁의 상처가 곳곳에 슬픈 때라 그저 그런 사연으로만 알았다. 하지만 절절한 사연일수록 모두가 나의 것인 양 애달프고 가슴 쓰려했던 때다. 사연도 모르는 그 시는 곡이 붙여져 노래로 태어났다.

고3 음악시간에 악보도 없이 선생님의 선창에 따라 배운 노래가 〈부용산〉이다. 물론 대부분의 친구들은 관심이 없었다. 그런데 음악에 소질도 없는 내가 어떻게 「부용산」을 부를 수 있었는지 기억이 없다. 그렇지만 〈부용산〉은 '삼남에 으뜸이라 만경 벌역이……' 교가 다음으로 좋아하는 제2의 교가였다.

이을우 선생님은 음악수업 시간이면 으레 낡은 LP판 한 장과 축음기를 들고 들어오셨다. 손으로 태엽을 돌려 동력을 일으키는 것이 축음기다. 유성기로도 불려진 축음기는 보통가정에서야 쉽게 가질 수 없는 고급 악기의 하나였다. 선생님은 축음기에 LP판을 걸고 태엽을 돌려 음악을 들려주며 실기 수업을 했다.

달이여 / 밝은 달이여 / 우리들을 비춰 다오 / 우리들은 흘러 다니는 집시의 무리

사라사테 작곡 〈지고이네르바이젠〉을 배운 것도 이을우 선생님으로부터다. '집시민족의 설움'으로도 알려진 이 곡은 정처 없는 유랑을 하며 하루하루를 구걸로 이어가는 집시민족의 설움을 노래한 곡이다. 〈지고이네르바이젠〉이 왜 그렇게 마음에 와 닿았을까. 하기야 중·고등학교생활 6년이 아직 끝나지도 않았는데 벌써 네 번째 학교에 다니고 있었으니 할 일 없이 나는 집시였다. 감성도 후천적으로 길러질 수 있는 것인가 보다. 그리하여 나는 일주일에 두 시간밖에 들지 않은 음악시간에 〈부용산〉을 배우고 〈지고이네르바이젠〉을 배웠다. 대학진학을 위해 눈코 뜰 시간도 없어야 할 시기에 음악을 배운다? 그것도 특별히 소질도 없고 취미도 없는 사람이? 생각해

보면 이때가 운명적으로 생의 갈림길에 서 있었음을 느끼게 된다. 명문 진학을 위해 무리한 전학을 했지만 건강을 위하여 당분간 꿈을 접어야 하는 아픔을 이겨야 했다. 들어보지도 못한 '폐문임파선염'이란 일종의 폐결핵에 걸린 것이다.

세월이 흐르면서 삶의 모양도 달라지고 환경도 달라지는 사이 가끔씩 달 밝은 밤이면 〈지고이네르바이젠〉을 콧노래로 흥얼거리기는 했어도 〈부용산〉을 불러보는 기회는 거의 없었다. 한잔 걸치고 친구들과 어울려 들어간 노래방에서 분위기 깨는 그런 노래를 부르는 것은 눈치 없는 일이기 때문이기도 했다. 그렇지만 유독 한 후배(김백준)는 노래방이든 선술집이든 주흥에 젖으면 반드시 〈부용산〉을 청했다. 〈부용산〉을 들으면 기분이 잡치는 것이 아니라 차분히 추억에 잠기는 모양이었다. 힘든 학창 시절을 살아온 그였기에 그럴 만한 사연이 있었던 모양이다.

모든 일 앞에 항상 당당하고 침착하면서 좀처럼 자신을 드러내 보이지 않는 그였지만 〈부용산〉 앞에서는 본래의 자기를 숨기기가 싫었던 모양이다. 그와 내가 인간적인 소통과 교분을 나눈 것은 〈부용산〉을 계기로 했었는지 모른다. 어쩐지 마음에 와 닿는 시와 음악에서 영혼의 울림이 같았을 수도 있다. 어쨌든 〈부용산〉은 나에게 많은 추억을 만들어 주었고 소중한 인연도 맺어 주었다.

그러던 2000년 9월 30일 토요일, 조선일보는 〈부용산〉 시비 제막을 전해 주었다. 한때 빨치산 노래로 금기시했던 〈부용산〉의 시비가 다음날인 10월 1일 벌교에 있는 부용산 팔각정 옆에 건립돼 제막식을 갖는다고 했다. 박계동 시인이 시를 썼고 안성현 씨가 곡을 붙인 이 노래는 오랜 세월 숨어서 숨어서 구전으로 불려왔다고 했다. 좌우익의 대립이 극심했던 1947년, 시집간 지 2년 만에 스물넷의 나이로 폐결핵에 걸려 요절한 여동생을 박 시인은 뒷동산에 묻으며 이 시를 썼다. 그리고 이듬해 목포 항도여중에서 같이 근무하던 안성현 씨가 제자를 잃은 슬픔을 실어 노래로 탄생시킨 것이다. 하지만 안씨가 월북을 하면서 〈부용산〉은 금지곡이라는 사슬에 묶인 것이다. 애달프고 서정적인 〈부용산〉은 해방공간에서 좌우 대립으로 유독 많은 피를 흘린 호남지역의 한과 맞물린 것이다. 작사자나 작곡자가 월북하거나 북에 끌려갔더라도 그들 작품은 금지곡이 되었고 이별의 슬픔으로 애조를 띠어도 금지곡으로 묶어 버렸던 질곡의 세월을 우리는 살았다. 한때 금지곡이었던 〈동백아가씨〉나 〈섬마을 선생님〉이 이미자 씨가 가장 아끼는 곡이라고 말한 것만으로도 금지된 시와 곡의 호소력을 우리는 쉽게 느낄 수 있다.

터키 출신의 서정시인으로 널리 알려진 '나짐 히크메트'는 감옥에서 〈진정한 여행〉이라는 시를 썼다.

> 가장 훌륭한 시는 아직 씌어지지 않았다.
> 가장 아름다운 노래는 아직 불러지지 않았다.
> 최고의 날들은 아직 살지 않은 날들
> 가장 넓은 바다는 아직 항해 되지 않았고
> 가장 먼 여행은 아직 끝나지 않았다.

또 다른 「부용산」을 만날 수 있는 가능성은 있는 것일까? 어떤 시인이 아직 씌어지지 않은 시를 나에게 보여줄까? 최고의 날은 언제일까? 그리고 먼 여행은 언제 끝나는 것일까? 〈부용산〉을 부르며 가녀린 추억이나 회한에 젖어 볼 수 있는 자리는 몇 번이나 될까? 백준 후배를 만나면 이런 것들을 물어 보고 그날은 자청해서 〈부용산〉을 부르며 이제는 아픈 추억이나 회한들일랑 묻어 버리자고 제안해야겠다. 그리고 4년 전 병상(신촌세브란스)에서 보라며 사다 준 류시화 엮음 『사랑하라 한 번도 상처받지 않은 것처럼』 시집에 대한 고마움도 함께 전해야겠다.

포스마크의 요정 전수빈

『닥터 지바고』의 향수를 느끼면서 시베리아의 대평원을 날아 천혜의 비경 발틱해에 이르는 여정은 무척이나 감동적이었다. 보드카의 짜릿함이 아쉬웠지만 동화의 나라 북구에서 만난 요정 때문에 모두가 구름 탄 기분이었고……, 발틱해를 닮은 검푸르고 시원한 눈에 전형적 건강미가 가득한 피부, 비너스의 모자란 부분을 채운 듯한 훤칠한 키, 그녀는 분명 요정이었다.

NY대학을 거쳐 스웨덴 웁살라대학에서 사회민주주의 연구로 경제학 박사학위를 받은 미국의 한국인 2세 전수빈, 빈(嬪)이 될 테면 우두머리 빈이 되라고 해서 외조부가 지어준 이름이란다. 전수빈은 스웨덴 포스마크 방폐장을 안내해 준 임시 가이드였다. 새삼 애국을 느꼈고 합리주의와 민주주의를 반추하게 해 준 전수빈 양은 분명 우리에게 더 이상 아름다울 수 없는 요정이었다. 미국 국민이면서도 한국의 역사와 언어를 통달한 수빈 양은 철저하게 한국을 조국으로 섬기며 살아가는 대한민국 일등 홍보대사였다. 정부 고위 관료를 비롯해서 국회의원, 지방의원, 일반인 등 많은 사람들이 포스마크를 방문할 때마다 안내를 사양치 않았다는 그녀, 충실하게 현장을 알려주기 위해 6개월 동안 핵공학과 강의를 도강했을 만큼 확실하게 기초를 닦은 원자력 전문가였다. 전문적인 지식을 바탕으로 자신있게 말할 수 있는 힘은 바로 스웨덴 국민과 스웨덴의 지성으로부터 얻은 것이라고 수빈은 말했다. 바이킹의 강인한 피가 흐르고 있는 스웨덴민족은 민족대이동 때 정착한 게르만족이 중심이고 구스타브 16세가 통치를 하고 있는 입헌군주제 국가다. 사민당과 공산당 등 많은 정당들이 정치에 참여하고 있지만 국가발전과 이익을 위해서는 정파가 있을 수 없다는 국가관 때문에 오늘날 세계적인 복지국가가 되었다고 귀띔해 주었다. 미국에서 태어난 수빈이지만 스웨덴의 이러한 사상을 배우기 위해 멀리 유학의 길을 선택한 모양이다. 백야가 있는가 하면 해를 볼 수 없는 나라가 세계 1등 복지국가가 된 저력을 수빈은 배우고자 했던가 보다. 사계절이 뚜렷하고 밤과 낮의 길이가 비슷해서 휴식과 노동의 균형이 이루어진 대한민국, 사상적으로 경제적으로 헤매야 할 이유가 없지 않느냐고 반문한다. 우리나라에 처음으로 노벨상을 안겨준 나라, 스톡홀름 노벨기념관에는 노벨상 역사가 사진과 함께 기록된 노벨전집이 노벨상을 받은 각국어로 번역되어 있고 한국어판은 전수빈의 번역작이었다. 환상적인 수상도시 스톡홀름은 우리들에게 있어 전수빈이라는 어여쁜 한국의 딸이 있어 더욱 아름다웠다.

수빈의 안내로 찾은 포스마크 방폐장, 스톡홀름을 출발해 안개비 내리는 삼림 속을 달려 160킬로미터 해안에 포스마크 방폐장이 발전소와 함께 자리하고 있었다. 자연이 연출한 천혜의 비경 발틱해, 그 깊은 바다 밑에 우람한 동굴로 만들어져 있다. 마치 우주 공상영화에서 본 듯한 자동문이 열리고 타고 온 버스로 몇 분이나 들어갔을까. 그래도 끝까지 동굴의 주인공은 얼굴을 보이지 않은 채 중앙통제실의 모니터 그림으로만 만족해야 했다. 반가운 것은 삼성브랜드가 선명한 컴퓨터 시스템이었다. 우리의 국력이라고 흐뭇해 하는 순간 이미 준비된 기술 앞에서 왜 우리는 이렇게 무기력할 수밖에 없는가 원망스러웠다. 원자력 발전을 하는 31개 나라 가운데 프랑스, 영국, 스웨덴 등 상위 10개국 중에서 관리시설이 없는 나라는 우리뿐이라니 이 무슨 해괴한 일인가? 수빈은 말한다. "사람도 밥을 먹으면 배설물이 생기게 마련이고 자기 집에 저장 공간을 마련하는 것이 상식인 것처럼 전기와 의료시설을 써서 생긴 찌꺼기는 우리 땅 어딘가에 저장하는 것이 당연하죠. 안전성이요? 안전성에 관해서는 이미 40년 전에 검증이 끝났구요. 스웨덴은 어느 나라보다도 국민의 건강과 자연환경을 중요시 하는 나라입니다. 여러분께서 보신 것처럼 아무런 보호조치도 없이 많은 어린이들이 동굴 속을 구경하고 있지 않습니까. 자신과 가족의 건강을 담보로 하여 위험을 무릅쓸 사람은 그 어디에도 없을 것입니다. 우리나라도 스웨덴과 같이 전체 전력 수요의 30%정도를 원자력발전으로 충당하고 있는 것으로

압니다. 대체에너지 개발을 얘기하지만 얼마나 좋겠습니까. 그러나 방법도 어렵고 경제성도 없는데 어찌하란 말입니까. 어느 사회에서나 갈등은 있기 마련입니다. 계층 간, 정치세력 간, 특정정책 등을 둘러싸고 심하게 의견 차이는 있을 수 있지만 터무니없는 유언비어를 퍼트린다거나 마치 타임머신을 타고 옛날로 되돌아간 듯 핵은 곧 죽음이라고 선동하는 사례는 절대 없어야 합니다. 더욱이 방사선을 이용하고 있는 의사를 비롯해서 2,000여 기관에 종사하는 분들은 적극적으로 나서서 안전성 홍보에 임해야 합니다. 반대를 하려면 전깃불도 켜지 말아야 하고 전력을 이용해서 만든 그 어떤 것도 써서는 안 됩니다. 화장실이 싫으면 밥을 먹지 말아야 하듯이 말입니다. 스웨덴에서는 짧은 기간 대국민 홍보 후에 90% 이상의 절대적인 지지를 얻어 방폐장을 건설했고 포스마크는 스웨덴 사람들에게 희망의 땅이 되었으며 유명관광지로 변신했습니다. 지루하게 긴 검토는 자칫 바보스런 결과를 낳을 수 있습니다. 나라를 사랑하는 국민이라면 현명한 판단을 해야 합니다." 방폐장 동굴 속에 감춰진 7,000년 생명수를 마시며 듣는 전수빈의 유창한 설명으로 암울했던 부안에 희망찬 서광이 돋는 듯했다. 500명이 사는 한촌 '포스마크'가 방폐장이 들어서면서 5만의 중견 도시로 탈바꿈되었다는 수빈의 말을 들으면서 우리 지역 부안의 미래를 아련하게 그려 보았다.

일지 스님의 마지막 잎새

내소사 일지 스님의 편지를 받았다. 서두의 한 문장 안에 편지의 모든 것을 담아 놓으셨다. "흐드러지게 맵시 나던 단풍은 모두 낙엽되어 떨어지는데 마지막 남은 단풍 한 잎을 보시지 않을는지요?" 계절은 가을을 보내는 중이며 몹시도 쓸쓸한 산사의 분위기를 말씀해 주셨고 오랫동안 소식 없었음도 나무라시는 말씀이셨다. 마지막 단풍잎을 예사롭게 보지 않으신 스님의 소회가 궁금했다. 일 년이 지나면 하나같이 빼닮은 단풍은 또 그곳에 달리겠거늘 마지막 단풍을 강조하신 심상에 불자의 허허함이 자리잡았던가. 마지막이라는 말, 마지막 기회, 마지막 기차, 마지막 한 마디, 마지막 편지, 마지막 만남, 마지막 인연, 어쩐지 아쉽고 섭섭한 마음에 부여잡고 마지막이 아니라고 사정이라도 하고 싶은 말들이다.

글 속은 잘 모르지만 '오 헨리'의 「마지막 잎새」가 생각난다. 혹시라도 일지 스님은 '오 헨리'의 작품 「마지막 잎새」를 읽으시고 마지막 단풍을 되뇌이셨는지도 모른다. 마지막 단풍잎마저 떨어지고 가지 끝에 소솔한 바람이 일면 어느덧 겨울이 우리 곁을 점령하게 된다. 온 천지가 백색으로 물들여질 때면 스님은 또 능가산의 흐드러진 눈꽃을 나누어 주신다고 했다. 불도에서 해탈의 경지에 이름을 견성에 든다고 한다는데 그래서 나는 스님에게 "견성에 들지 않으셨냐?"고 여쭈었더니 펄쩍도 아니고 그럴 리가 있겠느냐고 겸손해 하셨다. 세상의 모든 것을 내려놓았으되 그 하나하나를 꿰뚫어 보는 혜안이 곧 해탈의 경지가 아닐까 생각해 보았다. 불도의 해탈뿐 아니라 속가의 자질구레한 일에 이르기까지 해탈에 이른 듯한 안목을 갖고 계시는 스님을, 나는 존경 이상으로 존경해 왔다. 법계가 엄연히 달라 속세의 인연으로 말하는 연모 같은 감정은 언감생심 가질 수 없지만, 그러기에 더욱더 높은 마음씀을 숨기고 싶지 않다. 내소사 큰스님 해안 선사(스님의 생부)께서 도를 깨치신 토굴 자리에 단아하게 세우신 불전에서 여생을 수놓고 계시는 스님은 하루하루가 즐겁고 행복할 수밖에 없다. 모든 것을 내려놓았으되 결코 허허함이 없는 생불의 세계에 살고 있어서 그렇다. 열아홉에 출가하시어 불도에 정진하신 스님은 학승으로서의 길을 걸어 강원(속세의 대학원 과정)의 강사직을 오래도록 맡으실 만큼 높은 학덕을 갖추고 계신다. 성철 스님의 딸 불필(不必) 스님과 함께 한국 불교 비구 스님의 거두이시다. 생부의 뒤를 따라 출가한 나이도 10대 후반, 견성에 드신 생부를 모신 것도 두 분이 같으며 법랍 또한 비슷하다. 선가에서 노년을 한가롭게 지내고 계실 뿐만 아니라 굳이 세속에 얼굴 내밀기를 주저하는 것 또한 같다고 한다.

벌써 노구시라고 조용히 지장암의 선가에서 불도에 몰입해 계시는 스님의 하루하루는 무척 단아하고 고즈넉했다. 다산 정약용도 초의 선사의 다도에 흠뻑 빠졌던 것처럼 스님은 다상을 차려 놓으시고 찾는 이들과의 담소를 다도 속에 담아내시고 있다.

다상을 가운데 두고 스님과 마주한 시간은 세상의 모든 시름을 잊은 듯 한가롭다. 주제가 없어서인지 고금과 양의 동서와 정치와 경제와 문학과 예술의 경계를 자연스럽게 넘나든다. TV프로그램의 평가도 수준을 넘는다. 언젠가 양귀자 씨의 소설 『천년의 사랑』 상하권을 보내드렸더니 날을 새며 단숨에 읽으실 만큼 독서력도 대단하신 모양이다. 이와 같은 독서력이 폭 넓은 대화의 바탕을 이루고

꽃샘 바람

밤새도록 제 방 작은 창문을 두
드리며 법석을 개우던 바람은
날이 밝아지니 어디론가 가버
리고 햇살이 너무나 좋아요
가냘간께 아주 조심스런 몸짓으로
홍매가 꽃잎을 띄웠어요
거기에 질세라 백매도 몇송이
내일이면 향기를 온천지에 풍
길것 같아요 월요일에는 다인회

해초스님 시

달밝은 밤에 고향길을 바라보니
흰구름은 너울너울 고향으로 돌아 가네
나는 간지를 봉하여 바람편에
누가 나를 위하여 내 고향으로
소식을 전할까?

바람에 너무 불어 잊고 있었든 이글이
생각 났어요

햇살 아름다운 아침에 일지스님

있는 것 같다. 스님과의 얘기 자리는 대화방의 자유분방한 분위기다. 선가의 수도자임을 애써 내려놓으시려는 마음씀도 역력하다. 세속을 애써 부정하고 거부하는 것이 아니라 그 경계 밖에서 바라보고 즐기며 마치도 그 속에 묻힌 양 상대를 편안하게 해 주신다. 비구 스님께 불경스런 표현인지는 모르지만 타고난 미모와 미성으로 만년 소녀의 분위기를 잃지 않고 계신다. 심산유곡에 솟는 옹달샘처럼 세속에 오염되지 않은 청정한 모습이다. 생부이신 해안 선사의 문집 『해안집』에는 속가의 아버지요 불가의 스승으로서 절절한 사랑이 숨김없이 담겨져 있다. 건강도 염려하셨고 불도의 끊임없는 정진을 엄히 명령하시기도 했다. '세상에 그런 인연도 있구나.' 생각하면서 스님의 모습을 보는 마음이 예사로울 수가 없다. 해인 수녀님은 법정 스님과 함께 달맞이꽃을 보러 불일암을 찾아갔지만 나는 스님이 주시는 따뜻한 차를 마시기 위해 지장암을 찾아 간다.

한 잎 남은 단풍을 보여주고 싶은 스님의 마음이 다시 또 능가산의 눈자락으로 이어질 겨울의 한가운데를 기다린다. 하얀 눈으로 옷 갈아입은 지장암의 아늑한 다상 앞에서 스님의 일상에 대한 법문을 듣기 위하여.

해가 산마루에 저물어도

나는 소월의 시를 좋아합니다. 英도 그랬습니다.

나의 마음도 영의 마음도 그의 시에 빠질 수밖에 없었던 것은 아름다운 숙명이었습니다. 영을 떠나보낸 것은 더 아름다운 숙명이었습니다. 그렇지만,

해가 산마루에 저물어도
내게 두고는 당신 때문에 저뭅니다.
해가 산마루에 올라와도
내게 두고는 당신 때문에 밝은 아침이라고 할 것입니다.
땅이 꺼져도 하늘이 무너져도
내게 두고는 끝까지 모두 다 당신 때문에 있습니다.
다시는, 나의 이러한 맘뿐은, 때가 되면,

그림자같이 당신한테로 가오리다.

오오, 나의 애인이었던 당신이여.

소월의 「해가 산마루에 저물어도」와 같습니다.

언제부턴가도 기억하지를 않았습니다. 숫자의 기억은 의미가 없습니다. 「해가 산마루에 저물어도」 '소월'을 기억할 수 있으면 그만이었습니다. 휘영청 밝은 보름달이 고마웠습니다. 열고 닫는 대문이 있음도 고마웠습니다. 달 속에 있고 대문으로 들어오는 착각에 빠진 것이 안타까울 뿐이었습니다. 책 속에서, 시험지 위에서, 아른거리는 얼굴이었고 약속도 없었는데 밤 늦은 대합실에서 열차의 도착을 기다리는 사람이었습니다.

나는 정열도 없었습니다. 결단력도 없었습니다. 사랑할 줄은 더욱 몰랐습니다. 영의 마음을 그래서 읽을 수 없었습니다. 초등학교 도덕 교과서를 따라서 외우고 사는 목석이었습니다. 소월처럼 먼 훗날을 미리 새겨 둘 줄도 몰랐습니다. 소월의 시를 좋아하면서도 그저 좋아할 뿐, 그 내면의 깊은 정한을 읽어내지 못하였습니다. 제주도를 이야기하며 눈물을 보여도 그 뜻을 헤아리지 못하였습니다. 아니, 헤아리려 들지를 아니하였습니다. 이렇게 사무칠 줄을 예전엔 미처 몰랐습니다.

성적이 좋지 않아 후미진 산골로 떨어진 책임은 전적으로 나에게 있었습니다. 그런데도 나오기를 거부한 마음도 읽지를 못하였습니다. 이천의 가남초등학교 교육동기 친구도 기억합니다. 이천 휴게

소에서 이 근처 어딘가에 그 학교가 있겠구나 싶어서 두리번거리기도 했습니다. 부질없어도 한참 부질없다는 것을 잘 알면서도 그냥 그렇게 할 뿐이었습니다.

자격도 앞바다의 푸른 물결을 다시 보고 싶습니다. 다소곳이 바위 위에 앉은 갈매기의 모습처럼 청아했던 영의 모습을 한 번만이라도 다시 보고 싶습니다. 금만평야 황금 들판에서 낙조에 취했던 기억은 한 장의 그림처럼 아련합니다.

학창 시절에 만났던 '아사꼬'는 일본인 2세의 미군과 행복한 가정을 이루고 있었지만 어쩐지 불행할 것만 같은 착각에 빠진 피천득을 떠올려 보았습니다. 영은 나에게 '피천득'의 '아사꼬' 같지를 않다고 단언하기가 싫습니다. 이것은 실제의 마음과 전혀 반대의 바람일 수도 있습니다.

소월의 시를 앞으로는 좋아하지 않겠습니다. 군데군데가 모두 그리움이요, 처절한 이별이요, 견딜 수 없는 아픔이기 때문입니다. 서른세 살의 젊음을 팽개친 이유가 모두 거기에 있었다고 생각되기 때문입니다. 그마저 부질없는 생각인 것을 잘 알고 있습니다. 이미 되돌아갈 수 없는 길 위에 서 있기 때문입니다. 그렇지만 지나온 길 위에 있었던 기억들조차 버리지는 않겠습니다. 이제 와 생각하니 하얀 접시꽃같이 순결한 마음의 꽃이었으니까요. 터미널의 군중을 향해 두리번거리는 나를 보고 사람들은 무어라 했을까 궁금합니다. 앨범을 빌려다가 몇 번이고 살펴보는 일밖에는 할 수 있는 일이 없습니다. 이렇게 가련한 사람이 되었습니다. 먼, 먼 하늘에서 환영을 그려 보는 것 외에 아무것도 할 수 없는 내가 한없이 가련합니다.

차라리 사랑을 버린 죗값을 받고 있는 거라고 했으면 좋겠습니다. 버리지도 못하고 버리지도 않았으면서도 혹독한 죗값을 평생 동안 치르고 있습니다. "사랑하고 잃는 것이 사랑하지 않는 것보다 낫다."고 한 '테니슨'의 말을 순진하게 믿어도 될까요? "사랑의 추억이 있다는 것은 커다란 축복"이라는 말을 위안으로 삼으면서 남은 세월 그렇게 살으렵니다. '아름다운 숙명'이라고 영도 그렇게 생각하기를 바라면서요.

나도 그런 형이 될 수 있었으면

풀잎은 풀잎대로
바람은 바람대로
초록의 서정시를 쓰는 5월
하늘이 잘 보이는 숲으로 가서
어머니의 이름을 부르게 하십시오.

이해인 수녀님은 「5월의 시」에서 빛을 향해 눈 뜨는 빛의 자녀가 되게 해달라고 간절한 기도를 올린다.

천진스러운 아기의 웃음 같은 5월, 살아 있다는 자체가 경이롭고 감사한 이 생명의 5월은 그 자체가 축제다. 인간에 대한 존엄과 자연에 대한 외경이 일상으로 살아 있기 위해 자비와 사랑과 희생과 봉사를 함축해 놓은 상징적 기념일이 즐비한 5월이다. 부처님오신날,

어린이날, 어버이날, 스승의날, 5 · 16과 5 · 18도 생각해 보면 자비와 사랑을 간절히 필요로 하는 역사의 업보일 수 있다. 모진 세월의 질곡 속에서도 오늘을 살 수 있는 바탕에는 분명 5월의 소중한 가치들이 살아 있었기 때문이다.

故 장영희 님의 글에서 읽은 얘기다. 자전거를 열심히 닦고 있는 사람에게 구경하던 한 소년이 물었다. "이 자전거 비싸요?" "글쎄, 우리 형이 사준 건데……" 소년은 "나도"라는 말만으로 끝을 맺지 못했다. 소년의 마음은 조금만 걸어도 숨이 차는 동생에게 이런 자전거를 사줄 수 있는 형이 되고 싶었던 것이다. 아이의 마음은 이러하지만 아이에서 어른이 되어 간다는 것은 어린아이의 열린 마음을 점점 잃어버리고 나만의 성을 쌓아가는 과정인지도 모른다. 본래의 자신이 아닌 변종된 나로 다시 태어나는 것이다. 이렇게 자신을 지키지 못한 사람들의 말로를 우리는 역력히 보고 있다. 나를 소중히 여기는 사람만이 남을 소중히 여길 수 있는 법이다. 하물며 지도자라는 위치에서야. 그러나 과연 그러한가. 옛날에는 선비들도 돈 전(錢)자를 입에 올리지 않았다는데 대통령의 자리를 돈 버는 수단으로 삼았는가 하면 모든 죄를 집사람에게 미루는 대통령도 만나고 있다. 집권 여당의 당내 서열 10위의 국회의원이 폴리스 라인을 넘었다고 해서 수갑을 채워 연행하는 미국의 예를 사진으로 보았다. 국격을 형편없이 추락시켰고 국민의 신뢰를 저버린 전임 대통령에 대한 국민의 감정을 똑바로 읽어 주어야 한다. 전임 대통령이라고 해서 법 위에 모셔야만 하는 것인가. 대통령이었기에 법의 잣대는 더욱

엄격해야 한다. "죄송합니다. 면목 없습니다."는 대통령의 자리에 있던 사람이 할 말이 아니다. 이미 대통령이 아니었음을 국민 앞에 고백한 거나 마찬가지다. 노랑 장미꽃을 아름 따다, 가는 길에 뿌리며 손 흔들어 인사하는 선량한 국민들을 배신한 것이다.

말도 많았고 탈도 많았던 재보선이 끝나 제각각 의미들을 평가하고 있지만 정작 국민들에게 있어 그것이 무슨 의미가 있는 것인지 모르겠다. 다행인 것은 우리 지역의 정치 정서도 변화의 조짐을 보였다는 것이다. 하지만 우리 지역 두 사람의 당선자에게 한 마디씩의 고언으로 축하를 대신하고자 한다. 정동영 씨는 스마일 형으로 입을 열고 정권을 되찾아 오겠다는 결의에 앞서 진정 동생에게 자전거를 사주고 싶어하는 형의 마음부터 가져주기 바란다. 70에 초선의원이 된 신건 씨는 당선 소감의 말대로 확실한 전주 사람이 되어 실제로 동생에게 자전거를 사주는 형이 되어야 한다. 사랑과 정성은 부메랑 같아서 베풀면 언젠가는 꼭 내게 돌아온다는 것을 신앙처럼 믿는 지도자가 되기를 바라는 뜻이기도 하다. 빛과 사랑의 계절, 빛을 향해 사랑을 위해 우리 모두는 그들의 자녀가 되게 해달라고 간절한 기도를 올리자.

3일만 볼 수 있다면……

또다시 한 해가 서산에 걸렸다. 과거나 미래로의 시간 여행을 상상해 보지만 시간의 역사가 규명해 줄 수밖에 없는 가고 옴의 오묘한 조화다. 『리더스 다이제스트』가 20세기 최고의 수필로 선정한 「사흘만 볼 수 있다면……」을 서강대학교 장영희 교수의 글로 접할 수 있었다. 이 글을 쓴 헬렌 켈러는 앞 못 보는 맹인으로 2차 대전 때 부상병구제운동을 주도해 자유의 메달을 받은 미국인이다. 헬렌 켈러가 눈을 뜨고 볼 수 있는 3일 동안 친절과 겸손과 우정, 밤낮이 바뀌는 웅장한 기적, 사람들이 살아가는 모습들을 보며 집에 돌아와 하느님께 감사의 기도를 드리고 다시 암흑의 세계로 돌아간다는 내용이다.

1933년에 발표된 이 글은 당시 대공황의 후유증에 허덕이던 미국인들에게 엄청난 위로가 되었다고 한다. 헬렌 켈러가 그토록 보고자 소망했던 일들을 우리는 날마다 일상 속에서 특별한 대가도 없이 보고 있다.

'내일이면 귀가 안 들릴 사람처럼 새들의 지저귐을 들어 보라. 내일이면 냄새를 맡을 수 없는 사람처럼 꽃향기를 맡아 보라. 내일이면 더 이상 볼 수 없는 사람처럼 세상을 보라.' 75년이 흐른 오늘 우리에게 헬렌 켈러의 글이 새삼 간절해지는 것은 무엇 때문일까. 기도하는 마음으로 현실을 직시하는 안목이 필요해서다.

세계적인 경제 위기는 자칫 역사를 수십 년 뒤로 돌려놓을지 모르는 지금, 우리에게 필요한 것은 투쟁이 아니라 협력이고, 분열이 아니라 통합이며, 부정이 아니라 긍정이고, 절망이 아니라 희망이다. 또한 살고 죽음이 삶의 한 과정이듯, 고통과 시련도 삶의 한 과정이라면 극복할 수 있는 방법도 거기에서 찾도록 해야 한다.

뒤돌아보기에는 너무나 아쉽고 민망한 2008년, 회고하기조차도 무서운 한 해였다. 해돋이와 함께 오는 새해에는 새로운 패러다임의 세상이 찾아와 주었으면 좋겠다. 세계경제가 최악을 기록할 것이라는 어두운 소식에도 우리에게 극복의 꿈만 있다면 오히려 위기를 기회로 삼을 수 있는 행운이 오리라 믿는다.

그래서 우리는 다짐을 한다. 한 점의 착오도 없도록 하기 위하여 새해에는 우선 삶에 쉼표를 찍으면서 살아야겠다고…… 작가 정연희 씨는 '쉼표가 없는 일상은 대패밥이나 톱밥처럼 우리들 본래의 삶에서 시나브로 깎여져나가는 부스러기가 되고 말 것이다. 쉼표가 없는 문장을 읽으려면 숨도 차고 얼른 터득이 안 된다.'고 했다.

그리고 긍정의 힘을 신앙처럼 굳게 믿겠노라고…… 인생을 바꾸는 '긍정의 힘', No가 Yes로 바뀔 때 모든 일은 해피엔딩으로 장식된다. 수세기 동안 단 1%만 알았던 부와 성공의 비밀은 놀랍게도 긍정의 힘이었다. 흑인 대통령 오바마의 당선, 미국의 역사에 기록될 대사건도 긍정의 힘 때문에 일어났다. "Yes.", "We Can." 이 한 마디가 미국을 열광케 했다. 변화를 추구하고 희망을 일구어가는 국민임을 세계에 과시했다. 모든 유기체는 변하지 않고 생존할 수 없음을 생생하게 보여 주었다. 소의 해 2009년의 화두는 느림의 미학을 되새기며 긍정의 힘으로 희망을 추구하는 패러다임의 변화다. '고통을 멎게 해달라고 기도하지 말고 고통을 이겨낼 가슴을 달라고 기도하게 하소서.'(타고르) 2009 파이팅!

내가 너희에게 한 것처럼

'금일아행적 수작후인정(今日我行跡 遂作後人程)'

'오늘 내가 걸으면서 남기는 나의 발자국이 뒤에 따라오는 사람들에게는 목표를 따라 가는 이정표가 될 것이다.'

'아무도 간 흔적이 없는 눈길을 걸어갈 때는 비뚤어지게 걷지 말고 똑바로 걸어가라.'는 선인들의 교훈이다. 어른의 도리, 선배의 도리, 지도자의 도리를 명확하게 짚어 주는 가르침이다.

선생님이 제자들의 발을 씻어 주는 '세족 이벤트'를 요즘 많은 학교에서 볼 수 있다. 어차피 이벤트라면 의미 있는 행사라고 생각한다. "선생님의 그림자도 밟지 말라." 군(君) 사(師) 부(父) 일체 시대의 가르침이다. 그 선생님이 오히려 제자의 발을 씻어 준다는 것은 의미 이상의 의미를 갖는다.

2010년 4월 1일, 공교롭게도 만우절에 나에게는 만우(萬愚)와 같은 일이 일어났다. 부활절 이전 성삼일(聖三日)의 첫날, 세족(洗足) 목요일의 일이다.

저녁 여덟 시, 성당 맨 앞에 마련된 열두 개 의자의 한 자리, 그것도 한가운데 앉았다. 미사가 시작되고 신부님의 시작 기도에 이어 엄숙한 의식이 시작되었다. 대야에 담근 발을 부드럽게 씻어 주는 본당 신부님은 극히 엄숙한 표정이었고 성당 안은 숨소리마저 들리지 않을 만큼 조용했다. 어깨를 누르는 듯한 무거움이 오히려 황홀함으로 바뀌는 순간을 맛보았다. 최후의 만찬에서 예수님이 열두 제자의 발을 씻어 주는 '세족식'의 예를 재현하는 가톨릭 교회의 전통적 의식이다.

가톨릭에 귀의한 지 이제 4년, 아장걸음을 떼고 있는 신자에게는 너무나 엄청난 은총이고 축복이었다. 예수님의 열두 제자는 지극히 사랑하던 제자들이었기에 죽음을 앞둔 마지막 만찬에 같이한 사람들이 아니었던가. 유다가 동전 몇 닢에 스승을 팔아넘길 것을 알면서도 마지막 만찬 자리에 참석도록 한 뜻은 알다가도 모를 일이다. "원수를 사랑하라."는 실천적 가르침이었을까?

세족식을 통하여 받은 과분한 은총과 축복은 나에게 엄중한 명령과도 같았다. 교회를 그만큼 사랑하라는 명령일 것이고 세상을 그만큼 사랑하라는 명령일 것이다. "내가 너희에게 한 것처럼 너희도 그렇게 하라."고 하는 하느님의 명령을 받은 것이다. "주님이며 스승인 내가 너희에게 한 일을 깨닫겠느냐? 너희도 그렇게 하라."고 본을 보여 주었다. 예수님의 말씀을 항상 묵상하면서 나누는 삶,

베푸는 삶, 사랑의 삶을 살라는 명령일 것이다.

마르틴 루터가 종교개혁을 부르짖으며 가톨릭 교회의 세족식을 형식적이라고 하여 배척한 지 300년이 지났다. 하지만 오늘날 세족식은 교회뿐만 아니라 학교와 각종 단체에서도 널리 행해지고 있다. 형식적인 행위가 아닌 섬김의 도를 깨우쳐 주려는 교육적인 운동이고 설사 그것이 행위라 하더라도 사랑이 보여주는 감동적인 행위로 자리잡아 가고 있다.

「요한복음」 13장에 "예수님께서는 당신의 사람들을 끝까지 사랑하셨다."는 복음의 말씀이 기록되어 있다. "주님이며 스승인 내가 너희의 발을 씻었으면, 너희도 서로 발을 씻어 주어야 한다. 내가 너희에게 한 것처럼 너희도 하라고, 내가 본을 보여준 것이다." 스승님으로서 예수님은 제자들에게 솔선수범의 가르침을 베풀었다. 예수님이 십자가에 못 박혀 돌아가신 것은 인류의 죄를 대신한 것인 동시에 믿음에 대한 확고한 신념의 가르침이다. 죽음으로 사랑을 실천하고 죽음으로 믿음을 가르치신 예수님을 따를 수밖에 없는 이유가 여기에 있다. 종교적인 이념을 떠나서 교육적인 가치에 주목해야 한다. 오늘날 많은 학교에서 세족식 행사를 하고 있는 것은 바로 예수님이 보여준 교육적 가치를 높이 사고 있는 증거다.

김수환 추기경님이 남기고 가신 '나눔의 사랑', 법정 스님이 남기고 가신 '무소유의 사랑', 그리고 장영희 교수가 남기고 가신 '희망에 대한 사랑'도 마찬가지다. 모두가 '사랑은 축복'이라는 화두 안에 녹아 있는 가르침들이다.

들꽃처럼 순수하고 바람처럼 맑으며 끝이 없는 사랑이 있는 한 세상은 행복하리라. 그래서 사랑은 축복이고 행복이다. '얻어먹을 힘만 있어도 축복이다.'라는 말에 아무도 동의할 사람이 없는 오늘이지만 그래도 희망을 버리지 않고 사는 세상은 축복이고 희망이다.

"내가 너희에게 한 것처럼", 이 메아리가 끝없이 이어질 때 "평화가 여러분에게"도 이루어지는 세상이 되리라.

나 그대에게 고운 향기 되리라

'오매 단풍 들겠네.'

장독에 떨어진 감잎을 보며 시인 김영랑은 가을이 왔음을 직감한다. 소복 입은 모란을 보며 비로소 봄이 왔음을 느끼는 시인이었기에 떨어진 감잎에서 가을을 느끼고 싶었으리라.

윤달이 들어서 내일 모레가 추석이지만 일찌감치 추석은 과수원에도 메밀 밭에도 찾아와 있었나 보다. 바람도 없었고 폭우도 없었고 병충해도 없었으니 과일 밭도 메밀 밭도 풍년이다. 3박자가 맞아떨어진 멋있는 하모니다. 내일이면 시월, 찬 이슬이 내리는 한로에다 서리가 내리는 상강이 들어 있다. 겨울을 예고하는 절기들, 새삼스럽게 감탄하는 일이지만 절기마다 어김없이 들어맞는 과학적 기상학이 놀라울 따름이다. 인간이 저지른 재앙으로 봄과 여름, 가을과 겨울의 경계가 허물어졌다지만 그래도 봄과 가을은 어김없이 우리를 추억의 오솔길로 안내한다.

아— 이제 가을이다. 하늘은 한없이 높고 푸르다. 한국의 가을 하늘이 너무나도 탐났던가 가위로 오려서 딸에게 보내고 싶어했던 펄벅 할머니, 모국을 떠나 동방의 나라에 살았던 이유가 한국의 가을 하늘 때문이었는지도 모른다. 가을은 아름다운 결과를 갈무리하는 계절이며 새로운 시작을 준비하도록 하는 창조의 계절이기도 하다.

바야흐로 이 땅은 변화의 바람을 일으켜 창조의 새싹을 트게 하려는 몸부림으로 가득하다. 이해와 화해와 통합과 소통을 호소하는 언어들이 하늘 가득히 맴돌고 있다. 이 위대한 몸부림 앞에서 가을의 온유하고 풍성함은 더욱 아름다운 추억으로 각색되기를 기도하고 있다. 봉오리를 터뜨릴 때 꽃은 아름다움으로 일생을 군림하게 된다. 봉오리로 살다가 진다면 꽃은 우리에게 아무것도 아닌 그저 식물일 따름이다. 우리는 지금 민주주의의 꽃을 보고 싶어한다. 이명박 정부 2기 총리인 정운찬 씨가 힘겹게 취임을 해서 세종시라는 괴물 도시계획이 불가피하게 손질받게 됐다. 전국 곳곳에서는 통합의 행진이 우렁차다. 모든 일에 찬반이 있는 것은 김정일 정권 아래가 아니기에 당연하지만 행정권을 가진 자들의 농간에 의하여 효율적이라고 결론난 통합의 흐름을 방해한다면 말도 안 된다. 전주 완주의 통합문제가 그렇다. 당사자는 아니라고 하지만 2010년에 있을 지방선거에서 불리한 국면을 면해보자는 계산이 짙게 깔려 있는 것이다. 거기에 덩달아 춤추고 있는 의회며 민간단체가 더욱 가증스럽다. “전주보다 모든 인프라가 우수한 완주에 무엇을 주겠다는 건가?”라고 반격하는 일부 반대론자들의 주장은 통합이라는 본래의 의미를 망각한 망발이다. 한 치의 빈틈도 없이 전주를 에워싸고 있는 완주는 이미 통합이 돼 있는 거나 마찬가지다. 전주생활권에 이미 들어와 있는 사실상 전주시민을 굳이 완주군민으로 남게 해야 된다니, 이 무슨 해괴한 억지인가. 송하진 시장 등도 설득 커뮤니케이션 점수는 F학점이다. 서툰 언론 플레이에만 의존하는 느낌이기 때문이다. 모든 것을 원하는 대로 해 주겠다는 에드벌룬에서 반대론자들은 오히려 반격의 자료를 얻고 있는 셈이다. 다른 지역에서 추진되고 있는 상황을 듣지도 못하고 있는가? "전주의 새로운 미래가 열리고 있다."면서 그것은 플래카드 미래에 지나지 않는 것인지 묻지 않을 수 없다.

나 그대에게 고운 향기가 되리라.
사랑하는 이여 함께 가자.
착한 마음
한 아름 가득 안고서
나 그대에게
황혼의 아름다운 만추의 날까지
빛나는 가을의 고운 향기가 되리라.

이해인 수녀님의 이 고운 시는 통합을 두려워하고 상생을 두려워하는 사람들을 위하여 바치는 기도처럼 마음에 와 닿는다.

'나 그대에게 고운 향기가 되리라.'며 이 가을을 찬미하자.

5월이 되면

5월이 되면, 많은 사람들의 가슴에 카네이션이 피어난다. 부모님의 은혜에 감사를 표하는 꽃이기 때문이다. 카네이션의 꽃말은 자비와 사랑이다. 빨간색은 '건강을 비는 사랑', 분홍색은 '당신을 열애합니다.', 흰색은 '나의 애정은 살아 있습니다.' 카네이션도 이렇게 색에 따라 꽃말이 다르다는 것을 알았다.

4월 27일, 화분에 심은 빨간색 카네이션을 사려고 했지만 꽃가게마다 준비가 되지 않았다. 어머니가 세상을 떠나신 날에 살아 있는 카네이션 화분 하나로 어머니를 추억하려는 가냘픈 마음에서였다.

어버이날을 맞아 빨간 카네이션을 가슴에 달아 드리면 어린애처럼 좋아하시던 어머니, 자식의 사랑이 고맙고 빨간 꽃이 좋으셨던 거다. 꽃이 좋아 꽃이 만발하는 4월에 가신 어머니, 혼수상태로 만 100일을 참으신 어머니, 한평생을 그렇게 참고 또 참으면서 사셨던 어머니는 꽃길을 걸으려고 그렇게 오랜 시간을 참으셨는지도 모른다. 눈을 감고 100일을 계시는 동안 어머니는 무엇을 생각하고 계셨을까. 오매불망 자식들의 건강을 걱정하셨으리라. 아롱이 다롱이라고 잘살고 못사는 자식들 간의 고르지 못한 살림살이를 걱정하고 계셨으리라. 혼수가 계속되어도 청각은 열려 있어서 모든 얘기를 다 듣고 있다는데 혹시나 섭섭한 얘기를 해서 마음을 상하게 해드렸는지도 모른다.

5월이 되면, 풋풋한 생명의 역동이 찬란해진다. 깊은 잠에서 깨어난 갓난아기의 해맑은 웃음처럼 온 세상은 천진난만한 그대로다. 이미 초여름으로 접어든 절기의 초입에서 펼쳐지는 자연의 군무가 환상적이다.

5월이 되면, 보릿고개의 마루턱에서 가쁜 숨을 몰아쉬던 기억을 잊을 수가 없다. 새로운 세대들이 이 힘겨운 기억을 하지 않아도 되는 오늘이 얼마나 고맙고 대견스러운지 모른다. "쌀이 없으면 라면 끓여 먹으면 되지 않느냐."는 신세대들의 말에서 나는 오히려 행복을 느끼는 사람 중의 하나였다. 굶어 죽는 사람이 일 년에 30만 명이 넘는다는 북한 동포의 슬픈 소식을 듣고도 아무렇지도 않아 한다. 그럴 리가 없다는 생각에서다. 북한 동포의 생활을 우리 생활의 연장선상에서 상상하기 때문이다.

5월이 되면, 어린이가 귀엽고 어버이의 은혜가 가슴 벅차게 하며 스승의 고마움이 가슴을 저리게 한다. 못다 한 어머니의 정이 그리워 목 메이게 한다. '꽃길 따라 어머니를 멀리멀리 보내 드렸다.'고 인사장을 썼었지만 어머니는 지금도 나의 곁에 계신다. 오히려 이승에서의 연을 다하는 날 어머니를 그때 보내 드릴지도 모른다. 어머니가 주무시던 자리에 내 잠자리를 마련하고부터 나는 어머니의 품에 안긴 듯 편안했다. 이 자리를 떠나는 날 나는 어머니를 멀리멀리 떠나보내게 될 것이다.

5월이 되면, 어머니의 기도가 지극히 간절했음을 느끼게 된다. 어머니가 계시지 않은 5월은 그렇게 허전하고 아쉬울 수가 없었다. 자식을 위한 어머니의 기도를 영적으로 느낄 수 있었다는 말이다. 어머니의 기도는 내가 세상에 태어난 날부터 시작하여 내가 어른이 되어 결혼하고 아이를 낳고 70에 이르도록 계속되었을 것이다. 그러나 어머니의 기도가 얼마나 크고 거룩한 정성인가를 모르면서 살아왔지 않는가. 사람마다 "철나자 끝이라."더니 이제야 이런 생각을 한다는 게 얼마나 철없는 인생이었는지 모른다.

5월이 되면, 간절한 어머니의 기도가 더욱 간절해진다. 모윤숙 시인은 전쟁터에 나간 아들을 위하여 '주여! 이기고 돌아오게 하옵소서. 이기고 돌아오게 하옵소서.' 기도를 올렸다.

이해인 수녀님은

구김살 없는 햇볕이
아낌없는 축복을 쏟아내는 5월
어머니, 우리가 빛을 보게 하십시오.
욕심 때문에 잃었던 시력을 찾아
빛을 향해 눈을 뜨는 빛의 자녀 되게 하십시오.

성모님을 향한 간절한 기도를 올리고 있다.

5월 8일, 그날은 준비가 되어 있을 카네이션 화분을 어머님 영전에 놓고 이해인 수녀님의 기도를 올리고 싶다. 우리 어머니가 저 하늘나라에서 기뻐하실 테니까.

이 작은 소망들을 들어 주소서

우리나라에서 단 한 명뿐인, 불치병으로 온몸이 굳어서 꼼짝도 못하는 환자가 남겼다는 시의 한 구절입니다.

'새벽, 겨우 겨우라도 잠자리에서 일어나 아침 햇살을 볼 수 있기를, 아무리 천대받는 일이라 할지라도 일을 할 수 있기를……'

'구리 료헤이'의 소설 ≪우동 한 그릇≫은 두 아들을 데리고 우동집에 들어가 우동 두 그릇을 시켜 나누어 먹으며 내년에는 세 그릇을 시켜 먹을 수 있기를 바라는 어머니의 소망을 그렸습니다.

故 노무현 전 대통령은 대통령으로서의 소망이 너무나 컸기에 그 좌절감을 이기지 못하고 극단적인 최후를 선택했습니다. 설령 측근 중 누가 적절치 못한 행위를 했더라도 한편이었던 사람들마저 자기와 거리

두기에 나설지는 몰랐을 것입니다. 전국을 뒤흔든 조문 정국은 그들의 죄책감에서 나온 거라고 하면 과장일는지요. 사상 처음으로 시행된 존엄사는 생명의 존엄을 다시 한 번 일깨워 주는 계기가 되었습니다. 이러저러한 일로 소망이 크면 좌절도 크다는 것을 알았습니다.

정세균 민주당 대표는 정부 여당이 경쟁 상대가 아니라 투쟁 상대며 대통령의 사과가 없으면 등원을 하지 않겠다고 선언하고 국회 앞에서 연좌를 계속하고 있습니다. 대통령은 단호한 대통령이어야 하고 국회는 싸움터가 아니길 우리는 소망합니다. 성당의 종소리도 소음 피해라는 이유 때문에 듣지 못합니다. 전국의 도로는 방음벽으로 막혀 여행의 즐거움을 즐기지 못합니다. 삶의 질 향상을 위해 소음은 절대로 용납되지 않습니다. 그런데 전주 노송광장에서는 하루가 멀다 하고 난폭한 굉음들이 주변 시민들을 괴롭히고 있습니다. 공무원들이 시끄러워 일을 못하면 그 피해는 어디로 돌아갑니까? 70억 원 이상의 혈세를 들여 만든 오거리 광장 역시 고성능 전자음으로 시민들을 괴롭힙니다. 이게 뭡니까? 광장에 나무를 심어 소음 없는 공간으로 쓸 수 있기를 소망합니다. 옛 모양을 살린다고 만들어 놓은 전주 한옥지구 실개천은 여름이 되자 이끼 낀 닦는 아낙들로 가득합니다. 혈세를 낭비하는 공직자가 없기를 소망합니다. 중앙당에서조차 인정하지 않은 자치단체장 후보 공천을 시작으로 노골적인 지선 전략에 들어간 민주당은 어찌 이토록 자기들의 소망에만 집착하고 있는지 모르겠습니다. 검찰 발표가 사실이라면 PD 수첩 수사가 과연 국민의 알 권리를 짓밟는 정권의 음모일까도 의문스럽습니다. 선진된 정치문화를 소망합니다.

가끔씩 떼쓰는 어린이를 달래는 데 장애인이 활용됩니다. "에비 에비, 너 울면 저 사람이 잡아 간다." 많은 문학작품에서 장애인은 무서운 사람, 공포의 대상으로 묘사되고 있습니다. 할 말을 못하고, 하고 싶은 일도 하지 못하는 우리는 이미 장애인이 되었지만 세상을 불안하게 하는 사람들에게 우리는 "에비에비"의 대상이 되기를 소망합니다. 민족상잔의 비극은 59년이 흐르도록 막을 내리지 못하고 있습니다. 5천만은 한결같이 비극의 종말을 소망합니다. 우리들의 소망은 작지만 간절합니다.

하느님! 아무리 세상이 어지럽더라도 우리 모두가 서로서로 조금씩 양보하고 노력하면 소망은 이루어지리라고 믿습니다. 누구나의 마음속에 별처럼 총총 새겨진 이 작은 소망들이 조금씩 조금씩 이루어지도록 하느님! 저희에게 희망을 주소서. 어차피 인생살이 덤이라지만 있어도 좋고 없어도 좋은 덤이 아니라 더 좋은 덤이 되기를 소망합니다. 이 모든 소망이 이루어지리라는 희망의 축복을 내려주소서.

임이라 부르리다

송림에 눈이 오니
가지마다 꽃이로다
한 가지 꺾어내어
임 계신 데 보내고저
임이 보신 후에야
녹아진들 어떠리

가고 옴이 없다 하나 중생들에게는 없는 것도 아니니 다시 한 번 무상을 느끼게 하나 그 속에 아름다운 인연들로 생활에 여유가 있도록 노력해야겠지요.

1993년 7월에 일지 스님이 보내주신 편지의 서두다. 고등학교 고대문 시간에 배웠던 송강 정철의 시조 〈송림에 눈이 오니〉를 50년 만에 접할 수 있었다. 시조를 읊으시던 박병채 선생님의 낭랑한 목소리가 들릴 것도 같았다. 귀양살이 고달픈 가운데서도 임금님을 그리워하며 설화를 보고 읊조린 송강 정철의 이 시조는 평이한 시어를 썼지만 임금님을 향한 충절이 고스란히 배어난다.

'임'은 어찌 은애하는 사람만 '임'일 수 있으랴. 은애하는 분은 아닐지라도 존경하고 그리워하고 미더워하는 사람이면 '임'이라 불러도 좋지 않을는지.

일지 스님은 나에게 그런 분이었기에 '임'이라 불러 드려도 흠이 아니고 흉이 아니라 여긴다. 스님이 편지의 서두에 인용한 시조 또한 그런 의미가 아닐까 싶다.

후배 최태주 군의 신앙적 스승인 스님을 뵈온 것은 1983년이다. 벌써 4반 세기가 넘게 흘렀다. 27년 전 지장암에서 뵈온 스님은 정말 고우셨다. 밝은 달 아래 승무를 추는 고깔 속의 여승, 이희승 씨 〈승무〉의 주인공이 아마도 스님 같은 분이 아니었을까 싶다. 은쟁반에 옥구슬이 구르는 듯 청아한 목소리에 소녀의 티가 너무나도 돋보이는 그런 분이었다.

생부(해안 선사)께서 도를 닦으시던 토굴 자리에 세운 단아한 불전에서 하룻밤을 묵을 수 있게 허락하여 주신 특전도 잊을 수가 없다. 사랑하는 제자를 위하여 초면의 처사에게 한밤 곡주를 내오게 하는 등 융숭한 대접은 스님을 만난 지 27년 세월의 백미다.

그때 처음으로 인사드린 내소사 주지 철산 스님의 법문도 귀에 쟁쟁하다. "불국정토가 다름 아니라 마음의 담을 헐어버리는 것"이라고.

그렇다. 미움도, 탐욕도, 싸움도, 갈등도, 모두가 마음속의 경계를 허물지 못한 데서 오는 업보가 아닐는지.

일 년이면 한두 차례 편지로 안부를 묻고, 몇 년 걸쳐 잠깐씩 뵈옵는 스님이지만 스님의 편지 말씀대로 나는 얼마나 스님 때문에 행복한지 모른다. 신난다. 편지 보낼 수 있고, 차 마시러 갈 곳도 있다. 쉬어 올 수도 있고 마음으로 그려볼 수 있는 산사도 있고 노래할 수도 있고……

스님! 그래서 스님을 임이라 부르리다.

지리산의 와운마을, 친구들과의 고스톱 게임을 즐겁게 지켜봐 주시던 스님, 지리산 덕동마을에서 밤 늦도록 얘기꽃을 나누어 주신 스님, 재가 상자 태주 군의 시중을 받으며 함께해주신 '고로쇠'여행에서 해탈의 경지에 드신 스님을 뵈었다.

'화단에는 채송화가 가득 뽐내고 월인지에는 백련 몇 송이가 고고하게 향을 멀리멀리 보내고 있다.'고 자랑하신 스님은 '전주에는 덕진 연못이 있어 행복하겠어요.'라고 편지를 보내시며 연꽃무늬 수놓은 편지지를 함께 보내 주신 스님의 여유와 낭만에 취할 수밖에 없다. 연꽃으로 수놓은 빈 편지지는 아마도 기나긴 여백을 아름답게 즐기라는 스님의 메시지로 간직해 두었다.

2009년 10월. 송용식, 이승재, 박병식과 함께했던 격포에서의 1박 2일, 스님은 친구들에게 진한 감동을 안겨 주셨다. "거기서 끝냈으면 얼마나 아쉬웠겠느냐?"며 "스님과의 만남을 지금까지 여행의 최고 프로그램으로 기억한다."고 했다. 다상을 가운데 두고 나눈 스님과의 담소가 인상에 남는다는 친구들, 손수 간장을 발라 김밥을 싸 주신 배려가 어찌 그리 은은하고 다정스럽냐며 못내 헤어짐을 아쉬워했다. 이렇게 만나는 사람마다 아쉬움을 나누어 주시는 스님과의 교분을 나는 더 없는 자랑으로 간직하고 있다. 몇억 겁의 인연으로 이런 교분이 이루어질 수 있으랴 싶어서다.

어느 때는 난을 치고 은은한 화제를 달아 편지로 보내 주시는가 하면 어느 때는 또박또박 정성들여 쓰신 서예작품을 보내시기도 했다.

한용운의 시 〈꿈이라면〉도 스님이 보내주신 서예작품이다.

사랑의 속박이 꿈이라면
출세도 해탈도 꿈입니다
웃음과 눈물이 꿈이라면
무심의 광명도 꿈입니다
일체 만물이 꿈이라면.
사랑의 꿈에서 불멸을 얻겠습니다

스님! 스님을 "임"이라 부르리다.

이 시는 가장 유명한 사랑의 시로 알려져 있는 "브라우닝"의 〈열애의 기록〉이다. 브라우닝의 시 속에는 인간의 평범한 사랑의 본질을 철저하게 배제하고 있다. 실제로 불가능할 것 같은 브라우닝의 사랑은 시에서 고백하고 시에서 약속한 것처럼 그렇게 종장을 찍고 세계 문학사에 찬란히 남아 있다고 장 교수는 회고했다.

"당신 나 얼마나 좋아해?" "얼마나 사랑해?" 연인들 간에 한 번쯤은 주고받는 속삭임이다. 이럴 때 연인들은 모두 어린이가 된다. "하늘만큼, 땅만큼." 이렇게 양만을 표현할 뿐 구체적인 것이 없다.

장영희 교수는 브라우닝의 짧은 시 한 수를 인용해 사랑의 힘을 일러 주고 있다.

> 당신을 어떻게 사랑하느냐구요?
> 내가 당신을 어떻게 사랑하느냐구요?
> 방법을 꼽아 볼게요. 내 영혼이 닿을 수 있는
> 깊이만큼, 넓이만큼, 그 높이만큼 당신을 사랑합니다.

'사랑의 힘'은 영혼의 결합이 없이 발휘될 수 없다. 사랑의 힘은 영혼의 부름이 없다면 모두가 허구이고 모두가 거짓말이다. 이런 사랑은 죄악이다. 신혼여행에서 돌아와 인사를 온 신혼부부에게 물어보았다. 주례사의 한 대목이라도 외우고 있느냐고. 신부가 대답했다. "사랑은 생명 이전……" 됐다, 그거면 됐다. 쌍둥이 아빠가 된 윤구의 사랑에 성령의 축복이 깃들기를 다시 한 번 기도하며 늦었지만 주례사에 덧붙인다.

사랑이 짙어 꽃동네 되다

"얼마나 꽃이 많았으면 꽃동네라고 했을까? 에이 참, 꽃구경 하러 갔는데 꽃은 보이지 않고 사람과 버스들만 들어차 있지 뭐야."

꽃동네의 내력을 알지 못하고 꽃동네를 찾은 사람들의 얘기다. 꽃동네는 충청북도 음성군에 위치한 천주교 복지마을이다. 중부고속도로 진천나들목에서 이정표를 따라 20여 분쯤 달려가면 수풀에 둘러싸인 별천지를 만나게 된다. 최귀동이라는 병든 걸인의 무극천 다리 밑 임시 거처가 사실은 꽃동네의 시작이 되었다. 부잣집 아들로 징용에 끌려갔다가 해방을 맞아 고향에 돌아왔으나 집은 망하고 갈 데가 없는 최귀동은 그때부터 밥을 빌어다가 40여 년 동안 자기보다 못한 걸인들을 돌보았다. 이때 천주교 한 신부를 만나게 되고 그 신부는 '얻어먹을 힘만 있어도 그것은 주님의 은총'임을 깨달아 의지할 곳 없고 얻어먹을 힘조차 없는 걸인들을 위한 복음

자리를 만들게 된다. 이곳이 지금의 꽃동네이고 오웅진 신부다. 복지시설이 푸른 숲 속 곳곳에 아담하게 자리해 있고 수도원 수녀원 성당 복지대학이 있는가 하면 엄청난 규모의 잔디밭 등 건강관리 시설들이 어쩌면 많은 사람들의 부러움을 살 수도 있겠다 싶었다. 부러움은 시기와 질투로 변하고 결국은 모함으로 발전하여 창설자 오웅진 신부는 8년간의 법정투쟁에 휘말리게 된다. 광산 개발과 관련된 사건은 사기, 횡령, 착복 등의 고발로 발전되어 오 신부는 성직자로서의 일생 최대 위기를 맞게 된다. 하느님도 그의 참뜻을 헤아려 주셨던가 오웅진 신부는 8년간의 법정투쟁 끝에 대법원으로부터 무죄판결을 받게 된다. 한때 세상을 떠들썩하게 했고 천주교 신부의 신뢰에 큰 먹구름이었을 수도 있는 꽃동네 사건은 이렇게 마무리되고 10만여 명으로 줄었던 후원자는 다시 20만으로 늘었다니 얼마나 다행한 일인지 모른다.

세계 성령대회가 유럽을 벗어나서는 처음으로 꽃동네에서 열리게 된 배경도 아마 이러한 시련에 대한 하느님의 위로이기도 하고 은총이기도 할 것이다. 한정으로 신청받은 40명과 함께 세계성령대회 참석을 위해 처음으로 꽃동네를 찾은 것은 2009년 6월 7일. 새벽 5시 30분에 성당을 출발하여 2시간 30여 분 만에 도착한 꽃동네는 자동차와 사람으로 산을 이루었다. 2킬로가 넘는 언덕길을 넘어 잔디 대광장에 이르는 길은 초여름의 날씨였지만 나로서는 고행이었다. 사람의 물결에 싸여 산길을 오르는 행군은 쉴 틈도 허락하지 않았다.

11시부터 시작된 성령대회 대미사에 참석한 사람은 5만 명을 넘었다. 끝이 까마득한 잔디광장은 신자들로 가득했다. 세계 48개국에서 사제와 신도들이 참석했고 오히려 그들이 대회 분위기에 열렬히 호응했다. 더울 거라는 날씨는 오히려 싸늘하달 정도로 시원했고 적당한 구름이 온종일 햇빛마저 가려 주는 은총도 받았다. 신앙심이 깊지 않아 여러 성직자들이 전해주는 복음에도 소홀할 수밖에 없는 사실이 안타까웠다. 한편으로는 대회 분위기를 생각해서인 듯한 몇 가지 진행 내용이 경건함을 해친다는 생각이 들긴 했지만 그 역시도 나의 신심 부족임으로 이해했다. 대통령의 축전, 장관들과 국회의원, 전직 요인들, 지역의 행정지도자들, 그리고 8년간 오웅진 신부의 무료 변론을 맡았던 변호사들, 이 밖에도 많은 내빈과 함께한 행사는 대단한 성공인 듯싶었다. 파견 성가와 함께 오후 6시에 끝난 성령대회는 오히려 그 끝자락이 그토록 아름다울 수가 없었다. 5만 명이 온종일 북새통을 이룬 자리로 여겨지지 않았으니 말이다. 버려진 휴짓조각 하나가 보이지 않은 잔디밭을 그대로 되돌려 주고 나온 것이다. 5만여 명이 물결을 이루며 오던 산등성이를 넘는 행렬이 그토록 정결할 수가 없었다. 가끔씩 지나가는 승용차들은 한 자리라도 여유가 있으면 힘들어 하는 노약자들을 솔선해서 편승해 주었다. 모두가 얼마나 아름다운 정경이었는지 모른다. 대회에 참석한 즐거움보다도 이 흐뭇한 일들을 직접 체험하고 느낄 수 있었음을 더욱 감사하게 기억할 것 같다. 음성뿐 아니라 뉴저지, 조지아, 필리핀, 방글라데시, 인도, 우간다 등 세계 곳곳 어려운 곳에 꽃동네가 있다는 것도 처음으로 알았다. 1인당 만오천 원을 모아 아침식사부터

가고 오는 데 마실 음료수며 수박, 휴게소에서의 호두과자까지 푸짐한 먹을거리를 제공한 일행인 동시에 봉사자님들께 감사한다. 모든 행사 때마다 몸을 던져 봉사하고 있는 박해종 베네딕토 부부와 몇 가족이 함께한 콩나물국밥은 또 다른 별미로 기억되는 하루였다. 그리고 '얻어먹을 힘만 있어도 그것은 하느님의 은총'임을 마음으로 느끼는 뜻깊은 여행이었다.

십이월엔 사랑을 할 거예요

아스라한 기억 속의 첫눈 내리던 날, 영아의 짧다란 독백을 기억한다. "십이월엔 사랑을 할 거예요." 영아의 앳된 소망이 수십 년 넘게 잊히질 않는다. 첫눈을 맞으며 영아는 자기도 모르는 사이 큐피트의 화살에 맞았을지도 모른다. 나를 향한 것은 아니지만 얘기는 분명 나에게 한 것이라 지금도 영아의 깊은 속내를 알 길이 없다. 세월은 흘렀고 해마다 첫눈도 내렸고 올해엔 첫눈 내린 날이 12월 6일이었다. 유난히도 어수선한 한 해였기에 문득 서설의 상징성에 소리 없는 기도라도 드리고 싶었다. 십이월의 소녀를 생각하며 핸드폰의 메시지함을 열었다. '첫눈이 내리네요 / 동화의 나라로 가고 싶네요 / 거기 백설공주가 살고 있다네요.' 첫눈이 내리는 날의 독백을 들은 지 오십 년, 그리고 부질없는 약속을 지키지 못한 지 3년, 그러나 지키지 못한 약속은 사실은 당연한 것이었다. 수천 개의 눈망울과 수백 개의 주먹이 동원된 설치미술의 전시관을 둘러보고 있는 중이기 때문이다. 그런데 웬일인가. 끔찍한 자동차 사고로 두 목숨을 앗아간 현장이 전시관 앞을 가로막았다. 이렇게 하여 첫눈 내리는 날의 판타지는 다시 이천십년을 약속하게 된다.

'운명은 인간의 것이지만 생명은 신의 것'이라고 했는데 운명의 전시관과 죽음을 부른 신의 영역에서 첫눈에 얽힌 판타지쯤은 오히려 섣부른 사치였다.

'모란이 피기까지는 나는 아직 나의 봄을 기다리고 있을 테요.' 비운의 서정 시인 김영랑은 소망을 품고 기다림에 잠긴 시간을 찬란한 슬픔의 역설로 표현했다. 그러나 기다림과 소망은 거부당하거나 배반을 당할 때가 많다.

"십이월엔 사랑을 할 거예요." 이 속에 깔려 있는 소망과 기다림은 나에게 있어 찬란한 슬픔으로 기억되는 행운을 얻은 셈이다. 자칫 거부당하고 배반당하는 처절한 슬픔으로 남을 수 있었기 때문이다.

어쩌면 우리는 일 년 내내 "사랑을 할 거예요."를 주문 외우듯 머리에 담고 살아가는지도 모른다. 누군가를, 무엇인가를, 어디엔가를, 그리고 무슨 일인가를. 때로는 애끓는 마음으로 때로는 슬픔의 정서로. 그렇지만 아름다운 마음이었으면, 찬란한 슬픔이었으면 하고 소망하고 기다리게 된다. 이렇게 십이월이 되었고 십이월을 보내고 다시금 그 기다림과 소망의 세월을 살게 된다. 기어코 이 십이월에는 누군가를, 무엇인가를 꼭 사랑할 수 있었으면 좋겠다. "사랑할 거예요."라는 소녀의 독백도 잊을 수 있었으면 좋겠다.

사랑이 싹틀 무렵

서울 출장길에 하룻밤을 자게 되면 으레 막내네 집 창준이 방에서 신세를 진다. 이런저런 얘기도 해 주고 심심찮게 용돈도 주는 할애비를 손자 녀석은 싫어하지 않는다. 늦은 밤에 도란도란 얘기를 하는 중에 창준 녀석이 느닷없는 말을 했다. “할아버지! 왜? 학교에 웃기는 애가 있어, 뭔데? 글쎄 어떤 계집아이가 나를 좋아한대, 자꾸만 전화하고 치근대지 않아. 너 좋아하는 친구가 있으면 좋을 텐데 뭘 그래. 선생님도 아는데 창피하지 않아? 그리고 친구들이 놀리면 어떻게 해. 너는 어떻게 생각하는데? 뭘? 너를 좋아한다는 그 여자아이를 너는 어떻게 생각하느냔 말이지. 난 싫어. 그리고 내가 지금 몇 학년인데 말도 안 돼.” 제법 어른스러운 얘기를 하는 창준이가 대견스럽기조차 했다.

아침마다 운동삼아 걷는 길에 동초등학교 운동장을 찾는다. 조그마한 화단에는 벤치가 놓여 있고 야생화며 백일홍이며 여러 가지 꽃들이 피어 있어 산책길을 아주 신선하게 해 준다. 어느 날 아침 내가 앉으려는 벤치에는 하얀 크레용으로 써 놓은 선명한 글씨가 창준이의 경우를 연상케 해 주었다. 가운데 하트가 선명하게 그려져 있고 왼쪽에 김현진 그리고 오른쪽에 박현수, 둘은 좋아하는 사이라는 표시이고, 여자 이름이 왼쪽에 있는 것으로 보아 여자아이가 더 적극적이라는 암시를 주었다. 〈집으로 가는 길〉 이라는 방송 드라마에서 고3 학생들의 싹 트는 사랑 얘기가 화제에 오르기도 했지만 시대적인 조류를 감안하더라도 좋은 평판일 수는 없는 일이다. 요즘은 오히려 여자 쪽에서 더욱 적극적이라는 결혼 풍속도를 자주 듣기는 하지만 그만큼 여자들의 능력이나 사회참여가 활발하다는 반증이기도 해서 이상할 것도 없다. 그러나 초등학교에서 이런 일들이 심심찮게 화제에 오른 것은 걱정을 해야 될 현상이 아닐까 싶다. 초등학교 시절 남자친구와 여자친구에 대한 감정이 딱히 어떤 것이라고는 하기 어렵지만 달랐던 기억은 분명하다. 그렇지만 그것이 흔한 말로 연애감정은 아니라고 생각한다. 이성에 대한 우호적 감정이라고나 할까, 뭐 그런 것이었을 것이다. 그렇지만 창준이의 경우와 동초등학교 화단 벤치의 낙서 같은 경우를 단순한 우호적 감정이라고만 단정하기 어려울 것 같다. 무엇인가 주변 사람에게 소위 말하는 이상한 눈치를 보였을 것이기 때문이다. 남녀칠세부동석(男女七歲不同席)이라는 유교적 관습대로라면 초, 중, 고등학교에서 남녀 합반을 하는 것부터가 언어도단이지만 이미 박물관에 가 있는 사상이 아닌가. 이러한 시대적인 변혁의 현상 속에 창준이의 경우도 있고 현진 현수의 경우도 있게 되었다. 생활환경이나 문화 환경 때문에 성 관념이 급속도로 발전해서 옛날의 잣대로라면 망칙해서 차마 볼 수 없는 풍속도를 공원이며 차 안에서며 거리에서며 아무 데서나 볼 수 있게 되었다. 십대 미혼모가 점점 늘어나 사회적인 문제로 자리잡은 지 오래다. 이혼율이 높아지면서 싱글맘이 점점 늘어가더니 이제는 비혼맘까지도 보통으로 생각한다고 한다. 두 번의 이혼 끝에 비혼맘으로 살고 있는 유명 MC도 있다. 비혼맘이란 정자를 사다가 아이를 가진 경우라고 하니 이젠 어린아이가 단순한 애완견쯤으로 되었나 싶어 씁쓸한 마음이다.

어떤 퇴직교사의 얘기로는 요즘 사춘기는 초등학교 사오학년쯤으로 중고등학교 시절에 사춘기가 왔던 것은 옛날이라고 한다. 특히 여자아이들의 성적 성숙이 훨씬 빨라서 초등학교 사학년이면 생리를 하고 그때부터 이성에 눈을 뜨게 된다고 한다. 그래서 여자가 이성 관계에서 적극적이라는 분석도 설득력이 있고 창준이의 경우도 전혀 이상할 게 없다는 얘기가 된다.

교복을 단정히 입은 남녀 학생이 적당한 사이를 유지하며 걷는 모습을 보면서 순수한 연애감정을 읽었던 시절은 이미 옛날이다. 사랑하는 두 남녀가 달 밝은 와이키키 해안을 거닐며 부드럽게 손을 잡았다면 그것이 에로스냐 로고스냐를 놓고 논쟁을 벌이던 시절도 있었다. 60년대 초반 서울에서 내려와 교편을 잡고 있던 여선생님이 남편과 팔짱을 끼고 중앙동을 활보했다며 시중에 화제가 된 일도 있었다. 치마 길이가 무릎 위 몇 센티라야 하며 남자의 머리는 어느 정도까지라야 한다는 등 요즘 청소년들이 들으면 기절 초풍할 시대를 살아온 세대들은 말한다. '세상이 말세야.'라고. 눈을 감고 다녀야 한다고. 그렇지만 오늘의 세대는 말한다. 답답한 세대는 물러가라고. 당신네들이 살았던 시대는 그저 과거일 뿐이라고. 밥 없으면 라면 먹고 택시 못 타면 시내버스 타면 됐을 것을 뭣 하러 굶고 왜 힘들게 걸어 다녔느냐고. 뭣 하러 아랫것들에게 시킬 일이지 땀 흘리며 공을 치느냐고 나무라던 시대는 故 노무현 전 대통령의 말대로 칼집에 들어가 박물관 구석에 보관돼 있지 않는가. 그렇지만 아무리 세월이 흐르고 시대가 바뀌었지만 싹이 트기 시작한 사랑의 순수성은 예나 지금이나 마찬가지다. 그것이 무엇인지도 몰랐는데 얼마쯤 지난 뒤에 생각해 보니 그것이 사랑이었다면 얼마나 아름답고 순수한 마음이었는가. 창준이와 현진, 현수도 초등학교를 졸업하고 중·고등학교를 거쳐 대학쯤 들어가고 생각하면 아마도 그때 나는 첫사랑에 빠질 뻔했었다고 추억하게 될 것이다. 사랑이 싹틀 무렵 제대로 된 이성 교육이 그래서 중요한 것인가 보다.

매화꽃 선물

은정으로부터 새해 선물을 받았다. 매화꽃이었다. 버들강아지를 동무로 데리고 수줍은 듯 다소곳한 산수유가 한데 어우러져 언뜻 보아도 꽃꽂이 작가의 솜씨가 역력했다. 은정은 신문 만드는 일에야 재주를 인정하지만 아무래도 꽃꽂이까지 그녀의 솜씨라고는 믿어지지 않았기 때문이다. 흔한 꽃 선물이라 해도 매화꽃은 쉽지 않은 것이기도 하고.

햇병아리 기자 시절 '석전 황욱' 선생에 관한 기사를 보고 어쩜 이렇게 맛깔스러운 글을 쓸 수 있느냐고 감탄했던 것이 김은정과의 은밀(?)한 인연이었다. '전국의 신문사 가운데서 가장 기사를 잘 쓰는 기자'라고 조금은 과장된 칭찬을 했던 김은정은 역시나 전북 최초의 여성 편집국장이 되었다.

은정의 꽃꽂이 선물이 창밖과 소통하고 있는 나의 방을 더욱 싱

그럽게 바꾸어 놓았다. 긴긴 겨울을 이기고 화사하게 피어난 분홍색 매화 꽃잎에서 처음으로 나는 찐한 연정을 느끼고 있다. 다섯 이파리 꽃잎이 모두 나의 눈과 입술을 마주하며 쌩긋 미소를 보내고 있다.

예로부터 가장 친근한 선비의 벗이었고 시인 묵객의 사랑을 독차지해 온 매화, 오죽이나 사랑했으면 "매화에 물을 주라."고 퇴계(退溪)는 유언을 했을까. 시인이 매화꽃 선물을 받고 십 일간이나 바깥 출입을 잊은 채 매화꽃만 보고 지냈다(閉十日門)는 고사도 있다. 조선조 대문장가인 상촌(象村 申欽) 선생은 그의 시작에서 '매화는 일생 동안 춥게 살아도 향기를 팔지 않는다.(梅一生寒不賣香)'고 읊어 선비의 고고한 절의에 비유하기도 했다. 퇴계 선생은 매화와 달과 물 흐르는 소리를 그렇게 사랑하여 매화시첩에 2천 수의 시를 남겼고 평생 동안 모두 삼천오백여 수를 지었다고 전해진다.

매화꽃 다 진 밤에 / 호젓이 달이 밝다. / 구부러진 가지 하나 / 영창에 비치나니 / 아리따운 사람 멀리 보내고 / 빈방에 나 홀로 눈을 감아라 / 비단옷 감기듯이 / 싸늘한 바람결에 / 떠도는 맑은 향기/ 알알한 옛양자라 / 아릿다운 사람이 다시 오는 듯/ 보내고 그리는 정도 / 싫지 않다 하더라.

조지훈 시인의 〈매화송(梅花頌)〉이다. 매화를 보며 멀리 떠나간 연인을 다시 만난 듯 그렇게 반가워하는 시인의 매화 사랑이 부럽기도 하다.

하얀 눈 속에서 단아하게 피어나는 꽃, 꽃말이 미덕, 고결, 정절이라니 예로부터 선비들이 그토록 사랑하고 좋아하는 내력이 거기 있음이다.

우리나라 문학사상 최초의 단일소재 단행본 시집을 남긴 퇴계 선생은 〈도산월야영매(陶山月夜詠梅) : 도산의 달밤에 매화를 읊다.〉라는 시에서 "매화나무 가지 끝엔 둥근 달이 오르네."라고 읊었다. 매화와 둥근 달이 무슨 인연이 있을까 싶지만 나의 책상 앞에서 단아하게 미소를 머금고 있는 매화꽃을 보면서 둥근 달빛이 여기에 걸쳤으면 얼마나 운치 깊은 정경이랴 욕심을 부려 보았다. 전주시장실과 마주하고 있는 내 방은 삼면이 유리로 돼 있어 밖과의 소통감이 빼어나다. 뿐만 아니라 노송광장의 소나무 숲에 싸인 듯 사계절 풍광을 그대로 느낄 수 있어 온종일 홀로 앉았어도 지루하지가 않다. 거기에 매화꽃까지 운치를 더해주고 있으니 매일같이 시심을 느낄 만도 한데 한 수의 시도 남길 수가 없으니 이런 둔재가 어디에 있을까 창피한 마음이다. 스웨덴에서 날아온 북구의 요정 전수빈도 감탄해마지 않았던 방이었으니 나의 방은 낭만의 도시 스톡홀름에까지 소문이 난 거나 다름이 없다. 전수빈이 지금 나의 방을 방문했더라면 그 호들갑에 까무라치지나 않았을까 싶다. 매화꽃의 단아한 미소에 정신이 팔린 듯 나는 지금 옛 연인의 추억마저 잊고 있다.

스님과 수녀님의 끝나지 않은 인연

어느 날 스님은 TV대담에서 "어느 산길에서 만난 한 수녀님이 잠시 마음을 흔들던 젊은 시절이 있었다."는 고백(?)을 했다. 수녀님은 "스님과 함께 바닷가에서 조가비를 줍던 기억이 새롭습니다."라고 편지를 썼다. TV고백과 편지를 보면 시공의 차이를 떠나서 마치도 남녀 간의 연정을 시로 읽는 것 같다. 아니 시공의 차이가 아니더라도 극히 인간적인 보편성으로 이해할 수 있는 고백이요 기억일 수 있다. 이 고백과 기억은 법정 스님과 이해인 수녀님의 것이지만 그 어느 누구에게도 보편성으로 받아들여지지 않는다. 그분들의 삶과 세계를 너무나도 잘 알기 때문이다.

이해인 수녀님은 법정 스님의 영전에 바치는 글에서 "우리는 나이 차이를 뛰어넘어 그저 물처럼 구름처럼 바람처럼 담백하고도 아름답고 정다운 도반이었습니다."라며 지난날을 회고했다. 스님은

"가까이 있으면 가볍게 안아주며 상처받은 마음을 토닥여 주고 싶다. 같이 달맞이꽃 피는 모습을 보게 불일암에서 만나자."고 했다라며 아쉬워도 했다.

글을 읽으며 나는 햇빛에 영롱한 아침 이슬을 보는 것 같았고 방긋 피어날 듯 말 듯한 매화꽃 수채화를 보는 느낌이었다. 물처럼 구름처럼 바람처럼 담백한 심성이 풍겨주는 향기 때문이었다. 물같이 바람같이 살다가 가라(如水如風而終我)시던 나옹 선사의 법문을 수행하였음인가.

광안리 바닷가를 거닐며 스님과 수녀님은 무슨 말을 나누었을까? 죽음에 대한 소견이라든가 자연과 인간의 관계 그리고 산문을 쓰고 시를 쓰는 분들이었기에 좋은 음악 좋은 책에 대한 얘기가 아니었을까 싶다. 그리고 종교의 벽을 뛰어넘은 인간사랑에 대한 공감대도 만들어 갔으리라. 한 분은 삭발 출가를 한 부처님 제자요 한 분은 종신 서원을 바친 수도자였기에 불교의 설법이나 수도자의 교리는 아예 화두에도 없었을 것이다. 이해인 수녀님은 사진이라도 한 장 찍어 남기지 않았음을 못내 아쉬워했다.

일찍이 법정 스님은 종교의 벽을 허물기 위하여 김수환 추기경님과는 비범한 우정을 나누었고 이해인 수녀님과는 30년 넘게 문학의 숲을 같이 거닐었다. 스님이 성당에 찾아가서 법문을 하고 신부님이 불전에 찾아가서 강론을 하는 이 아름다운 정경은 정토와 하늘나라가 다르지 않음을 보여주는 사례다. 스님이 수녀님을 찾아가 함께 바닷가 모래밭을 거닐고 수녀님이 스님의 암자에 찾아가 달맞이꽃을 함께 보는 동영상은 종교 간의 화해를 설명하는 감동적인 다큐멘터리다. 사람과 사람, 종교와 종교 간의 경계를 긋지 않는 것은 소유의 요소를 없이 하는 무소유에 다름 아니다. 법정 스님이 남기고 가신 '무소유'의 정신은 그분의 삶을 통해 곳곳에서 읽히고 있지만 가장 큰 업적은 아무래도 김수환 추기경님과 이해인 수녀님과의 우정을 통해 보여주신 종교 간의 화해가 아닐까 싶다. 광안리의 추억을 해변의 데이트로 표현한 스님은 밥과 국에 비유하여 "내내 산만 바라보며 살면 국 없는 밥을 먹는 느낌인데 이렇게 수녀님과 바닷가를 걷노라니 밥그릇 옆에 국그릇도 있는 것 같아 좋다."라고 하셨다며 영원한 작별을 아쉬워했다.

같은 질환을 앓고 있는 동병상련의 애처로움까지 더하여 두 분의 사연이 세기적인 사건으로까지 느껴진다. 늘 푸름을 잃지 않고 서 있는 눈 덮인 오솔길의 소나무 같았다고 말하는 수녀님은 법정 스님을 추도하는 시 〈3월의 바람 속에〉를 이렇게 쓰고 있다.

차갑고도 따뜻한 봄눈이 좋아
3월의 눈꽃 속에 정토로 떠나신 스님
"난 성미가 급한 편이야." 하시더니
꽃피는 것도 보지 않고 서둘러 가셨네요.
마지막으로 누우실 조그만 집도 마다하시고
스님의 혼이 담긴 책들까지 절판을 하라시며
아직 보내드릴 준비가 덜 된 우리 곁을

냉정하게 떠나가신 야속한 스님
탐욕으로 가득 찬 세상을 정화시키려
활활 타는 불길 속으로 들어가셨나요.
이기심으로 가득 찬 중생들을 깨우치시고자
타고 타서 한 줌의 재가 되신 것인가요.
스님의 당부처럼 스님을 못 놓아 드리는
쓰라린 그리움을 어찌할까요.
타지 않은 깊은 슬픔 어찌할까요.
많이 사랑한 이별의 슬픔이 낳아준 눈물은
갈수록 영롱한 사리가 되고
스님을 향한 사람들의 존경은 환희심 가득한
자비의 선행으로 더 넓게 이어질 것입니다.
종파를 초월한 끝없는 기도는 연꽃으로 피어나고
하늘까지 닿는 평화의 탑이 될 것입니다.
하얀 연기 속에 침묵으로 잔기침하는 스님
소나무 같으신 삶과 지혜의 가르침들 고맙습니다.
청정한 삶 가꾸라고 우리를 재촉하시며
3월의 바람 속에 길 떠나신 스님, 안녕히 가십시오.
언제라도 3월의 바람으로 다시 오십시오. 우리에게.

스님은 우리 곁을 떠나지 않으셨다. "필요한 것 외에는 갖지 말라."고 무소유를 설명하시던 그 법문은 지금도 우리 곁을 맴돌고 있다. '월든 호숫가'를 걷기 위하여, 무소유의 실체를 거기서 보여주기 위하여 우리 곁을 떠난 것이다. 스님은 3월의 바람이 아니라 잔잔한 파동으로 우리 몸을 감싸고 있는 것이다. 그러나 온 국민의 존경과 사랑을 받으며 방황하는 자들의 희망이었던 분들이 일 년 사이에 유명을 달리했다. 김수환 추기경님과 장영희 교수에 이어서 법정 스님. 생각과 말과 행위를 고스란히 사랑과 희망으로 살았던 분들이었기에 사람들은 간절하게 아쉬워하고 사무치게 그리워할 수밖에 없다. 이해인 수녀님의 세 분을 위한 추도시에는 한결같이 단장의 그리움이 배어 있다. 장영희 교수에게는 하늘나라에 가서도 우리 같이 친구하자며 눈물의 배웅을 했다. 생전에 옷깃 한 번 스치지 못한 분들이었지만 사랑하고 존경하고 그리워하는 사람이 어찌 나뿐이랴.

투병생활 가운데서도 법정 스님의 극락왕생을 기원하는 이해인 수녀님의 간절한 기도 소리가 들리는 듯하다.

금강에 흐른 선혈

아들이 아버지를 아버지라 하지 않고 딸이 어머니를 어머니라 하지 않는다면 천륜은 어찌 되고 인륜은 어찌 되며 도덕은 어찌 될까? 은혜를 배반한 자는 천륜을 어긴 죄인이요 인륜을 짓밟은 패륜아며 도덕을 무시한 무법자가 된다. 유독 가톨릭에서 배교를 경계하는 까닭도 이와 비슷한 신심의 발로인 듯하다. 100여 년 계속된 혹독한 박해 속에서 수많은 순교자를 낸 교회사가 이를 잘 설명해 주고 있다. 한국교회사상 최초로 참수 순교하신 윤지충 바오로는 "부모의 영은 어길 수 있더라도 하느님에게 바친 신앙 고백은 어길 수 없다."하여 은혜로이 칼을 받아 순교하신 분이시다.

1791년 신해박해 당시 32세, 진사시험에 합격한 윤지충 바오로는 명문 윤선도 선생 집안의 후손으로 조정에서도 아까워한 인재였던가 보다. 참수형을 중지하라는 파발을 띄웠을 정도였으니까. 러시아의 대문호 도스토옙스키는 총살형 1분 전에 도착한 황제의 파발 때문에 사형을 면제받아 5년간의 시베리아 강제노동형 끝에 ≪카라마조프 형제≫ 등 불후의 명작을 남긴 일을 생각하면 안타깝기 그지없는 일이다. 왕의 파발이 전주 감영에 도착하기 전 이미 참수형이 집행되고 수급이 남문 밖에 걸린 뒤였으니 말이다. 그 애절한 곳이 전동성당 터이니 전동성당은 순교성지 중의 성지라 해도 과언이 아니다.

금강의 물줄기가 휘어 감고 흐르는 공주의 초입에 일행을 태운 버스가 조심스럽게 멈춘 곳은 황새바위 언덕 아래였다. 2009년 5월 28일, 전동성당이 마련한 경로잔치 성지순례 행사 날이다. 사제관도 없는 가건물의 성당이 있고 우뚝 돌탑 하나가 서 있는 그저 평범한 동산에 지나지 않는 곳이었다. 11시부터 시작된 미사를 집전한 젊은 신부님은 한 시간 30분가량의 강론을 통하여 한국 순교성지의 의미와 황새바위 성지를 아주 흥미 있게 설명했다.

순교성지. 신앙 때문에 신앙인들이 목숨을 빼앗긴 터를 성스러운 자리로 우러러 온 곳이다. 우리나라에서 처음으로 사제 서품을 받은 김대건 안드레아 신부님도 선교순례를 하다 한강변 새남터에서 순교를 하신다. 그때 나이 26세, 젊음을 바쳐 신앙을 지켜낸 위대한 삶이었다. 황새바위 성지는 새남터, 서소문과 더불어 우리나라 3대 순교 성지라고 한다.

황새바위는 바위 위에 황새가 깃들었던 곳이라 하여 붙여진 이름이라고 했지만 묵직한 돌덩어리에 뻥 뚫린 구멍이 있는 유물은 신자의 목을 묶어 교수형을 집행했던 흔적이라니 그 참담함이 황새목을 닮았다 하여 붙여진 이름이 아닐까도 싶었다.

고스란히 복원 보존되어 많은 관광객을 부르고 있는 공산성(공주산성)에서 옛날 수많은 백성들이 황새바위에서 집행된 처형 현장을 지켜볼 수 있었다니 자발적인 구경이 아니라 서학에 대한 경계심을 일깨우기 위한 관아의 계획된 동원이었으리라 짐작된다. 충청감영의 자료에 나타난 신자만도 248명이라니 그 밖에도 얼마나 많은 신자들이 처형되었을까. 신자들이 흘린 피로 금강 물줄기가 붉게 물들었다는 얘기가 실감났다. 황새바위 순교성지는 우리나라 수많은 순교성지 가운데서 가장 많은 신도가 순교한 성지라는 신부님(최상순 비오)의 목메인 강론에 우리 교우 일행은 모두가 숙연한 마음일 수밖에 없었다.

적어도 248명의 선조들이 무참하게 숨져간 그 자리에서 점심을 들며 어찌 이렇게도 세월의 간극이 무상하리만큼 심할까도 생각해 보았다. 또 그분들의 거룩한 죽음이 있었기에 오늘날 우리가 이렇게 마음놓고 신앙심을 불태울 수 있지 않겠느냐는 생각도 들고.

신앙의 뿌리가 깊지 않아 아직은 참다운 신앙 고백을 하지 못한 사람이지만 순교성지를 순례할 때마다 갖게 되는 감회는 물론 부끄럽다는 생각이고, 그분들의 거룩한 신앙심에 끝없는 경의를 표하면서 짧은 기도를 드릴 뿐이었다.

황새바위 성지에서 20여 분을 돌아 돌아 깊고 깊은 산골에 이르니 여기가 수리치골 성지라 했다. 여느 성지와 달리 안내표지만이 길을 안내할 뿐 인적을 찾을 수 없고 고즈넉이 자리잡은 수녀원이 이곳의 내력을 설명해 주는 듯했다. 미리내 성모성심수녀회, 교령을 받아 미리내에서 이곳으로 옮겨온 수원교구 관할의 수녀회라고 했다. 십자가의 길을 따라 가파른 길을 7처에서 멈추고 14처에까지 이르러 기도를 드리고 내려오신 김용태 신부님과 함께 오던 길을 되돌아 내려왔다. 김대건 신부님의 순교 이후 더욱 거세진 박해를 피해 외국인 신부가 숨어 다니며 선교를 했던 곳이랬다. 나무꾼을 가장해 미사를 보았고 관헌의 동태가 있으면 고개 너머로 피신을 했던 선교의 생생한 현장을 체험해 본 것이다.

성지순례라는 행사 자체가 엄숙하고 경건할 수밖에 없지만 가고 오는 길이 기도로써 짜여져도 지루하단 생각은 전혀 없는 것이 특징이다.

노구를 이끌고 힘든 하루를 무사히 마무리한 일행은 얼싸안을 듯 포근히 반겨주는 성당의 따스한 온기를 느끼며 일정을 마쳤다.

성지순례뿐 아니라 성당의 모든 단체 행사에서 항상 헌신적인 봉사를 하는 분들이 많지만 특히 눈에 뜨이는 봉사자는 박해종 베네딕토였는데 항상 커플처럼 봉사하는 눈 익은 자매가 부부간이라는 얘기도 처음 들었다.

십자가의 길을 걸으며

나바위 성지와 여산 성지를 거쳐 천호 성지에 머무는 성지순례 프로그램에서 나는 타임머신을 타고 백수십 년 전으로 돌아간 듯한 착각에 빠졌다.

설렘과 분노가 명멸하는 이상한 파노라마의 연출이었다. 초등학교 소풍날과 같은 설렘이 있었는가 하면 구시대의 종교 환경에 대한 참을 수 없는 분노가 쉴새없이 교차했다. 6개월에 걸친 예비신자 교육의 당연한 소산일 수도 있다.

지난 6개월, 비록 짧은 기간이었지만 빠짐없이 교육과 미사에 참여했던 것은 나름대로 십자가의 길을 가고자 하는 의지가 아니었나 생각해 본다. 아무쪼록 남은 생애의 청사진도 그런 그림으로 그려달라고 간구해본다. 개신교에서 개종을 하고 같은 길을 걸어준 아내와 함께.

천호성지 십자가의 길에서 본 '유 프란시스코' 수녀님은 우리에게 많은 인상을 남기셨다. 열네 개의 성상 하나하나에 대한 설명과 기도를 통하여 비로소 하느님의 아들 딸이 되는 것을 실감할 수 있게 해주셨다.

수녀님의 인도에 따라 십자가의 길을 걸으면서 "신앙이 별거더냐."고 뇌까렸던 어처구니없는 과거도 깊이 뉘우쳤다.

나바위 성지에서는 예언자적 지혜를, 여산 성지에서는 신앙의 진실을, 그리고 천호 성지에서는 영원한 하느님의 나라를 체험할 수 있게 해주었다. 6개월간의 교리교육을 총결산하는 프로그램이 바로 성지순례가 아니었나 싶다.

신앙생활에서 기본은 "지적하지 말라. 따지지 말라. 기대하지 말라."라고 했지만 이를 무시하더라도 내가 돌아온 천주교 신앙생활은 충분한 변증이 가능하리라고 생각한다.

36명의 예비 신자 가운데 세 번째쯤으로 고령인 나로서 이상한 것은 손자뻘쯤 되는 사람들과의 교육과정에서 전혀 쑥스러움을 느끼지 않았다는 것이다. 오히려 일찍 깨달은 그들이 부러울 뿐이었다.

어머니가 소천하신 지난 4월 어느 날, 깊은 밤에 나는 성당의 영롱한 조명 앞에서 오늘을 약속했다. 그날을 나는 나의 부활이라고 생각한다.

'너희는 세상의 소금이다. 그러나 소금이 제 맛을 잃으면 무엇으로 다시 짜게 할 수 있겠는가? 아무 쓸모가 없으니 밖에 버려져 사람들에게 짓밟힐 따름이다.'(마태오복음 5장 13절)

과연 빛과 소금이 되어 세상에 다시 태어나지는 못할지라도, 또 죄를 짓지 않는 것은 못할지라도, 빛이 되기 위하여 사랑을 많이 나눌 수 있고 소금이 되기 위하여 자기를 더 낮추는 생활을 주셨으면 좋겠다. 그리고 항상 고해하며 항상 사랑하고 항상 용서하는 마음을 주셨으면 좋겠다. 어머니가 하느님 나라로 떠나신 허전함과 슬픔을 안고 찾은 성당이었기에 거기에서 만난 '어머니 마리아', '하늘에 계신 아버지'는 어머니의 품이 되고 아버지의 울타리로 마음속에 자리잡을 수 있었다.

'예수님을 믿으면 천당에 간다.'는 말은 어찌 보면 황당할 것 같지만 '믿음'의 가치에 대해서 생각해 보면 예수님의 사랑을 믿고 실천할 수 있으면 천당은 하늘이 아니라 현세에 있을 수도 있다는 생각을 해 보았다. 교리 공부를 지도해 주신 안득수 선생은 예수님의 현존을 항상 믿으라는 말씀을 해 주셨는데 바로 그런 의미가 아닐는지.

칠순에 이르러 비로소 절대자의 무릎 앞에 돌아온 무지와 편견을 용서받을 수 있을지 모르지만 그런 만큼 정성을 다해 기도하겠다고 다짐한다. 다만 수십 년을 믿어 온 아내가 개신교에 대한 향수를 얼마나 빨리 잊을 수 있을지 걱정이다. 그리고 자녀들, 형제들과는 과연 믿음의 일치가 가능할지 걱정이다. 부디 '한 마리 양'이 되게 하여 주소서.

2
사랑의 향기

〈나 좀 감동시켜 줄래〉 중에서……

제17대 미국대통령 '린든 존슨'은 무학(無學)이다. 링컨의 뒤를 이어 대통령에 출마했을 때 정적들은 "어떻게 무학(無學)인 자를 대통령으로 뽑을 수 있느냐."며 거센 반대를 했다. 이때 존슨은 간단한 말로 국민을 감동시켰다. "나는 들어본 일이 없다. 예수님이 학교에 다녔다는 말을. 그러면서도 예수님은 만 인류를 구원한 지도자가 됐다."고. 감동어린 말 한 마디로 존슨은 대통령이 되었다. 감동은 이렇게 엄청난 힘을 갖는다. 천 마디 만 마디 미사여구를 늘여놓는 것보다 감동어린 한 마디가 무서운 힘을 발휘한다.

身老 心不老

늙으면 애 된다는 말이 있다. 사람이 늙으면 삐치기 잘하고 자기밖에 모르는가 하면 작은 일에도 감격하고 허황된 꿈을 꾸게 된다. 곧잘 서러워하고 원대한 희망은 없고 눈앞에 것만 취하려 든다. 100년이나 살 것처럼 움켜쥐고 베풀지 않는 데서 비롯된 말이다. 이 모든 것은 자기가 느끼지 못한 사이에 희망을 잃고 살기 때문이 아닌가 싶다. ≪내 인생의 가장 행복한 날≫이라는 저술을 준비하는 과정에서 한 작가가 여러 사람으로부터 노년에 관한 단상을 받았는데 어떤 분이 '나이가 드는 것에 관해서는 할 말이 없습니다. 나이가 드는 줄도 몰랐고 내가 나이가 들었다는 사실에 동의하지도 않습니다.'라는 원고를 보내주었는데 그분의 나이는 일흔이라고 했다.

공공요금 경로우대제도에서 노인의 기준은 65세인데 우리나라의 평균 수명은 79세다. 이제 노인의 기준 나이도 올려야 할 때가 되었나 보다. 보건복지부 조사에서는 적어도 70은 넘어야 노인이라고 할 수 있다는 통계가 나왔다. 60세 이상의 사람들을 대상으로 조사를 했더니 노인들 스스로가 노인이기를 거부한다는 얘기다. 어떤 자리에 가건 할아버지라는 호칭을 좋아하는 노인은 없다. 차라리 왕오라버니나 아저씨라고 불러 주기를 바란다. 20세에서부터 시작한 인생 달리기 경주는 70에 이르러 70킬로가 될 만큼 빠른 속도로 달려가니 나이가 드는 줄도 모르고 살 수밖에 없다. 인생칠십고래희(人生七十古來稀)고 칠십을 희수(稀壽)라고 했던 것을 보면 분명 일흔 살은 적은 나이가 아닌데도 노인이기를 거부하니 이게 좋은 일인지 노망든 일인지 분간하기 어렵다. 60년대 70년대 우리 아버지 어머니 경우만 해도 회갑잔치, 칠순잔치를 꼬박 해 드렸는데, 요즘 회갑잔치 한다고 초청장 보내는 사람은 정신 나간 사람이고 칠순 잔치마저도 하는 사람이 드물다. 자식들의 무성의 때문이 아니라 회갑이나 칠순의 당사자가 싫어하기 때문이다. 말장난인 듯도 하지만 '나이는 숫자에 불과하고 인생은 칠십부터'라는 얘기는 황혼의 인생에 위안을 주기 위한 배려가 아닐까 생각한다. 우리나라는 이미 고령사회에 진입하여 초고령 사회를 눈앞에 두고 있다는데 인생은 칠십부터라니 사실은 얼토당토않은 얘기다. 사람의 생물학적 수명이 120세라고 하지만 그렇다고 하더라도 그 절반을 넘는 세월을 이고서는 늙지 않을 수 없는 것이 또한 생물학적 원리이다. 다만 노년에 대한 단상에서처럼 나이가 들었다는 사실에 동의하기 싫어할 따름이다. 철마도 오래 달리다 보면 헉헉거리고 무쇠도 오래 쓰다가 보면 닳고 해지기 마련인데 하물며 유기체인 사람의 몸뚱어리는 오죽하랴. 어느 동화작

가는 '인생은 편도를 달리는 철마와 같다.'라고 했다. '한 번 지나가고 나면 다시 그 길로 돌아올 수 없다.'는 인생무상을 얘기한 듯하다. 하지만 은하철도 999에서처럼 그 어떤 별에서 내 꿈이 이루어질 수도 있을 거라는 희망은 꼭 어린이들만의 것은 아니다. 그것이 비록 환상이고 꿈일 뿐일지라도 '무엇이든지 하는 것이 안 하는 것보다 낫다.'는 말처럼 희망을 갖는 것은 꿈을 이루는 모태가 된다. 자라나는 총생들을 보면서 비록 환상일 수도 있지만 꿈을 가져야 한다고 타이른다. '꿈은 이루어진다.' 했고 꿈이 없는 현실은 있을 수 없으니까. 어느 세대 어떤 사람에게도 마찬가지다.

고(故) 장영희 교수는 조선일보에 연재한 ≪영미시산책≫을 책으로 내면서 제목을 무엇으로 할까 며칠을 두고 고민을 하다가 ≪축복≫이라고 이름을 붙이면서 얼마나 좋아했는지 몰랐다는 서문을 썼다. 왜냐하면 희망은 신이 인간에게 내린 최고의 축복이라고 생각했기 때문이다. 장영희 교수의 삶 자체는 오직 희망의 결정체였고 그것이 곧 한없는 축복이라고 믿었기 때문이다. 희망이 없었으면 학업도 성취도 명예도 세상 사람들이 그렇게 좋아하던 아름다운 글도 모두 얻을 수 없었으니, 장 교수에게 희망은 곧 생명이고 그래서 희망은 축복일 수밖에 없었다. 많은 사람들에게 많은 희망을 주면서 스스로 희망에 찬 삶을 살았던 장영희는 영원한 문학소녀로서 우리 곁을 떠나지 않고 있다. 베스트셀러에 올라 있는 장영희의 책들, ≪문학의 숲을 거닐다≫, ≪내 생애에 단 한 번만≫, ≪살아온 기적 살아갈 기적≫에서 모든 글의 주제는 희망이었고 그래서 특히 장애인들에게 있어 장영희는 우상이었고 희망이었다. 병들고 늙었어도 희망을 버리지 않는 한, 미래가 있음을 우리 주변에서는 심심찮게 볼 수 있다. 우리나라 약리학계의 거두이자 익산병원 설립자인 김재백 박사는 간암 진단을 받고 두 번의 간 절제 수술을 받았을 뿐 아니라, 고혈압 당뇨 부정맥 류마치스 등 갖가지 질병을 앓고 있었지만 "내가 그까짓 암 따위에 질 줄 아느냐."며 독서와 연구와 경영 일선에서 왕성한 활동을 멈추지 않았다. 260여 종에 가까운 특허 약품을 개발한 약리학의 대가로서 암이라는 질병의 속성을 모를 까닭이 없었지만 그분은 희망으로 모든 질병을 극복하려 했던 것 같다. 김재백 박사는 자기가 장담했던 것처럼 암에 굴복하지를 않고 갑작스런 심장마비로 세상을 뜨셨지만 희망은 이렇게 불가사의한 기적을 낳기도 한다. 사랑과 나눔을 주시고 선종하신 김수환 추기경님, 우리에게 무소유를 삶의 화두로 남기고 입적하신 법정 스님, 신로(身老)를 무릅쓰고 태산 같은 희망을 몸소 실천하셨던 성인이셨다. 팔십여의 노구는 오히려 그분들에게 희망의 제물이었고 희망의 공양이었다. 그분들이 가시고 난 이후 우리들은 심한 정신적 공황을 금할 수 없었고 삶의 허탈을 느끼지 않을 수 없었다. 신로(身老)는 자연의 섭리요 생물학적 필연이지만 심불로(心不老)는 신로와 상관없이 마음에서 얻고 찾을 수 있는 산물이다. 희망을 버리지 않고 희망을 놓지 않을 때 가능한 일이다. 그렇다고 해서 신로(身老)를 원천적으로 부정할 수는 없다. 어차피 신로(身老)는 심로(心老)로 가는 과정일 테니까.

백혈병 소년의 아름다운 죽음

천지에 죽은 낙엽만 뒹구는 11월은 어쩐지 잊혀진 본능처럼 죽음을 생각하기에 걸맞은 때인지도 모른다. 10월의 자지러질 듯 화려한 세상, 다가오는 새해와 함께 스러졌던 희망이 다시 생기는 12월, 그 사이에 끼어 신음하는 11월은 만물에게 절망의 늪일 수밖에 없다. 11월, 지구 저쪽에서 날아온 열한 살 소년의 갸륵한 얘기는 우리에게 감동적인 한 편의 시요, 천상의 아름다운 소리와도 같았다. "어머니 죽음이 두렵지 않아요. 지금은 죽음을 생각할 필요가 없어요. 배고픈 노숙자들에게 식사를 제공하고 싶어요." 병원에서 돌아오는 길, 추위에 떨고 있는 늙은 노숙자를 보고 뇌까리는 소년의 말이었다. 그러나 브래드 군은 어머니가 노숙자들을 위해 마련한 잔치가 끝나기도 전에 환한 미소를 남기고 열한 살 짧은 일생을 마감했다. 이 소식이 전해진 미국의 시애틀에서는 당장 트럭 여섯 대 분의 음식과 6만 달러의 성금이 모아졌다. 브래드 군은 2주간의 남은 시간을 불우이웃 돕기에 쓴 셈이다. 사형집행까지 남은 시간 5분을 옆 사람과 마지막 인사, 자신의 삶 돌아보기, 그리고 자연을 둘러보는 데 썼던 도스토옙스키에 비해서도 시간의 소중함과 가치를 훨씬 더 드높인 셈이다. 꺼져가는 생명에 집착하지 않고 불우 이웃에 대한 끝없는 사랑을 실천했기 때문이다.

도스토옙스키는 '선과 악의 투쟁은 사랑하려는 힘과 사랑하지 못하는 힘의 대결'이라고 했다. 우리 사회는 지금 사랑하지 못하는 힘에 편들거나 억눌리고 있다. 노블리스 오블리제도는 화려한 논리에 지나지 않는 말잔치로 전락하고 있다. 그러나 논리보다는 사랑이 먼저다. 사랑은 반드시 논리보다 앞서야 한다. 국민 여동생 문근영의 몸에 익은 사랑도 이상한 논리에 짓밟힐 뻔했지만 괘념치 않겠다는 다부짐으로 사랑의 위대함을 실증해 보였다. 해마다 12월이면 몰래 돈뭉치를 동사무소에 갖다 놓고 사라진 사람은 누구인지도 모른다. 그런가 하면 선행을 홍보하는 데 열을 올리는 경우도 적지 않다. 사랑의 열매를 액세서리로 꽂고 다니는 데 만족하는 이웃사랑도 넘쳐나는 12월이다. '동전 세 닢을 바친 여인을 크게 칭찬하신 그리스도'의 사랑을 기억해야 한다. 급식비를 내지 못하여 점심을 굶어야 하는 결식아동이 많다는 사실은 남의 나라 얘기가 아니다. 12월이 되면 사랑의 연례행사들이 봇물을 이루게 된다. 왜 하필 12월일까? 꼬깃꼬깃 가슴에 쌓아 두었던 사랑의 힘이 한꺼번에 분출되는 거라고 가정해 두자. 그러나 '사랑은 생명 이전의 것이고 죽음 이후의 것'이라고 했다. 이 세상이 창조되기 전 이미 사랑은 존재했음을 말해주고 있다. 그리고 사랑은 시간도 공간도 없음을 일러주고 있다. '왼손이 하는 일을 오른손이 모르게 하라.'는 성경 말씀을 경건하게 묵상해야 한다.

희망과 절망이 교차되는 12월, 내게 남은 시간은 얼마일까. 앞으로 12월을 몇 번이나 더 맞이할 수 있을까. 한 가지 분명한 건 사랑 없는 지옥에서 속절없이 지내기에는 우리에게 남은 시간이 너무 짧다는 것이다. 비록 2주일간의 짧은 시간이었지만 사랑이라는 영원한 가치를 실천이라는 선물로 남기고 간 열한 살 브래드 군의 명복을 빈다. 지구촌을 달군 이 훈훈한 사랑의 이야기가 바로 우리 옆에 등장할 자선냄비에 가득 차는 세모가 되었으면 좋겠다.

땅끝마을

육지의 끝에 있는 마을이라고 해서 땅끝마을, 행정구역상으로는 전라남도 해남군 송호리다. 서울에서도 2시간 30분마다 떠나는 고속버스를 타면 5시간 30분 만에 땅끝마을에 닿는다. 열몇 시간씩 차를 타고 이곳저곳을 돌아다녔으면서도 이곳에 못 가본 것이 항상 마음에 걸렸었는데 7.4회(남북공동성명발표일에 만든 모임)의 여행 계획 덕분에 찜찜한 마음을 풀게 되었다. 땅이 끝나고 바다가 시작되는 땅끝마을에는 나 같은 사람들이 많아서인지 일 년 내내 발길이 끊이질 않는다고 한다.

땅 끝은 그 자체로만 보면 사실 별로 볼 것이 없다. 그러나 막상 전망대에 오르면 더 나갈 수 없는 땅 끝 막장이라는 생각에 와락 절박감이 달려든다. 아랫도리를 희롱하는 파도가 지난날의 묵은 생각들을 쓸어갈 것도 같다. 땅 끝 탑에 새겨진 시구의 끝 구절

'마음에 묻힌 생각 하늘에, 바람에 띄워 보내게.'처럼 말이다. 땅끝 마을 바닷가 언덕에서 칼바람 맞으며 낙조를 기다리고 서 있노라니 옹기종기 부초처럼 떠 있는 섬들이 나그네(?)의 고독을 어루만져 준다. 그리고 '끝은 또 다른 시작에 다름 아니다.'는 사실을 일깨워 준다. 드디어 낙조, 바다 저쪽 끝으로 떨어지는 붉은 태양은 절망이 아닌 새로운 희망으로 다가옴을 감각으로 느끼게 해 준다. 귀범이 아닌 출범, 지는 해를 따라 무엇 하러 어디로 가는 것인가? 올망졸망 배 떼가 떠나간다. 내일을 낚으러 칠흑의 바다를 향하는 모양이다. 여느 바닷가에서나 볼 수 있는 풍경이지만 땅끝마을에서 보는 것이라 감회는 사뭇 달랐다. 끝이 아니라 시작의 현장을 확인할 수 있었기에…… 저들은 도대체 몇 번이나 기도를 하고 떠날까. 육지의 끝에서 감행되는 시작은 정말 거룩하고 감격적인 사건일 수도 있다. 새로운 세계로의 시작, 절망을 벗고 새로운 희망으로의 시작, 땅이 끝나고 바다라는 새로운 우주를 만날 때 가능한 일들이다. 콜럼버스의 신대륙 발견도 끝이 아닌 새로운 시작의 결과였고 오늘의 미국은 그 부산물에 지나지 않는다. 국운의 흥망도 끝과 시작의 현상이며 끝이 없으면 시작도 없다는 생각을 가능케 해준다. 땅끝마을에서의 잠깐이 이토록 생각의 깊이를 느끼게해 주리라고는 상상도 못한 일이다.

서정적인 분위기와는 어울리지 않게 초라한 생각에 빠진 것이 몹시 짜증스러웠다. 더는 물러설 수 없는 절박한 처지의 우리들, 이리 채이고 저리 뜯기면서도 여기까지 온 우리들의 모습을 그리며 얄궂은 심술마저 생겼다. 제기랄…… 그러다가 끝은 결코 끝이 아님을 확인하면서 다시금 평상심을 찾아 자리를 털고 일어났다. 폭풍이 휩쓸고 간 들에 핀 꽃이 더 아름답고 지진으로 무너진 땅에 솟은 샘물이 더욱 맑다고 한다. 끝이 아닌 시작의 모습이기에 그렇다. 워키토키로 대화를 할 때의 '오버'는 끝이 아니고 시작을 명령하는 신호다. 그러나 일단 끝은 끝이고 시작은 시작이다. 끝으로 끝나면 그것은 '아웃'일 거다. 우리는 지금 '오버'를 콜하고 다음의 시작을 기다리고 있는 중이다. 성웅 이순신의 드라마 무대가 부안인 것은 결코 우연이 아니다. 약무호남 시무국가(若無湖南 是無國家)의 상징적 재현이다. 영화는 돌고 도는 것, 역사의 윤회를 거부하는 무리들의 장난이 부안을 멍들게 했고 새만금을 수장하려고 한다. 방폐장 유치는 환경단체와 어설픈 좌파적 몽리로 좌절 직전에 서 있고 새만금은 지지부진하여 그 끝을 가늠하기 어렵다. 윤회의 바퀴가 아직 닿지 않았다면 기다릴 수밖에……. 그러나 일 년 사이에 국가신용등급이 11등급이나 떨어진 나라에 살면서 어떤 분야건 통계발표 앞에 무서운 우리다. '또 꼴찌거나 꼴찌권'이기 때문이다. 자연이 연주하는 황혼의 엘레지가 또 이렇게 나를 슬프게 했다. 그리고 땅 끝에서 느끼는 고향은 서러웠다. 역량의 문제이고 의식의 문제라고 하기에는 너무나 화나는 일이다. '끝은 새로운 시작이라는데'까지는 좋았지만 땅끝마을의 밤은 진한 알콜 내음으로 뒤범벅이 되고 말았다. 그러나 그것마저도 끝이 아닌 시작이 아닐는지……. 내일의 태양(희망)은 내일 또다시 뜰 테니까.

대통령의 눈물

만일 내가 무엇인가로 돌아온다면
눈물로 돌아오리라.
너의 가슴에서 잉태되고
너의 눈에서 태어나
너의 뺨에서 살고
너의 입술에서 죽고 싶다.
눈물처럼.

작자 미상의 〈눈물〉이라는 시다.

눈물의 일생을 담백하게 그린 시지만 눈물의 출생과 성장 과정을 진솔하게 표현한 것이 좋아서 내가 가끔 음송하는 시 중의 하나다. 특히 '가슴에서 잉태되고' 구절이 좋았다. 머리에서 만들어지거나 더욱이 입에서 만들어진 눈물을 흔히 볼 수 있어서다. 슬플 때나 즐거울 때나 눈물의 색깔은 다를지 모르지만 북받치는 감정은 마찬가지다. 가슴에서 잉태된 눈물이기 때문이다.

지난 4월 19일 천안함 장병추모 대국민 담화 발표를 하던 이명박 대통령이 말을 멈추고 눈물을 닦는 모습을 보았다. 슬픔의 눈물이라기보다는 분노의 눈물이었고 단호한 결의의 눈물이었으리라. 인터넷 누리꾼은 탤런트 같다고도 했고 멋있는 연출이라고도 했지만 대통령이라는 존재를 정치 동물화하는 가혹한 시각이다. 대통령은 인간적인 가슴도 갖지 말라는 말인가? 대통령이기 때문에 더욱 인간적이어야 한다고 생각하는 것은 잘못일까? 정확한 원인을 밝힐 때까지는 속단을 할 수 없다며 미루고는 있지만 이미 김정일의 소행임을 대통령은 눈물로써 인정한 셈이다. 그러기에 슬픔에 앞서 분노의 눈물이라고 해야 옳다.

우리 국민들이 대통령의 눈물을 처음 본 것은 1963년이다. 박정희 대통령이 독일에 파견된 광부와 간호사들과 함께 흘린 눈물이다. 1억 4천만 마르크의 차관을 얻으러 뤼브케 독일 대통령을 만나러 간 길에서였다. 1억 4천만 마르크의 담보가 되어준 사람들, 그들은 천 미터가 넘는 지하 탄광에서 까만 숯덩이가 되어 일하고 있는 한국의 젊은이들이었다. 그리고 열악한 의료현장에서 일하는 우리의 꽃다운 처녀들이었다. 이역만리 타국 땅에서 대통령과 함께 부르는 애국가는 눈물의 바다일 수밖에 없었고 통곡의 함성일 수밖에 없었다. 대통령을 수행했던 백영훈 박사의 강연을 들으면서도 함께 울었다. 잡지의 글을 보면서 변기 위에서도 울지 않을 수 없었다. 이렇게 하여 오늘에 이른 조국이기에 대통령은 기가 막히고 분노할 수밖에 없었다. 박 대통령의 눈물을 정치적인 쇼로 보았던 사람은 아무도 없었다. 이 대통령의 눈물도 마찬가지다. 다르다면 하나는 가난에서 비롯된 슬픔의 눈물이었고 하나는 분노에서 터져나온 통한의 눈물이다.

우리 역사상 국민들에게 눈물을 보인 대통령은 그 밖에도 노무현, 김대중 대통령이 더 있다. 노무현 대통령은 대선 홍보용 필름에 눈물을 보여 국민의 감성을 자극했다. 김대중 대통령은 노무현 대통령 장례식장에서 "차라리 내 목숨과 바꿀 수 있다면……" 이라고 말끝을 흐리며 흘린 눈물로 장례식장을 숙연하게 했다.

이명박 대통령은 눈물이 많은 대통령으로 기록되지 않나 하는 생각도 든다. 가락시장을 방문해 시래기 파는 할머니를 부둥켜안고 흘린 눈물, 홀트 아동복지회를 방문하여 어린이들의 합창공연을 보면서 흘린 눈물, 앞으로도 임기 동안 또 어떤 눈물을 볼 수 있을지 두렵고 궁금하다. 그러나 아무쪼록 더 이상 대통령의 눈물을 보지 않기를 국민들은 원한다.

마하트마 간디는 "정치인이란 국민의 눈물을 닦아주는 존재"라고 했다. 또한 간디는 "정치인의 눈물은 나약함의 징표이며 감정을 드러내지 말아야 한다."고 충고했다. 대통령도 인간이기 때문에 감정에 치우칠 수도 있지만 국민들의 감정을 냉정하게 붙잡아 주는 것이 대통령의 할 일이다.

강인한 군주, 강인한 대통령, 나라를 다스리고 백성을 하나로 묶는 지도자의 덕목이야 다를 바 없다. 역사적으로 강인한 군주는 사사로운 정에 치우치지 않았다. 나라의 안위를 위해서는 친족을 멀리할 뿐 아니라 친족이나 처족을 사살하는 결단도 마다하지 않았다. 예로부터 나라의 최고 지도자는 하늘이 알아서 낸다고 했다. 나약한 군주가 다스리는 나라의 백성은 혼란과 배고픔에서 벗어나지 못했고 무능한 대통령이 통치하는 나라의 국민도 마찬가지다. 국민에 대한 끝없는 사랑을 갖되 국민들에게 나약함을 보여서는 안 된다. 청와대 전 부대변인 김은혜 씨는 바쁜 업무 때문에 아이에게 사랑을 주지 못하여 미안하다며 눈물을 보였다. 보통 엄마로서는 당연한 느낌일 수 있다. 하지만 대통령을 보좌하는 막중한 자리에 있는 공인으로서는 할 말이 아니다. 하물며 대통령으로서야. 왕조 시절 왕비는 사가의 부모상을 당해서도 눈물을 보일 수가 없었다. 이미 사가의 딸이 아니라 국모(國母), 나라의 어머니였기 때문이다.

이번 대통령의 눈물을 미술작품 〈눈물〉쯤으로 폄훼할 수는 없다. 그 속에는 5천만 국민의 감정이 담겨 있고 통한이 녹아 있고 아픔이 서려 있다. 손수건 하나를 적시지 못한 양이었지만 적어도 이 나라가 평화의 반석 위에 자리잡을 때까지 결코 마를 수 없는 눈물이다.

대통령의 눈물은 국민의 가슴에서 잉태되고 국민의 눈에서 태어나고 국민의 뺨에서 살았기에 국민의 입에서 마를 수 있는 눈물이기를 바란다.

천안함이 몰고온 눈물의 바다 속에 봄꽃마저 화사함을 뽐내지 못하고 시들었다. 흩날리는 봄꽃 속에서 사랑을 꽃피우려던 연인들도 검은 리본으로 설렘을 대신했다. 잃어버린 봄은 다시 오겠지만 잔인한 4월의 상처는 영영 치유받지 못한 원한으로 남을 것 같다.

'그 또한 지나가리라.'고 체념하기에는 너무나 억울한 4월이 가고 있다.

숲길에서 유월을 걷는다

홀로 걷는 숲길. 그 길은 명상의 길이요 사유의 길이며 비움의 길이다.

'숲길은 생명의 존엄과 가치에 눈을 뜨게 하여 공동체 정신을 회복시켜 준다.'고 숲길재단의 도법 스님은 설명한다. 깊이 병든 공동체 정신을 되살려내는 방법으로 숲길 처방을 했으면 좋겠다.

그 숲길에서 우리는 꺼질 듯 무거운 발걸음으로 유월을 걷고 있다. 유월은 우리에게 씻을 수 없는 상흔과 원한을 심어준 통곡의 골짜기다. 250만의 원혼이 59년 세월의 간극을 넘나들고 있는 비극적 현장에서 우리와 함께 살고 있다. 우리는 막 국상을 치르고 야릇한 마음으로 유월을 맞이했다. 여느 유월과는 감회가 다를 수밖에 없다. 김정일의 핵장난이 끝나지 않은 전쟁을 상기시켜 주는 것도 모자라 그날의 악몽을 되살리려 하고 있다. 살림살이의 어려움은 피난살이 부산을 떠올리고도 남을 만하다. 우리는 생각하고 다짐할 게 있다. 진정 이 나라는 어디로 가야 할 것인가를 심각하게 생각해 봐야 하고 대통령의 자살이라는 세계사적 비극을 부끄러워하자는 다짐을 해야 한다. 너와 내가 아니고 좌와 우가 아닌 우리 모두가 함께여야 한다.

정치적 포퓔리슴이 싫었지만 그래도 그에게 돌을 던지지나 않았는지 야릇한 죄책감마저 드는 마음으로 많은 국민들이 국상 기간을 지났을 것이다. 노 전 대통령의 비극적 최후는 그래서 결코 최후의 사태가 아니며 중대한 전환의 시작이 될 수도 있는 것이다. 노 전 대통령은 유서에서 '삶과 죽음은 자연의 한 조각'이라며 미워하지 말 것을 당부했다. 그것이 노 전 대통령의 인간적 진면목이요 소망이었으리라 생각한다. 누가 이를 짓밟았는가? 아이러니하게도 그를 좋아했고 그를 따르던 사람들이었다고 하면 비약일는지. 어쨌든 인물을 거부하고 영웅을 부정하는 우리 문화의 치부 가운데 노 전 대통령의 비극이 있었음도 부정할 수 없다. 중국의 개혁주의자 덩샤오핑은 마오쩌둥의 인간적인 결함과 실정을 들춰내지 않았던 사실을 상기할 필요가 있다. 숨 막힐 듯 답답한 이 유월, 깊은 화평의 숨쉬며 저만치 트인 청청한 하늘이 싱그러운 물줄기 되어 마음과 마음들에 빗발쳐 왔으면 좋겠다. 자연에 순응하듯 넓은 마음으로 모두에게 포근함을 전해주고 서로서로 양보하며 더불어 살아가는 모습의 유월이었으면 얼마나 좋으랴.

임시 국회를 비롯하여 많은 행사와 일들이 한꺼번에 몰리게 된

유월, 우선 정치적인 싸움판이 더욱 거셀 수 있는 유월이지만 만일에 그 묵은 때가 조금도 벗겨지지 않은 몰골을 보인다면 이 나라 이 국민은 구제받을 가치조차 없는 사람들이 되고 말 것이다. 노 전 대통령의 죽음을 정치적인 호재로 이용, 야당이 더욱 극렬한 야성으로 바뀌는 일이며, 예를 들어 DY의 정치적 진로를 두고 지방 정치무대가 난장판으로 두 동강이 나는 일이며, 내년으로 닥친 지자체 선거의 발 빠른 과열, 그리고 단순 추모열기로 재연될 수도 있는 사회 갈등과 혼란들이 그렇다. 젊음의 열기와 함성이 성난 고함으로 변질되고 스스로 몸을 태워 헌신하던 촛불이 불순한 횃불로 바뀌어서는 안 된다.

그렇다. 숲은 숲더러 길이라 하지 않는 것처럼 우리도 우리 길만이 길이라 하지 말아야 한다. 거기에 삶의 희망이 있고 삶의 경이로움이 있다. 홀로 걷는 숲길의 여유 속에서 위대한 유월을 만들어 가자.

역사상 가장 위대한 일?

트루먼 대통령 : 잘 됐습니까?
그로브 장군 : 뻥, 하고 거대한 소리를 내면서 터졌습니다.
트루먼 대통령 : 이것은 역사상 가장 위대한 일로 기록될 것입니다.

히로시마에 원자폭탄이 터지던 날 트루먼 대통령이 포츠담 회담을 마치고 돌아오는 길에 '맨하탄 프로젝트'의 최고 책임자 그로브 장군으로부터 받은 보고다. 같은 날 히로시마는 지옥의 현장이었다. 1945년 8월 6일 우라늄 핵폭탄 '리틀 보이'는 이렇게 가해자와 피해자의 입장을 극명하게 갈라놓았다. 과학의 아버지로 존경받고 있는 아인슈타인이 루스벨트 대통령에게 보낸 한 장의 편지는 결국 역사상 가장 위대한 일(?)을 저지르고 만 것이다.

아인슈타인은 32대 루스벨트 대통령에게 보낸 편지에서 이렇게 적고 있다.

'선생! 미래를 바라보시오. (중략) 미국인들도 우라늄을 군사적인 용도로 사용하려고 하고 있습니다. 만일 독일이 준비하고 있다면 미국은 먼저 서둘러야 합니다.'

동아시아에서 구미의 식민지 지배를 타파하고 아시아 여러 민족의 해방을 위한다는 대동아 공영권의 기치 아래 일본이 저지른 소위 대동아 전쟁은 이렇게 엄청난 모순과 죄악으로 끝을 맺었다. 실제로 대동아 공영권은 필리핀, 중국, 인도네시아를 넘어 터키에까지 이르는 아시아 전역을 범주에 넣었음은 물론이고 진주만 폭격으로 시작된 전운을, 아메리카 대륙으로까지 번지게 하였으니, 일본의 야망은 무모함을 넘어 무자비했다고 해야 옳다. 중앙아시아까지를 아우른 '징기스칸'의 몽골제국 건설의 꿈보다 더 터무니없고(?) 더 무모했다.

이 야망의 역사를 오롯이 재현하려는 얼간이가 있으니 저 북쪽의 3대 세습 김씨 왕조가 그들이다. 핵으로 무장하여 세계의 열강들과 비견(比肩)하자는 것이 마치도 대동아 공영권 논리를 치켜들고 나온 일본의 무모함과 난폭함에 견주고도 남음이 있다.

아…… 팔월이여! 이 모순으로 뒤엉킨 인류의 악순환을 어떻게 막으려는가. 태양은 이글거리고 장엄한 결실을 위하여 생명의 진화는 계속되고 그리하여 위대한 탄생의 신화는 쓰여지고 있는데, 인간의 질서는 뒤범벅이 되어 입구도 없고 출구도 모르는 미로를 헤매고 있으니 이것으로 지구의 끝은 아닐는지.

섬돌 및 호궁(귀뚜라미)의 가을 노래가 시흥을 돋우고 고추잠자리의 군무가 파란 하늘을 수놓게 될 8월은 '펄벅'이 가위로 오려서 딸에게 보내고 싶다며 극찬했던 한국의 하늘, 가을을 예고하는 달이다.

8월은 우리에게 무엇인가를 짓누르듯 물어 오고 있다. 광복의 감격에 취하여 소, 돼지 잡고 꽹과리 두드리며 먹고 마시던 그날의 환상을 벗어나지 못하는 건 아닌지. 외국행 비행기 표가 동이 나고, 바다마다 계곡마다 사람과 사람이 산을 이루고 있는 이들에게 8월은 무엇이고 광복의 의미는 또 무엇인지.

'해야 솟아라 해야 솟아라. 말갛게 씻은 얼굴, 고운 해야 솟아라.'〈해야 솟아라〉

'먼 곳에 그리운 이 있어 내 마음 밝아라.'〈기다림〉

'내가 바라는 손님은 고달픈 몸으로 청포를 입고 찾아온다 했으니.'〈청포도〉

'천둥은 먹구름 속에서 또 그렇게 울었나 보다.'〈국화 옆에서〉

박두진님, 조지훈님, 이육사님, 서정주님의 타던 애간장과는 무엇이 다르며 그들과 우리는 어떻게 다른지 대답을 해야 하는 8월이다.

능소화의 달 8월.

까치발을 딛고 행여 임이 올세라 꽃잎마저 넓게 펴고 담장을 수줍게 덮고 있는 능소화의 전설이 애달픈 8월이다. 어쩌다 임금님의 눈에 들어 빈이 된 궁녀가 외진 처소에서 하염없이 임을 기다리다 꽃이 되어버렸다는 능소화. 장미가 가시로 절개를 지키듯 능소화는 화분으로 절개를 지킨 꽃이다. 능소화와 함께 8월은 시작되고 능소화와 함께 8월은 간다. 입추, 말복, 처서가 들어 있어 여름과 가을의 갈림길이 되는 8월, 우리에게는 언제나 감격이 있고 아쉬움이 남고 다짐을 부르는 메아리가 살게 된다.

초롱초롱한 별빛 사이로 반쪽 달이 비스듬히 누워 있는데 지붕 위의 박꽃은 별빛 달빛을 조롱하듯 교태스러운 자태를 접지 못하는 8월이다. 역사상 가장 위대(?)한 일이 역사상 가장 극악한 일로 바뀌지 않기를 기도하듯 빌면서 7월을 접는다.

시인은 잔인한 사월이라 했지만

피천득은 그의 수필 〈조춘〉에서 '십 년이나 입어 정이 든 외투지만 봄이 되어 외투를 벗는다는 것은 더 없이 기쁜 일이다.'고 했다. 우리네 소박한 심성을 생긴 대로 표현한 글이다. 삼월 삼짇날이 지났는데 봄을 물고 온다던 제비는 강남에서 돌아오지 않았나 보다. 빼앗긴 들에도 봄은 왔었는데 우리는 언제나 봄을 맞이할 수 있을는지 기약이 없다. TS 엘리엇은 이런 일들을 짚어 '사월을 황무지 같고 잔인한 달'이라고 했는가 보다. 겨울이 지나 새봄이 오면 만물은 긴 잠에서 깨어나 재생과 부활의 기쁨에 젖건만 인간은 새봄이 왔는데도 새로운 생명을 피워내지 못하고 깊은 악몽에서 허우적거리고 있으니 우리 사는 세상이 황무지 같고 잔인하달 수밖에.

아침에 일어나 밝은 태양을 볼 수 있고 별빛 달빛 흐르는 밤을 즐기며 스치는 바람에 향을 맡으면서도 우리는 행복을 느끼지 못하고 있다. 우리는 지금 21세기의 춘궁(春窮)을 겪고 있다. 마음의 보릿고개를 힘겹게 넘고 있다. 서정과 낭만을 즐길 여유가 없다. 춘궁은 참아서 이겨내면 되고 보릿고개는 허리띠 졸라서 넘으면 된다지만 절망이 끝을 보이지 않아 답답하다.

그러나 부활의 기쁨을 누리는 4월이다. 시를 통하여, 그림을 통하여, 잃었던 젊음을 되찾을 수 있는 것처럼, 춘궁을 통하여 인내의 기쁨을 맛보고 보릿고개를 통하여 절제의 미덕과 여유를 배워야 한다. 고진감래(苦盡甘來), 인고의 아픔을 통하여 행복을 찾아가는 기쁨을 맛보아야 한다. 메테르링크가 행복을 간직한 파랑새를 머리맡에 숨겨 두었던 것처럼 파랑새는 분명 우리 곁 어딘가에 있을 것이다. 천진스러운 치르치르와 미치르가 머리맡에서 찾은 행복이 곧 우리 것일 수 있다는 희망을 버리지 말자.

4월은 희망이 있고, 생명이 있고, 부활을 꿈꾸는 달이다. 자연이 인간에게 내려준 축복이요 사랑이다. 그러나 우리들 주변을 보라. 자살, 이혼, 출산으로 계산한 가족통합지수는 OECD나라 가운데 꼴찌요, 어머니가 공부하란다고 100미터 이내 접근 금지를 법에 신청한 딸이 있는가 하면, 당리당략에 빠진 정치권은 조선시대 사색당쟁의 뺨을 치며 민의의 전당을 격투기장으로 만들어 놓았다. 초등학교 출신의 한 기업가는 전직 대통령을 포함한 정관계 검찰 경찰 등 내로라하는 어르신들을 떡 주무르 듯 데리고 놀았다. 교육자들은 논문표절과 이념투쟁으로, 연예인들은 끊이지 않는 충격 스캔들로, 산업현장은 막장 정치 투쟁으로, 가치관이 실종되어버린 말기적

현상을 보이고 있다.

전주 이야기는 더더욱 빼놓을 수 없다. 18대 총선에서 역대 최고의 치욕을 연출한 지역답게 다시 치르는 재선거판도 역시 역대 최고의 아수라장이다. 빚이 산더미 같다는 전주시가 금쪽같은 외화를 뿌리며 김연아의 눈물어린 국위선양의 그 현장에서 추태를 벌인 얘기는 또 무슨 해괴한 일인가. 양반의 고장이었던 전주의 추락은 도대체 누가 주도했으며 또 누가 책임을 져야 하는가. 그리고 또 무슨 일로 하여 추락이 이어질 것인가. 걱정되고 무섭다. '이 또한 곧 지나가리라.'는 솔로몬의 지혜마저 무색해질까 겁난다.

아무쪼록 간절히 바라옵건대 우리 모두가 죄인이오니 그리고 죄를 모르고 산 바보이오니 이 모든 일들을 용서하여 주시고 악몽의 나날들을 까맣게 잊을 수 있는 내일이 되도록 은총을 주소서. 그리하여 4월은 잔인한 달이라고 괴로워한 시인의 마음에 위로를 보내도록 하여 주소서.

사람의 향기가 그립습니다

꽃의 계절입니다. 매화꽃, 산수유꽃, 개나리꽃, 달빛보다 더 시린 목련꽃, 인동의 시간들이 길고도 고달팠던 만큼 봄의 꽃들은 그렇게 아름다울 수 없습니다. 어느 땐 바로 가까이 피어 있는 꽃들도 그냥 지나칠 때가 많은데 봄의 꽃들은 그렇지를 않습니다. 이쪽에서 먼저 눈길을 주지 않으면 꽃들은 향기로 먼저 말을 건네오곤 합니다. 찬란한 이 봄, 우리 주변 사람들에게서도 그런 봄꽃 같은 향기를 기대하면 안 될는지요? 꽃에 따라 그 향기가 각각인 것처럼 사람도 그 인품만큼의 향기를 풍길 거라고 생각합니다. 많은 말이나 요란한 소리 없이 고요한 향기로 먼저 말을 건네오는 꽃처럼 살 수 있다면 얼마나 좋을까요. 이웃에게도 무거운 짐이 아닌 가벼운 향기를 전하며 살 수 있다면 얼마나 좋을까요.

그런데 말입니다. 아름다운 봄꽃 향기가 가득해야 할 이 계절에 이상한 냄새가 천지를 진동하고 있습니다. 미국인들은 우리에게서 마늘 냄새를 느낀다고 했는데, 마늘 냄새가 아닌 구린 냄새 같습니다. 구릿한 것을 이런저런 방법으로 받아다가 숨겨 놓는가 했더니, 시장바닥, 둔치 등에다 사무실을 차리는가 하면 고해성사, 108배, 회개예배 등, 냄새나는 일들이 수두룩합니다. 그런 것들이 얼마나 지독한 냄새를 풍겼으면 봄꽃 향기마저 맥을 못 추게 했을까요. 배가 요동을 친다 하여 승객들은 안중에도 없는 듯 선장을 끌어내리는 일로 하여 민심은 천심이 되고 조석변이 되었습니다. 우리는 경이롭고도 놀라운 나날들 속에 살고 있습니다. “진실한 꿈은 실현될 수 있습니다.”라고 광고문을 내붙인 회사가 있는가 하면 “사랑스러운 세계를 원하거든 네 적을 포함해 모든 것을 사랑하도록 하라.”고 한 간디의 말이 회자되기도 합니다. 어차피 함께 만드는 세상이니까 진실하고도 싶고 모두를 사랑하고도 싶지만 반복되는 배반의 세월은 누구에게서 보상을 받아야 합니까? 작가 최인호는 인기소설 ≪상도≫에서 ‘우물 안 개구리는 대해가 있음을 모른다.’고 했습니다. 용서를 애원하는 자도, 용서를 해야 할 사람도, 진실함도, 사랑함도, 모두가 사람들인데 사람들끼리 잘못 만나, 그윽한 봄 향기마저 맡을 수 없게 되었습니다. 우물 안 개구리들 때문이겠죠. 아름다운 사람을 모두가 만나고 싶어하는 대해(大海)를 몰랐겠죠. 아름다운 사람을 만나고 싶습니다. 향기로운 사람을 만나고 싶습니다. 그래서 아름다운 봄 향기를 만끽하고 싶습니다. 봄꽃 향기에 포근히 안기고 싶습니다. 아름다운 사람들이 만나서 오순도순 만들어 가는 세상이 다름 아닌 이상향입니다. 끊임없이 창조해 나가고 진보를 위한 끊임없는 공동

작업이 이루어지는 세상을 좋은 세상이라고 합니다. 그런데 우리는 지금까지 이러한 일들을 함께할 좋은 사람들을 만나지 못하였습니다. 대통령, 국회의원, 무슨 무슨 '님'자 붙은 사람들, 모두가 틀려도 한참 틀려먹은 사람들이었습니다. 그랬으니 우리가 사는 세상 이 모양 이 꼴이 되었지요. 두 손 모아 원합니다. 이 계절에 만나야 할 사람들은 정말 우리가 원하는 아름다운 사람이면 좋겠습니다.

아름다운 사람은 꽃보다도 더 진한 향내를 풍깁니다. 세월이 아무리 흘러도 그 향내는 가시지를 않습니다. 꽃은 향내가 없어도 자태만 아름다우면 아름다운 꽃으로 행세를 합니다. '글라디올라스'가 그 대표적인 꽃입니다. 사람을 잘못 만나 향기를 잃었다는 글라디올라스의 꽃 이야기를 들으면서 소녀들은 울 수밖에 없습니다. 너무나 아름다운 꽃이기 때문입니다. 그러나 사람은 그렇지 않습니다. 향기가 없으면 이미 생명이 없는 거나 마찬가지입니다. 죽어서 이름을 남기라는 얘기는 바로 향기를 남기라는 뜻입니다. 지금 미국의 전 국무장관인 콜린 파월에 대한 이야기가 있습니다. 걸프전의 승리는 어디서 온 것일까? "이 전쟁을 승리로 이끈 건 기술이 아니라 사람이었다. 고도로 훈련받고 드높은 동기를 지녔으며 잘 인솔된 사람들이 승리를 만든 것이다." 용장불여지장, 지장불여덕장(勇將不如知將, 知將不如德將)에 다름 아닙니다. 꽃의 향기보다 더 진한 사람의 향기가 온 나라에 가득할 때 백성은 편안하고 나라는 태평스럽습니다. 2004년 4월 15일, 사람의 향기가 모처럼 온 누리에 가득한 날이기를 4천만은 빌고 빕니다.

다큐멘터리 2009년의 봄

오늘은 정월 대보름날, 상달에 상원(上元)이다. 입춘대길(立春大吉), 정월은 한 해를 시작하는 달로서 도가(道家)에 따르면 천지인(天地人) 삼자가 합일하고 사람을 받들어 일을 이루며 하늘의 뜻에 따라 화합하는 달이라고 했다.

매년 정월이면 으레 많은 사람들이 찾는 이지함(토정) 선생의 비결에도 '기축년 소의 해는 여유와 평화의 해'라고 했다. 많은 역술인들마저 모든 국민이 전례 없는 어려움을 겪고 있지만 자갈밭을 가는 황소(石田耕牛)처럼 포기하지 않고 노력하면 마침내 좋은 세상을 만날 것이라고 격려의 말을 보내고 있다. 그리고 2009년엔 그저 수그리라는 충고도 잊지 않았다. 수그리라는 충고는 겸손과 이해를 뜻하는 말인 듯싶다. 지도자들이 새겨들을 얘기다.

부딪치면 깨지기 마련이고 자꾸만 부딪치면 화합은 더더욱 멀어질 수밖에 없다. 화합의 전제는 역지사지(易地思之)다. 링컨 대통령은

"그 누구에게도 적의를 품지 말고 모든 사람에게 호의를 갖자."라고 역설하여 미국을 하나로 통합하고 국민적 화합을 이끌어냈다. 44명의 미국 대통령 가운데 인기순위 1위의 비결이었다. 소통과 화합을 강조하면서도 단절과 이간을 부채질하는 우리 정치지도자들에게 가장 아쉬운 대목이다.

한배를 탔으면서도 8개월 만의 어색한 만남 끝에 단 2분으로 대화를 끝낸 대통령과 박근혜, 국민은 이 만남을 어떻게 볼 것인가. 방한하는 힐러리 장관의 소감이 충격적일 것 같다. 밤잠을 설치며 경제를 걱정한다는 야당은 국가 비상 국회가 아니라 용산 국회를 운영하며 극한적인 정치투쟁으로 난국을 넘으려 한다. 국민은 이를 두고 과연 어떻게 느낄까. 왕은 백성을 하늘로 삼고(王者以民爲天) 백성은 밥을 하늘로 삼는다(民以食爲天)(이지함 선생의 글)는데 허기에 지친 백성들은 안중에도 없는 모양들이다.

4·29재선거에 이름을 올리고 있는 30여 명 우리 지역 명사들도 다음 물음에 확실한 대답이 없는 한 단꿈을 접어야 한다. 어려운 이웃을 위하여 무슨 일을 하였는가? 진정 국민을 하늘로 생각한 적이 한 번이라도 있었는가? 여론조사에 나타난 참신한 인물이란 이 질문에 자신 있는 대답을 할 수 있는 사람이다. 본연의 업무는 부단체장에게 맡겨 놓고 사실상 선거운동에 나서고 있다는 자치단체장들에게도 같은 질문을 던진다. 이것이 오늘날 난국을 살아가는 우리들의 인간 환경이라면 어디 서러워서 살겠는가. 정말 국민노릇 못해 먹겠다.

소리마당에서 “얼씨구”, “좋다” 추임새가 없으면 그 판은 버린 판이다. 판의 주인은 소리꾼이 아니라 관객이라는 뜻이다. 앵콜과 박수가 없는 음악회도 마찬가지다. 세상의 모든 일이 이처럼 위민(爲民)의 기초 위에 이루어지고 성취되어야 한다. 그러나 불행하게도 우리의 세상사는 그렇지를 못하다.

입춘이 지났으니 이제 바야흐로 봄, 하동 홍쌍리 농장의 매화가 꽃망울을 터뜨렸다고 한다. 가장 먼저 봄을 알리는 매화꽃을 보라. 모진 북풍한설을 이겨내고 희망의 전령사로 그 다소곳한 자태를 내민 것이다. 경제는 말이 아니고 정치는 X판이라도 매화꽃보다도 아름다운 선량한 우리에게 이 봄은 분명 희망의 찬가를 불러 주리라 믿는다. 남원에서 올라간 열 살 여진이의 소원처럼 “우리 엄마 울지 않도록만 해 주세요.”가 대통령의 심금을 울릴 수 있는 세상이라면 우리의 앞날이 꼭 슬프지만은 않을 것이다. 폭풍이 지난 들에도 꽃은 피고 지진에 무너진 땅에서도 맑은 샘은 솟아오른다. 다큐멘터리 2009년의 봄은 이렇게 시작되고 있다.

때늦은 시작

문화극장은 종로구 낙원동에 있는 3류 극장이었다. 그것도 가끔이었지만 문화극장에서 본 영화는 대부분 두 차례 세 차례를 본 작품들이다. 온종일 연속 상영을 해 주기 때문이었다. 그때 본 영화 〈나의 청춘 마리안느〉는 지금까지 인상에 남은 영화 가운데 하나다. 프랑스 작품이었던가. 기억이 확실하지 않지만 주연 배우인 '크라우디아 카르디나레'의 청순한 이미지와 애절한 사랑 얘기, 그리고 싱싱한 숲 속을 배경으로 했던 장면들이 지금도 눈에 선하다.

'단성사'라든가 '국제극장' 같은 1류 극장에서의 영화 감상은 〈흑기사〉나 〈남태평양〉 같은 대작을 보기 위하여 특별한 결심을 하기 전에는 주머니 사정이 좀처럼 허락하지를 않았을 때다. 1950년대 중반이었으니까 고생하시는 부모님을 생각해서라도 극장 따위는 아예 생각할 수도 없는 호사였다. 자주 보지 못한 영화였기에 가능하면 포스터며 팸플릿을 챙겨 두고 서툰 감상문까지도 적어 두는 일을 잊지 않고 하는 편이었다.

그런 학창 시절을 보내고 어렵사리 제 길을 찾아 정착한 직장이 방송사였던 것은 대단한 행운이었다. 마음에 내키지 않은 직장을 두 번씩이나 옮긴 끝에 방송국 신입사원 모집에 합격통지서를 받은 날은 정말 세상을 다 얻은 것 같은 기분이었다. 방송 경력 2년이 되면서 내가 제작한 프로그램들은 지금 생각하면 어처구니없는 장르였다. 다큐멘터리 드라마, 방송 에세이, 시사 다큐 등 머리를 짓누르는 것들이었으니까. 힘들여 만들었기에 그래도 남겨 두고 정리해 두면 무엇인가 자료가 될 성싶은 생각에 열심히 원고를 모아 캐비닛에 소중히 간직했다. 언젠가는 책이라도 엮어 볼 생각이었다. 10년이 넘는 세월, 육필 원고만도 수만 장에 이르렀고 책으로 엮어내도 몇 권은 족히 될 분량이었다.

10년 공부 나무아미타불이 된 것은 여름휴가에서 돌아온 1980년쯤 시월이었던가 보다. 원고가 몽땅 없어진 것이다. 회사의 환경정리 지시에 따라 사환(이경숙) 아가씨가 제 마음대로 결정한 짓이었다. 쓰레기 처리장을 샅샅이 돌아봤지만 허사였다. 한참 뒤에야 아차 하는 생각이 들었던 것은 쓰레기장이 아니라 폐지 수집소를 놓친 것이다. 당연히 종이 뭉치였으니까 청소 인부는 폐지 수집소로 직행했을 것이 뻔했다.

그 일이 있은 다음부터 나는 수집에 대한 취미도 잃고 의욕도 잃었다. 취미를 잃어버리는 일도 이렇게 간단할 수 있구나 싶은 생각에 허탈할 따름이었다. 장영희 교수가 미국 유학 시절 6년에 걸쳐 준비한 학위논문을 차 트렁크 안에서 도난당하고 하늘이 무너지는 듯한 절망에 싸여 1주일 동안을 침대에 멍하니 누워 있었다는 글을 보았는데 아마도 그때 나의 심정이 그와 비슷했으리라 싶었다. 다행히도 장영희 교수는 지도교수의 "다시 시작해도 늦지 않다."는 격려에 힘입어 1년 만에 논문을 다시 쓸 수 있었고 〈다시 시작하기〉란 글도 남기게 되었지만 나에게는 그런 용기를 줄 만한 선배도 지도교수도 없었던 게 불행이었다. 방송생활을 마감할 무렵 가끔 들어오는 신문사의 원고청탁은 그래도 나의 꺼질 것 같은 글쓰기의 시작에 불을 당겨 주었다. 전북일보사의 칼럼과 도민일보의 고정칼럼은 때늦은 시작의 계기가 되었다. 다행히 컴퓨터가 들어오면서 독수리타법으로 어설프게 쓰는 원고였지만 저장 버튼만 눌러 두면 보관이 되고 사환이 환경정리를 할 필요도 없는 세상을 만나 나의 늦은 시작이 가능하도록 도와준 것이다. 잃어버린 수집의 취미는 문명의 혜택으로 복원되었다. 컴퓨터에 보관된 원고는 12년이 되니까 그래도 보기 좋은 책 한 권 분량이 훨씬 넘어 희수기념으로 400페이지가 되는 ≪작은 영웅들을 위하여≫를 발간했다. 다시 전북일보에 칼럼을 고정 집필한 것이 1년이 되었고 틈틈이 써 보는 글들이 제법 쌓여 가고 있어서 별 볼 일 없는 글이지만 다시 책 한 권을 낼 수 있는 원고가 모아질 것 같다. 늦었다고 생각할 때가 가장 빠르다는 말을 되새기면서 한두 편 모아가는 글쓰기에 재미를 느끼게도 되었다. 물론 보잘 것 없는 글이지만 무엇인가 생각을 정리해보고 그것이 흔적으로 남을 수 있다면 다행일 뿐이다.

때늦은 시작이지만 그래도 가난한 나의 서가에 내 이름이 인쇄된 두 번째의 책을 꽂을 수 있는 행운을 누릴 수 있는 날을 기다리면서 오늘도 이렇게 글 쓰는 흉내를 내 본다.

우리가 뼈를 묻을 땅인데……

전국 국민 호감도 조사에서 꼴찌라니, 기막힐 일이다. 호감의 반대는 비호감, 싫어한다는 얘기다. 그래서 조사의 설문도 예스(yes)냐 노(no)냐다. 호감도 15%의 뜻은 no가 절대적이라는 것이다. 전국에서 처음으로 애향운동을 벌였던 고장이라 시기를 받았는지도 모른다. 고위직에 임명을 받고서야 그 사람의 고향이 전북인 것을 아는 것은 흔한 경우였다. 많은 사람들이 본적을 서울로 옮긴 것도 빼놓을 수 없다. 고향땅 현안들이 혼란에 빠졌을 때 서울의 모모한 출향 인사들은 도대체 관심도 없었다. 품위 없는 쌍욕으로 상대를 찍어 눌렀다. 이번 조사결과와 무관하지 않은 사례들이다. 그동안 절실히 요구됐던 지도자들의 리더십도 그 하나다.

1930년대, 대공황에서 미국을 구한 것은 뉴딜정책이 아니라 탁월한 리더십이었고, 루스벨트라는 사람의 신념과 용기였다. '겨울이 오면

봄이 멀지 않으리.'를 외우며 느림의 미학에 도취될 때가 아니다. 월가의 파탄을 야멸차게 추궁하고 있는 미국 국민을 보면서 시대는 많이 변하고 있음을 실감한다.

좌다, 우다, 진보다, 보수다 하여 편 가르기에 몰두했던 소위 우리 지도자들은 정말로 이번 조사결과도 강 건너 불 보듯 할 것인가. 지난 3년 동안 우리 지역 국회의원들은 모두 천4백여억 원의 교부금을 얻어 왔다지만 그것이 리더십의 척도는 물론 아니다. 사이비 지도자들의 천국에 열린 '분노의 포도'가 지금 무르익고 있다. 대한민국이라는 컨셉 안에서 전북을 생각할 수 있다면 노벨상을 받은 저명한 작가가 한국을 예찬한 작품들을 통하여서도 이미 전북은 호감도 높은 고장으로 인정을 받은 셈이다. 펄 벅이 좋아한 한국은 그 축소판으로 전북을 꼽아도 반대할 사람 별로 없다.

대통령을 두 번씩이나 만들어낸 것은 분명 자랑일 수도 없고 자긍심일 수도 없다. 정치적 편향이고 철저한 편 가르기였기 때문이다. 우리 마음에서 편향을 덜어내야 한다. 공인들의 위민의식이 강조되어야 한다. 몽리 부리는 공인이 많고, 소신 없는 공인이 많으면, 그 동네는 물어볼 것 없이 no다. 이런 것들만 덜어내도 경제는 따라오고 호감도 좋아질 수 있다. 이런 일들이 이루어지면 본격적인 브랜드 개발이 필요해진다. 이미지 개선이 앞서야 한다는 말이다. 그런데 지금 전북에는 파워 있는 브랜드가 없다. 국제화 시대에 골목대장으로서는 힘을 쓸 수가 없다. 명품으로 소문이 나야 한다. 샤넬보다도 더 향내 짙은 우리나라 유일의 명품이 전북에서 발상을 했는데 가꾸지도 못하고 차지하지도 못하고 있다. 브랜드 개발은 구호로 되는 것이 아니다. 브랜드에 파워를 싣는 일은 더더욱 그렇다. 어차피 우리는 글과 멋과 맛으로 승부할 수밖에 없다. 그래서 제2 제3의 ≪혼불≫이 쓰여져야 하고, 제2 제3의 〈국화 옆에서〉가 쓰여져야 하고, 도민이 힘을 모아 노벨문학상을 받도록 하면 금상첨화다. 전라북도는 모처럼 의욕적으로 시작한 일이라면 한 건 의식에 빠지지 말고 먼저 이미지를 개선하는 일부터 차근차근 진행하라. 브랜드는 이미 개발이 돼 있으니까. 여우도 죽을 때는 태어난 굴 쪽으로 머리를 두르며(首丘初心), 북쪽에서 온 말은 북쪽을 바라보며 죽는다(胡馬望北)는 말이 절대 허구가 아님을 보여주도록 하자. 우리가 뼈를 묻을 땅이니까.

정초에 자살을 들먹이는 이유

'어니스트 헤밍웨이'는 치매에 대한 공포와 우울증을 견디지 못하고 권총 자살을 했다. 남상국 전 대우건설 사장은 대통령의 무책임한 말장난으로 한강에 투신했다. 자살의 원인은 헤아릴 수 없이 많아서 우리나라의 자살률은 단연 세계 으뜸이다. 그런데 이상한 것은 정치인의 자살은 지금까지 한 건도 없다는 것이다. 왜일까? 자살이란 사랑과 저주 사이에서 생긴 고민의 결과인데 사랑을 받지 못하고 저주에 휘몰리면서도 아무런 고민 없는 사람들이 그들이다. 리더십의 부재로 조직을 지리멸렬시킨 결과 그것이 온통 국민의 고통과 절망으로 돌아오게 했으면서도 비이성적 난동과 무질서를 끝내려 하지 않는다. 거대 다수는 소수의 폭력 앞에 속수무책이었다. 이것이 오늘날의 한심한 정치현장이다.

독일, 미국, 프랑스에서 최근 잇달아 일어난 세계적 거부들의 자살사건은 우리들에게 많은 교훈을 던져준다. 하나같이 선대가 이룩해 놓은 부를 지킬 수 없다는 공포와 수많은 종업원들에게 고통을 안겨줄지 모른다는 죄책감 때문이었다고 한다. 자살은 강한 책임감의 표현이자 신뢰 상실에 대한 자기반성이다. 그런데도 국민의 간절한 소망을 무참하게 짓밟고 나라의 위신을 시궁창에 떨어뜨린 그들은 반성의 기미는 없고 국민에게서 위임받은 권력만을 즐기고 있다.

두 명의 국회의원이 의원직 상실에 해당하는 1심판결을 받았을 때 만약 이런 사태가 현실로 나타난다면 우리는 함께 자폭을 하자고 울분을 토했다. 과연 어떻게 되고 있는가? 자폭은 고사하고 죽은 자의 무덤 위에서 영화를 찾기 위해 수많은 인걸(?)들이 기웃거리고 있다. 그 면면을 살펴보라. 한마디로 가증스럽다. 마치 하이에나의 잔치마당을 보는 듯하여 전율을 느낀다. 무정하게 떠났던 수구초심의 정객도 대선의 추억을 잠시 접고 이름이 오르내린다(정동영). 하지만 이제는 제발 좀 냉정해지자. 지방선거가 1년도 훨씬 더 남았는데 후보를 미리 정해서 여론을 선점하자는 계획이 일각에서 추진되고 있는 모양이다(김일동). 순리를 무시하는 구시대적 작태일 뿐 아니라 국가적 위기상황에 대한 외면이다. 전임 대통령 네 명이 백악관에 모여 경제난국 극복을 위해 오바마 당선자에게 힘을 더해 주자고 다짐했다는 소식도 못 들었는가. 우리는 염원한다. 책임과 신뢰를 위해 목숨을 걸 수 있는 지도자가 나오기를……. 그리고 통합의 리더십을 발휘할 리더를 고대한다. 미국 역대 대통령 가운데 인기 1위는 노예해방이 아니라 미국의 통합을 이룩한 링컨이었다. 신앙을 갖지 않은 사람이라도 간절히 염원하면 통하게 돼 있다. 돼도 좋고 안 돼도 좋고가 아니라 반드시 돼야 한다는 염원이어야 한다. 지금 우리는 총체적인 위기를 겪고 있다. 이러한 때 지도자가 할 일은 목숨과 바꿀 수 있는 간절한 염원을 갖는 것이다. 국민을 함부로 팔지 말고 머리와 가슴과 입으로 국민을 위하는 염원을 말해야 한다. 견위수명(見危授命)의 의지라면 가능하다.

나는 존재하지 않는다. 내가 없다. 항상 우리다. 모든 것이 회생하는 봄, 그 찬란한 봄과 함께 고달픈 질곡의 삶을 끝내기 위하여 우리 모두 염원하자! 희망을 노래하자! 정초에 자살을 들먹이는 이유를 상기하자.

오월 •

나 좀 감동시켜 줄래

초등학생 제이미는 연말에 있을 학예회 연극에서 "엄마, 나 손뼉 치고 응원하는 사람으로 뽑혔어요!"라며 감격스러워 했다. 제이미의 순진무구함이, 겸손이, '손뼉 치는 역할'을 소중하게 생각하는 모습이 엄마에겐 진한 감동으로 다가왔다.

故 장영희 교수가 유고 ≪이 아침 축복처럼 꽃비가≫에 소개한 얘기의 한 토막이다. 너도나도 무대 위의 주인공이 되겠다고 서로 밀치고, 저 아이보다 내가 더 잘났다고 목청껏 떠들면서, 응원하고 손뼉치는 일은 짐짓 같잖게 여기고 무시하는 시대적인 풍조를 안타까워한 글이다. "'손뼉 치는 역할'도 훌륭한 역할로 대접받는 감동의 시대는 올 수 없는 것인지 모르겠다."고 아쉬워 했다. 월드컵의 거리 응원은 학예회의 연극에서 손뼉치는 역할에 비해 견줄 바 못 되지만 우리 국민 그 누구도 그 역할을 마다하지 않았다. 감동적인

모습이다. 흔히 우리 사이에서는 "나를 설득해 봐." "나를 감동시켜 줄 수 있어?"라는 대화가 오고간다. 무작정 자기주장을 앞세울 때 그 사람에게 하는 말이다. 사건, 우정, 사랑, 인간승리 등 모든 인간사는 감동이 있을 때 의미가 있고 가치가 있고 생명력을 갖는다. 정치는 더욱 그렇다. "국가가 나에게 무엇을 해줄까를 생각하기 전에 내가 국가를 위하여 무엇을 할 것인가를 생각하라." 케네디 대통령의 연설은 미국 국민뿐만 아니라 세계인에게 감동을 주었다. 간디 수상은 수상관저에서 쟁기로 밭을 갈아 곡식을 가꾸어 행동으로 국민의 감동을 샀다. 방콕의 잠농 시장은 부인의 포장마차 수입으로 생계를 꾸렸다. 말로든 행동으로든 모든 인간사는 사람들에게 감동을 주지 않으면 성공할 수 없다. 정치는 더욱 그렇다. 감동이 없는 정치는 폭정 아니면 무능으로 빠지게 된다. 우리 정치사에서도 역력한 일이다. 대한민국 정부 수립 이후, 누가 국민을 감동시킨 대통령이었을까. 감동은 고사하고 저주의 대상이 많았음은 역사의 불행이 아닐 수 없다. 대통령뿐이었으랴. 정치인 어느 누구도 국민에게 감동을 주는 사람은 없었다. 그러면서도 국민소득 2만 달러 시대를 열었고 당당히 세계 10대 경제대국으로 발전하였다. 국민 스스로의 행운이고 국민 스스로의 감동이다. 견제와 균형이 아니라 대립과 반목의 역사였고 타협과 조정이 아니라 반대와 분할의 역사 속에서 일궈낸 기적이다. 정치와 경제가 따로따로 가는 이상한 나라가 대한민국이다. 분단이 고착화된 이념의 분열현상에 스스로 적응하는 생존의 기법을 터득한 셈이다. 우리도 잘 살 수 있다는 긍정의 힘이 정치의 치졸한 힘을 극복한 셈이다. 그나마 박정희 대통령은 그런 긍정의 힘에 불을 붙여준 셈이다. 정치적인 공과를 떠나서 "나 좀 감동시켜 줄래?"에 대답을 준 삶이 박정희다. 감동을 준다는 것이 그렇게 어려운 일이 아닌 예화가 있다.

제17대 미국 대통령 '린든 존슨'은 무학(無學)이다. 링컨의 뒤를 이어 대통령에 출마했을 때 정적들은 "어떻게 무학(無學)인 자를 대통령으로 뽑을 수 있느냐."며 거센 반대를 했다. 이때 존슨은 간단한 말로 국민을 감동시켰다. "나는 들어본 일이 없다. 예수님이 학교에 다녔다는 말을. 그러면서도 예수님은 만 인류를 구원한 지도자가 됐다."고. 감동어린 말 한 마디로 존슨은 대통령이 되었다. 감동은 이렇게 엄청난 힘을 갖는다. 천 마디 만 마디 미사여구를 늘어놓는 것보다 감동어린 한 마디가 무서운 힘을 발휘한다.

집권당의 참패로 끝난 6·2지방선거, 여러 가지 놀라운 기록을 만들어냈다. 광역에서도 야당이 승리했고 호남의 끝이었던 야당의 텃밭이 충청, 강원으로 넓혀졌으며 북풍이 노풍을 이겼고 서울시 25개 구청장 중 23개나 휩쓸었다. 여론조사나 출구조사의 무용론을 만들어냈고 야당의 인기도가 오르지 않는 기현상도 보였다. 정치가 하지 못한 일을 국민이 스스로 한 것이다. 견제와 균형, 타협과 양보의 바탕을 마련해 주었다. 국민 스스로가 만들어낸 감동의 드라마가 펼쳐진 것이다. 한심한 것은 국민의 감동적인 드라마를 자기들의 정치적인 전리품인 양 우쭐대는 꼴이라니. 이것이 오늘날 우리의 정치 자화상이라니 화나고 분하다.

국민은 지금 말하고 있다. "나 좀 감동시켜 줄래?"

괜찮은 사람 괜찮은 일

인재가 필요한 것은 하늘나라나 이승이나 마찬가진가 보다. 내 주변에 있었던 사람들의 면면을 보아도 그럴싸한 얘기다. 괜찮은 사람이라고 생각하면 하나같이 짧은 인생을 살고 갔다. 정의감과 인화가 유별났던 친구를 보내고 조사를 써 읽으며 뜨거운 눈물을 흘렸던 친구, 청소년 시절 꿈과 좌절을 함께하며 서로가 위안을 삼았던 친구, 진지하고 거짓 없는 우정으로 일이 있을 때마다 헌신적으로 도왔던 친구들, 이상하게도 그런 친구들이 모두 제 명을 살지 못하고 떠났다. 따지자면 나보다도 그들은 훨씬 괜찮은 사람들이다. 하늘나라를 살아 본 사람이 없으니 하늘나라에도 인재가 필요한 것인지, 이승처럼 이 사람 저 사람 뒤섞여 살고 있는지 모를 일이지만 그래도 하늘나라는 괜찮은 사람들이 살고 있을 거라는 생각이다. 하느님께서 삼라만상을 창조해 놓으시고 "보기에 참 좋다."라고 하신 말씀은 원죄가 생기기 전 괜찮은 사람들이 사는 세상을 보시고였을 것 같다.

창피한 얘기지만 나는 면허시험도 치르지 않고 받아든 운전면허증으로 운전을 한 지 20년이 넘어서 1종 보통과 함께 그린카드까지 받았다. '선무당 사람 잡는다.'고 그동안 수없이 사고를 저질러 자동차 수리비도 엄청 많이 들었을 뿐 아니라 후진 기어를 넣어 놓고 앞으로 간답시고 액셀을 밟아 아내를 죽이는 사고를 낼 뻔도 했다. 탤런트 김수미 씨도 이런 운전미숙 때문에 시어머니를 돌아가시게 한 고통을 겪었다. 엉터리 운전 사고를 낸 것이 한두 번이 아니니 나는 운전을 할 자격이 없는 사람이다.

그날도 5일씩이나 걸려 수리한 차를 운전하고 성당엘 가는 길에 이번에는 일방통행 골목에서 나온 엉터리 운전사가 내 차 후면을 들이받아 박살을 내는 사고를 당했다. 운전자는 여자였다. 당황한 운전자는 새파랗게 질려 떨고 있었다. 화나고 짜증난 것만 생각하면 고함이라도 지르고 싶었지만 그럴 수가 없었다. "아주머니, 괜찮아요. 염려 마세요. 수리하면 되잖아요. 다친 데는 없어요?" 안정을 되찾는 것이 보일 무렵 남편이 나타나 오히려 부인에게 야단을 쳤다. "차 빼 온 지 3일밖에 되지 않았는데." "여보쇼, 내 차는 수백만 원을 들여 5일 만에 정비공장을 나온 차요." 물론 남편은 기세를 누그러뜨렸고 나에게 사과도 해 왔다. 이 얘기를 들은 친구들은 여자이기 때문에 기사도를 발휘한 거라고 평가절하를 했다. 물론 여자이기 때문일 수도 있었지만 시간 늦은 미사에서 나는 모처럼 하느님께 감사의 기도를 바칠 수 있었다. "하느님! 오늘 교통사고에서 양측 모두 무사하도록 지켜주신 하느님의 은혜 감사합니다. 그리고 오늘 저로 하여금 괜찮은 일을 하도록 베풀어 주신 은혜 감사합니다." 미사를 마치고 돌아오는 길은 즐거웠다. 휴일 아침이어서 길은 한가했고 여름의 끝자락을 알리는 왕매미의 합창소리가 조용한 시가를 축제 마당으로 가꾸었다. 시원스레 높이 들어올려진 하늘, 황금색으로 차차 물들어 가는 들판, 향긋한 아침 바람에 군무를 즐기는 고추잠자리, 오랜만에 선명한 선을 긋고 있는 산들, 이 별 볼 일 없는 사람에게도 참 보기에 좋았다. 그리고 아름다운 마음, 아름다운 인정, 아름다운 세상은 결코 멀리 있지 않음을 온몸으로 느끼는 시간이었다. 이 아름다운 세상을 보는 것만으로도 축복이라고 한 故 장영희 교수의 글이 새삼 마음에 와 닿았다.

괜찮은 사람들이 차지하고 괜찮은 일들을 찾아서 해야 될 곳에서 날밤 지새우며 고함지르고 주먹다짐하고 공중곡예를 하는 등 희한한 일들이 벌어지고 있다. 궁금한 것은 그들도 과연 이 세상을 아름답다고 말할 자격이 있는지 모르겠다. 아름다운 세상을 볼 수 있는 축복도 받지 못한 사람들이 한편 생각하면 불쌍하고 애처롭다.

이 아름다운 계절, 서로가 서로를 축복하며 괜찮은 일로 세상을 아름답게 만드는 일에 모두가 동참할 수는 없을는지…….

더위의 고통이 잉태한, 오-가을이여!

무덥고 지루한 여름이었다. 장마가 길었던 탓이었을까. 후텁지근하고 찝찝한 날들이 많았던 여름이었다. 열대야는 단 하루밖에 없었다는 통계는 그래도 위안이 되었다. 이글거리는 태양 아래 도시는 용광로처럼 부글부글 끓고 땡볕에 아스팔트가 녹아내리는 여름은 그래도 한철이라서 다행이다. 적도 부근 열대지방사람들을 생각하면 우리는 선민의 행복을 누리는 사람들이다.

1985년쯤이었던가. 전 전국불교신도회 박완일 회장은 MBC가 주최한 여성강좌에서 "여름이니까 덥겠지 하고 참으면 되고, 산에 오르면서 다리가 아프면 산을 오르니까 아프겠지 하라."고 법문을 한 기억이 난다. 스님의 하안거가 어디 에어컨이나 선풍기 앞에서 이루어지는 것인가?

≪이방인≫, ≪시지프스의 신화≫ 등 불후의 명작을 남겼고 노벨 문학상을 받은 카뮈는 제일 좋아하는 단어로 고뇌와 대지, 어머니, 그리고 고통과 여름 등 열 개를 꼽았다고 한다. 무감각하고 습관적인 삶보다는 치열한 고통과 고뇌가 있는 삶을 살았던 증거다. 하늘이 활짝 열리며 불을 뿜는 듯한 더위의 고통을 겪어야 아름다운 가을을 맞이할 수 있음을 우리에게 알려 준 셈이다. 보면 느끼고 읽으면 알면서도 잊어버리고 행하지 못하는 반복 속에서 순간순간을 견디지 못하고 짜증을 토해내며 사는 우리들이다. 어찌 뜨거운 여름만이 짜증의 샘이랴. 그렇지만 생각해보면 우리는 얼마나 행복한 사람들인지 모른다. 봄이 있어 생명의 탄생을 볼 수 있으며 여름이 있어 성장의 환희를 확인할 수 있다. 가을이 있어 결실의 기적과 풍요를 만끽하며 겨울이 있어 안식과 휴식의 쾌락에 안길 수 있으니 말이다. 우리가 살고 있는 이 땅의 모든 것은 한마디로 예술이며 찬미의 대상이다. 봄에 만나는 꽃과 나비, 여름에 만나는 태양과 불타는 대지, 가을에 만나는 황금들녘과 시리도록 푸른 하늘, 그리고 겨울에 만나는 수정 고드름과 눈 덮인 오솔길, 동화의 주인공들이며 노벨상의 소재들이다. 우리는 모두가 동화 속에 살면서도 신비로움을 느끼지 못하고 있는 셈이다. 어느 시인은 여름을 보내는 고별사를 이렇게 썼다.

무슨 일인가, 대낮 한 차례 / 마당에 집결하고 있다. / 며칠째, 계속 어디론가 철수하고 있다. / 그것이 차츰 소규모다.

하늘로 가는 들길을 코스모스가 깔아 주는 9월, 그 들길을 따라 하늘로 가신 어머니가 미치도록 보고 싶은 9월이다.

9월, 8월이 담장 너머로 다 둘러메고 가지 못한 늦여름이
바글바글 끓고 있는 뜰 한편 / 그곳에 / 지나가던 새 한 마리 /
자기 그림자를 묻어버리고

9월의 뜨락은 이렇게 우수를 안고 찾아왔다. 찬 서리가 내린다는 백로가 있고 가을의 문턱인 추분이 있다. 현대 기상학이 풀 수 없는 절기의 과학이 숨쉬는 땅에서 우리는 살고 있다. 이글거리는 태양, 대지를 삼킬 듯 내려 퍼붓는 폭우, 그리고 휘몰아치는 바람이 없었다면 어찌 풍요로운 가을이 잉태될 수 있었을까. 거센 폭풍우가 휩쓸고 간 들판과 바다에서 풍요의 씨앗이 움튼다는 이 오묘한 기적 앞에 우리는 다만 감사의 기도를 드릴 따름이다. 우순풍조만이 인간이 바라는 자연의 조화가 아님을 알면서 인간들은 오히려 허탈해할지 모른다. 그러나 우리는 안다. 더위의 고통이 잉태한 가을이 우리 곁에 왔음을

한가위의 계절, '더도 말고 덜도 말고 한가위만 같아라.' 행복에 겨운 찬가가 메아리져 오는 9월이다. 견우와 직녀의 애달픈 전설을 안고 있는 은하수와도 만날 수 있는 9월이다. 일 년 내내 사라졌던 은하수를 운 좋게도 볼 수 있는 9월이다. 몇 해 전, 9월 어느 날 저녁, 송용식, 김인석, 이승재, 김백준과 함께 장수의 사과나무 밭 호젓한 펜션에서 은하수를 보고 미친 듯 밤 새워 술을 마셨던 기억이 새삼스럽다.

이 모두가 더위의 고통이 잉태한, 오…… 가을의 축복이여!

도대체 체면이란 게 뭔데?

신호등 앞에 가지런히 멈춰 서 있는 자동차들, 혹한이 몰아친 택시 정류장에 길게 늘어선 시민들, 진료실 앞에서 하염없이 순서를 기다리고 있는 환자들, 화장장 앞에 늘어 서 있는 장의차들, 겉과 속이 다른 이율의 현상들이다. 눈치껏 무시하고 싶은 충동이 있는가 하면 급한 마음을 몰라주는 사회규범, 나만의 입장을 내세울 수 없는 윤리가 때로는 불편하고 거추장스럽기까지 하다. 인적이 끊긴 밤 깊은 도심에서 빨간불 파란불이 무슨 의미가 있으며 일 분이 급한 지경인데 줄을 서야 하는 황당함, 그리고 죽은 것도 서러운데 불구덩이에 들어가는 것조차도 마음대로 할 수 없다니 참. 체면이 밥 먹여 주냐고 하지만 강제로라도 체면을 지키도록 하기 위하여 신호등이 필요하고 줄서기를 지키도록 규범하고 있다.

체면이란 게 도대체 뭔데? 체면이란 삶의 교통순경이다. 교통순경은 차들이 행인의 생명에 위협이 되지 않도록 반칙 없이 잘 가고 있는가를 지키듯, 체면은 다른 사람의 삶을 지켜 주는 파수꾼이다. 체면은 궁극적으로 진정 우리가 사람답게, 그리고 제대로 살아가도록 지켜주는 힘이다. 그리고 부나 권력을 더 많이 차지하려고 혈안이 된 욕심꾸러기들에게도 브레이크 역할을 해준다. 이 세상에 욕심꾸러기들이 많지만, 욕심꾸러기도 지식이나 사랑 그리고 꿈의 욕심꾸러기는 많을수록 좋다.

손자로선 처음인 홍기 녀석을 보기 위하여 딸이 살고 있는 파리에 갔을 때다. 유모차에 홍기를 태우고 신호를 기다리고 있는데 교통순경이 달려와 차들을 멈추게 하고 유모차를 건너게 해주었다. 이렇게 체면과 체면 사이에서 선후를 가려주는 중재자가 있다. 교통순경은 어린아이의 보호를 선행해야 될 체면으로 판단한 것이다.

아침 일찍 나의 산책길에는 네 개의 신호등이 있는데 등굣길에 있는 것이 두 개나 된다. 불행하게도 십 중 팔구는 신호대기를 해야 되지만 학생들 보는 앞에서 신호위반을 할 수가 없다. 교육적인 이유도 있지만 체면 때문이다. 차들이 모두 멈춰 있으니 건너가고 싶은 마음과 학생들이 보는 앞에서 위반할 수 없는 체면 사이에 항상 충돌이 있기 마련이다. 신호를 무시하면서도 칠 테면 치라는 듯 여유만만하게 건너는 사람이 있는가 하면 옆을 살피며 손짓으로 사과를 하고 뛰어서 건너는 사람이 있다. 체면도 이렇게 때에 따라 상황에 따라 융통성을 용인할 수도 있다. 잘못을 인정하는 것과 잘못을 아무렇지 않게 저지르는 경우는 염치와 몰염치의 차이와도 같다. 요즘 선비사상에 많은 관심들을 보이고 있다. 선비정신을 흔히 도포자락에 싸인 과거 유교사상의 잔재쯤으로 생각해 온 게 사실이다. 하지만 선비사상이란 인, 의, 예, 지의 도덕적 기반 위에 자연과 인간의 함축적 합일을 지향하고 무한한 사랑을 구현하고자 하는 이념이라고 들었다. 이 시대의 올곧은 선비이면서 선비정신의 구현에 온 생애를 쏟아 붓고 있는 전북대학교 김기현 교수는 선비를 이렇게 설명하고 있다. '우주적인 생명을 자기 안에서 자각하여 함양하고, 따뜻한 생명애를 잃지 않으며, 인간의 존엄성을 잃지 않으면서 참자아의 완성과 타자의 성취를 과제로 여겨 부단히 노력했던 존재.'참자아의 완성과 타자의 성취를 과제로 여겨 부단히 노력하는, 선비야말로 체면을 생명처럼 중히 여기는 인격이라고 생각한다. 그야말로 체면에 살고 체면에 죽는 삶이 바로 선비의 삶이 아닐는지.

하고 싶어도 하지 못하고 하기 싫어도 해야 하고 물아일체의 정신으로 사랑이 생활화된 삶이 어찌 쉬울 수가 있겠는가만, 그래서 체면을 지키는 삶이란 어렵기도 하고 위대하기도 한가 보다. 양심과 상식 도덕과 윤리 그리고 사랑과 미움에서까지 서로 갈등을 빚는 것은 그 중심에 체면이라는 가치가 존재하기 때문이라고 생각한다. 요즘 대부분의 정치인, 경제인, 문화인들은 하나같이 체면 따위는 아랑곳하지 않는다. 야망이 아닌 야욕으로 가득 차 있는 사람들이다. 어느 누가 국민을 위하여 눈물을 흘리고 어느 누가 교육의 미래를 위하여 밤잠을 설치며 어느 누가 참다운 문화와 참다운 민주주의를 위하여 진정한 구도자가 되려 하는가. 이 물음에 대한 답변은 '체면이란 도대체 뭔데?'에서 찾아야 할 것 같다.

잘했군 잘했어

청계천 복원(잘한 일)과 대운하 프로젝트(잘하자는 일)로 이명박은 대통령에 당선되었다. 촛불과 화기어린 언동으로 노무현은 정권 승계에 실패했다. 짧은 오행 실력으로 풀어도 결과는 이미 예측된 바다. 수극화(水剋火)의 이치다. 이명박이 좋아서가 아니라 노무현이 싫어서라니 해괴한 논리다. 이념적으로 보면 좌파의 몰락이요 우파의 승리다. 주체사상의 표제어인 '같은 민족끼리'의 좌파적 이념은 더 이상 용납할 수 없다는 단호한 명령이다.

그럼에도 불구하고 우리는 승리를 자축할 명분도 없고 분위기는 더욱 아니다. 노무현 정권을 탄생시키는 데 결정적 역할을 했던 전북, 열한 명 국회의원 전원을 한 정당에서 뽑은 전북, 유일하게 광역자치단체장도 여당을 뽑았고 드디어는 새 대통령 후보까지 낼 수 있었던 영광을 안았던 전북이 아니었던가. 그렇다면 좌파적 이념에

찌든 꼴통 지역인가? 그것은 결코 아니다. 이것이 아이러니다.

지난 대선이 끝난 뒤 지도 위에 칠해 놓은 색깔을 보면서 이상한 공포와 외로움까지 느꼈다. 과연 우리는 변할 수 없는가, 이것이 우리가 선택할 수 있는 최선의 길인가를 생각하지 않을 수 없었다. 뒤집어 보면 마찬가지라고? 그래서 더욱 편치가 않다. 95%가 백인인 아이오와에서 흑인 후보가 압승을 거둔 것은 토픽감이 아니다. 인식의 변화가 오늘의 화두이기 때문이다.

히말라야의 작은 나라 '부탄'에서 시작한 국민 행복지수(GNH)를 세계 여러 나라가 관심 있게 들여다보고 있다. 정치도, 교육도, 경제도, 궁극적으로는 행복한 삶을 추구하는 수단에 지나지 않는다. 그렇다면 우리는 내면의 행복이라도 느낄 수 있었던가를 묻는다. "막 가자는 거냐.(노 대통령)"로 시작하여 "계속 소금을 뿌리면 가만있지 않을 거다." "만일 어찌 어찌하면 도민이 가만있지 않을 거다."(김완주 지사)와 같은 품격 잃은 말들과 그에 걸맞는 행위들로 속앓이를 해온 우리는 감히 행복지수를 셈하기도 어렵다.

앞으로 우리는 할 일이 많다. 쉽지 않은 일들이다. 먼저 하이에나 정치인을 가려내는 혜안을 가져야 한다. 방폐장이며, 새만금이며, 공항 등 지역 이익으로 돌아올 수 있는 일들을 모조리 반대했던 그들이 누구인가를 밝혀 두어야 한다. 그랬으면서도 그 일들이 성공하자 앞다투어 무대에 올라 손을 번쩍 들어 개선장군인 척하는 몰염치한 그들을 징벌해야 한다. '전주 양반'을 '전주 놈'으로 만들었고, '전주새끼'로 만들었고, 드디어는 '전주X새끼'로 만들었던 지난날의 우스갯소리 정치 풍자를 뼈아프게 새겨들어야 한다. 그리고 도민의 소리에 귀 기울이고 시민을 주인으로 모시는 봉사의 기적을 이루어야 한다. 시민의 혈세를 펑펑 쓰며 밀어붙이기식 도정과 시정은 이제 없어야 한다. 봉사행정의 기적이 일어나야 한다. 아울러서 언론이 제 역할을 하는 사회정의의 기적을 이루어야 한다. 따라만 하는 앵무새가 아니라 감시와 질책을 통하여 가치의 기준을 분명히 해 주는 언론이 있어야 한다. 모름지기 언론은 사회의 목탁이요 소금이 되어야 한다.

마지막 제언이다. 이제라도 더 잘하기 위하여 스스로 만들어내는 자기 쇄신이 필요하다. 청보리 밭과 국화 밭, 반딧불과 지평선을 상품으로 만들어내는 실험적 발상이 좋은 예다. 도시 한가운데다 구불구불 억지 들길을 만들고 길 위에 돌을 깔아 주차장으로 쓰게 하는 억지 짓은 말아야 한다. 아이오와 주 주도인 디모인 시는 그 이름을 따 만든 '더 잘하기(Do More)운동'으로 세계의 관심을 모으고 있다. 우리와 같이 농도인 그곳은 옥수수 1위, 콩 2위, 축산 수입 1위 등 지역 특성을 살려 소득을 극대화하고 있다. 우리에게 시사하는 바 크다. 재주가 있어 잘한 것은 많은데 내놓을 것은 별로 없는 우리다. 어떤 지도자의 말대로 새만금에만 매달리지 말고 있는 것을 다듬어 새로운 가치를 만들어내는 일이 더욱 중요하다. 그것이 문화든 산업이든 간에 더 잘해야 할 가치 중의 가치이다. 잘해 봅시다. "잘했군 잘했어."

뻐꾸기와의 짧은 데이트

뻐꾹… 뻐꾸기, 뻐꾹… 할아버지.

뻐꾸기와 할아버지와의 대화가 이어지기를 5분여. 유모차에 손자를 태우고 골목에 나와 얘기꽃을 피우던 동네 아주머니들의 대화도 멈추었다.

할아버지는 옥상에 올라가 싱싱하게 자라는 푸성귀들을 살피며 잠시 이런저런 생각으로 한가로움을 즐기는 시간이었다. "뭐 힘들게 이런 일을 하는가."하고 핀잔을 받으면서도 "나날이 모습이 달라지는 고추며 상추며 가지들이 나를 얼마나 즐겁게 해주는지 아느냐."며 고집을 놓지 않는 아내를 이제 이해하는 터다. 그때 그 푸성귀들 사이에 이름 모를 새 한 마리가 나타나더니 옆에 서 있는 할아버지를 의식도 하지 않고 날렵한 몸매로 산책을 즐긴다.

잿빛 가슴에 배는 흰 바탕 검은 가로줄 무늬였고 길게 뻗은 꼬리

뾰쪽한 부리를 한 예쁜 새였다. 무심코 낮은 톤의 휘파람으로 대화를 걸어 보았지만 대꾸 없이 푸드득 날아올라 담장 옆 높이 서 있는 전신주 맨 꼭대기에 앉았다. 뻐꾹… 그때서야 그 새가 뻐꾸기인 것을 알았다.

뻐꾹… 뻐꾸기, 뻐꾹… 할아버지. 뻐꾸기… 뻐꾹, 할아버지… 뻐꾹.

노래하고 화답하기를 2분여. 동네 아주머니들은 관객이었고 할아버지와 뻐꾸기는 무대 위의 가수이거나 적어도 얘기꾼쯤이었다.

적어도 그 2분 동안만은 할아버지에게 있어 그렇게 순수하고 그렇게 행복한 시간일 수 없었다.

'새는 하늘을 말하고 물고기는 바다를 말한다.' 그들의 대화는 아름답지만 서로 이해되지 못한다. 바다 속을 나는 새, 하늘을 헤엄치는 물고기는 없기 때문이다.

그러나 자연에서 만나는 생명들, 곤충과 새들, 들풀과 나무들, 사람과 동물들, 사람과 식물들, 그들 사이에서는 서로가 통할 수 있는 대화가 있다. 오묘한 자연의 이치가 아닐는지.

유리컵 속의 물을 보고 "좋다, 아름답다."고 하면 예쁜 육각수가 되는 반면 "더럽다, 못쓰겠다."고 하면 찌그러진 모습으로 변한다는 글을 ≪물은 답을 알고 있다≫에서 보았다. 정원사가 나무를 가꾸며 끊임없이 나무와 대화를 한다는 얘기도 마찬가지다.

32년간을 한마을에 살았으면서도 이웃집 아주머니들의 얼굴마저 모르고 지낸 방송국 아저씨가 뻐꾸기와 대화를 했다며 신기해하더라는 아내의 얘기였다. 아내는 오래오래 한마을에 사는 아주머니들과 형제처럼 지내는 사이다. 추어탕이나 보신탕을 끓여도 아침 일찍 냄비를 들고 대문을 두드리는 정다운 이웃사촌들이다.

한때는 생활의 편리를 좇아 아파트로 이사를 가자고 윽박지르거나 졸라댔었지만 이젠 다 포기하고 "나 죽으면 화장해서 정원에 묻어 달라."고 하면 난감해하던 아내는 생각해 볼 일이라며 일본의 경우까지 들먹이게 되었으니 우리의 장례문화도 개선될 희망이 보인다.

뻐꾸기가 찾아와서 할아버지와 대화를 할 수 있는 환경을 생각하게 한다.

뻐꾸기뿐이 아니다. 오히려 시골에서는 볼 수 없는 참새도 가끔 몇 마리씩 찾아와 재잘거리며 대화를 청한다. 맵새도 찾아오고, 이름 모를 여러 새 가족들이 모습을 보인다. 새나 사람이나 생활환경에 따라 행복도 불행도 좌우된다면 아내의 고집에 새삼 고마움을 느낀다. 그래서 요즘 문짝이며 낡은 벽을 고친다고 난리를 부리지만 아무런 불평도 하지 않는다. 땀 흘리며 일하는 일꾼들에게 가끔 시원한 맥주도 대접하고 아이스크림도 사다 주곤 한다.

그러면서도 아내에겐 "이사 안 가기 잘했다."고 얘기는 하지 않는다. 남자의 자존심일까? 아니지, 늙었다는 증거겠지. 포기하고 이해하고 바꿀 수 있는 너그러움이 생길 만큼 원숙해지기도 한 것일 테고.

스스로 둥지를 만들지 않고 다른 새 둥지에 알을 낳는다는 뻐꾸기, 알을 품어 새끼를 부화하지도 않고 다른 새가 산란을 시작하면 둥지에서 알을 빼내 제 알을 끼워넣는 얌체, 다른 새보다 며칠 먼저 부화되는 제 속성 때문에 제 알이 부화될 즈음에는 다른 새의 알을 모두 둥지에서 떨어뜨려 깨 버리는 부랑당 뻐꾸기, 그렇지만 미워할 수 없는 것은 뻐꾹… 뻐꾹 그 서정적인 노래 때문인지도 모른다.

'뻐꾹… 뻐꾹'은 우리나라에 봄이 왔음을 알리는 신호이고 중국에서는 농경의 시작을 알리는 소리이며, 독일 영국에서는 기쁨의 소리로 삼고 있을 만큼 뻐꾸기는 사람들에게 많은 것을 주는 철새다.

> 뻐꾹… 뻐꾹… / 뻐꾸기의 노래가 / 뻐꾹… 뻐꾹 / 은은하게 들리네…… / 요나슨의 뻐꾹 왈츠에 이국적인 서정은 무르익고, 뻐꾹 뻐꾹 봄이 가네 / 뻐꾹 뻐꾹 여름 오네. /

윤석중의 뻐꾸기는 세월을 알리고, '한적한 산길을 따라서 나는 올라갔지 / 우거진 깊은 숲에서 뻐꾸기 노랫소리' 박목월의 뻐꾸기는 시흥을 북돋게 한다.

뻐꾸기와의 짧은 데이트를 아쉬워하며 뻐꾸기를 기다려 보지만 뻐꾸기는 영영 나타나질 않는다. 8월이 돼야 이 땅을 떠나 남쪽으로 간다니 떠나기 전에 한 번쯤은 찾아 주겠지. 막연한 기다림에 여름은 점점 깊어만 간다.

복실이는 행복할까?

3년 전 삼례장에서 사온 발발이에게 복실이라고 이름을 붙여 준 것은 물론 아내였다. 복실이가 2년째 되면서 새끼를 낳아 지금은 개 두 마리에게 집을 맡기고 하룻밤 정도는 고향집에 다녀올 만큼 복실이는 가족으로서의 역할을 다하고 있다. 복실이는 애완용이 아니라 방범대원이고 파수꾼인 셈이다. 복실이가 낳은 새끼는 이름도 지어 주지 않았던 진돗개 잡종이다. 가짜일망정 애비가 진도에서 온 혼혈이었기 때문이다. 이웃에 공짜로 준다고 광고를 해도 희망자가 나오질 않아 할 수 없이 기르게 된 탓에 말하자면 천덕꾸러기인 셈이다. 복실이는 제 새끼지만 주인의 마음을 읽고 있는지 예뻐하지를 않는다. 틈만 나면 으르렁거리고 한밤에도 두 모녀의 싸움 소리에 잠을 설치곤 한다. 밤이면 신을 온통 뜯어 놓고 방뇨 방변을 아무 데나 하는 버릇없는 놈들이다. 이쁨도 제 탓이고 미움도 제 탓인 것은 사람이나 짐승이나 마찬가진 모양이다. 방견 사고도 예방할 겸 당연히 두 놈은 붙들어 맬 수밖에 없다. 영리하고 귀여워서 천명을 다할 때까지 자유를 만끽하게 했던 방울이와 룰루와는 삶의 질이 다를 수밖에 없다. 그렇지만 동물이라고 해서 스트레스가 없을 리 없다. 독방에 갇힌 무기수와 좁은 공간에 목매여 있는 동물이 받아야 할 스트레스는 다를 바가 없을 것이다. 그래서 "밤에라도 잠깐잠깐 풀어 놓아 자유를 주면 어떻겠느냐."고 나는 가끔 아내에게 동물 애호주의를 슬그머니 비춰 보지만 아내는 항상 단호하다. 가족이 나가면 완연히 섭섭한 표정이고 돌아오면 길길이 뛰며 반가워하는 놈들에게 자유를 주고 싶은 마음은 언제나 간절하다. "어쩌다 버르장머리가 그 따위로 생겨서 이 고생을 하고 있느냐."며 쯔쯧 혀를 차 보지만 집 안의 모든 관리권은 아내 몫이라 놈들에 대한 배려는 그것으로 끝이다. 주인이 개를 싫어하면 그런 집에서는 개가 잘 자라지를 못하고 주인이 개를 좋아하면 주인의 성격까지 닮아 사납거나 순하다고 한다. 아내는 주인을 닮아 개들이 순하다고들 한다지만 천만에, 낯선 사람이나 행인에게도 싸남을 부리는 것을 보면 괜한 소리다. 순하기만 한 개에게 어떻게 집을 맡기고 외출을 할 수 있단 말인가. 어쨌든 우리 집은 개가 잘 되는 편이다.

영이와 철수를 따라 다니던 바둑이, 장에 갔다 막걸리에 취해 마른 잔디밭에서 잠이 든 주인을 불길에서 구해 준 오수 의견, 인왕산 호랑이 먹이로 일본에 실려 갔으나 우리에서 호랑이를 죽이고 살아 온 맹견, 삼백 리 밖으로 팔려간 진돗개가 석 달 만에 집을 찾아온 경우

등, 개에 관한 일화는 헤아릴 수 없이 많다. 개는 구석기 시대부터 가축으로 길러온 만큼 많은 동물들 가운데 사람과 가장 친숙한 놈이지만 언제부터인가 보신탕이라는 이름을 붙여 한국 사람들이 영양식으로 먹고 있는 것은 일종의 아이러니가 아닐 수 없다. 88올림픽을 앞두고 야만인이라는 말을 들을까 봐 도심에서는 보신탕 집을 못하게 하는 조치가 있기도 했다. 그것도 보신탕 재료로는 토종개가 으뜸이라고 하니 우리로서는 수천 년 함께 살아온 가축에게 못할 일을 하고 있는 셈이다.

생활이 윤택해지면서 애완용 동물을 기르게 되었고 드디어는 식구를 챙기는 데 부모나 남편의 순번이 애완견 다음으로 밀리는 세상이 되었다. 동물을 사랑하는 마음은 좋지만 그렇다고 해서 이쯤 되면 분명 말기적인 현상이라 아니할 수 없다. 빠삐용, 치와와, 테리어 등, 100여 종을 넘는 수입 애완견들이 안방을 점령하고 부모나 남편을 밀어내고 있는 웃지 못할 풍경을 보고 있다. 그것뿐이 아니다. 개꿈이니 개 같은 소리니 개 같은 XX니 개X끼니 하는 말들은 언제부터 왜 생겼는지 모르겠다. 인간이 사용하는 용어뿐만 아니라 하는 행동들에는 이처럼 이치에도 맞지 않고 사리에도 맞지 않은 경우들이 너무나도 많다. 개가 주인을 무는 경우도 있지만 주인이 개에게 경우 없는 짓을 하기 전에는 개는 결코 의리를 배반한다거나 예의를 짓밟는 일은 하지 않는다. 망나니를 일러 개만도 못하다는 놈이라는 말은 이런 뜻이다.

복실이가 쇠줄에 묶여 좁은 공간을 벗어나지 못하고 있는 한 나의 출퇴근 시간도 순간이긴 하지만 항상 애잔한 마음만은 버릴 수 없을 것 같다. 그런데도 복실이는 아침저녁 밥을 얻어먹고 살아 있다는 사실에 행복을 느끼고 있을까? 그것은 황우석 박사도 알아낼 수 없고 다만 복실이만이 할 수 있는 대답일 것 같다.

야! 무지개다

가을이 오는 길목에서 나는 무지개를 보았다. 아침 산책길에 정해진 코스로 전주 동초등학교 꽃동산이 있다. 벤치에 누워 '흘러가는 저 구름아 너 가는 곳 어디메냐'신파의 가락도 흥얼거려 보았고 고추잠자리의 군무를 보며 지척에 둔 고향을 떠올리기도 했었다. 무엇인가의 공격을 받아 파르르 죽어가는 하얀 나비의 임종도 해 보았다. 그리고 거기서 나는 무지개를 보았다.

야! 무지개다.
토독토독 빗방울이 떨어져요.
먼지 풀풀 내던 흙들이
까르르 간지럽다고 웃어요.
룰룰루 휘파람 불던 바람이 울상을 지어요.

엄마, 비가 와요.

빨간 장화 신고 노란 우산 쓰고 웅덩이를 철썩 걸어요.

야! 무지개다!

웅덩이에 무지개가 떴어요.

비 온 뒤 서쪽 하늘에 뜬 무지개를 보는 듯 예쁘고 풋풋한 동시였다. 1학년 유한나. 무지개처럼 이름도 예뻤다. 1학년부터 6학년까지의 동시들을 꽃동산 이쪽저쪽에 가지런히 걸어 놓고 어린이들이 오가며 감상하도록 배려한 것이다. 어린이들의 정서교육을 위한 선생님들의 아이디어가 돋보이는 사례다.

무지개, 일곱 색깔 무지개는 어린 시절 누구에게나 환상적인 추억이다.

아롱아롱 무지개 고운 무지개 / 선녀들이 건너간 오색 다린가. 〈무지개〉라는 이 동시에서처럼 선녀들이 무지개 타고 내려와 착한 어린이에게 선물을 주고 갔다는 동화를 남겼다.

우리 시야에서 사라진 무지개, 밤하늘의 은하수를 볼 수 없는 아쉬움과 함께 다시 만나고 싶은 환상의 대상들이다. 무지개는 은하수처럼 슬픈 사연의 전설도 없다. 보 남 파 초 노 주 빨, 무지개의 일곱 가지 빛깔은 색의 조화를 있게 해준 색의 스승이기도 하다. 색의 원천임을 증명해 주었다.

비온 뒤 하늘에 남아 있는 물방울에 햇빛이 비쳐 생기는 무지개는 자연의 오묘한 예술작품이다. 달을 밟은 사람들이지만 과학의 힘으로는 도저히 그려낼 수 없는 작품을 보며 어린이에서부터 어른에 이르기까지 "야! 무지개다!"를 외친다. 그래서였던가. 차동엽 신부님은 ≪무지개 원리≫라는 책을 써서 베스트셀러가 되었다. 무지개 원리는 무지개의 일곱 색깔이 보여준 조화와 상생의 원리를 우리들의 삶에 인용해 보자는 취지에서 출발했다고 한다. 우리들에게 희망을 주고자, 그리하여 축복받은 세상을 만들고자 하는 차 신부님의 집필 의도가 숨어 있다.

맞다. 무지개는 우리들에게 희망의 상징이었고 축복의 자연 현상이었다. 장마철에 무지개가 뜨면 "이제 비가 그치려는가 보다.", 가뭄에 어쩌다 무지개가 뜨면 "기다리던 비가 내리려나 보다."라며 즐거워했다.

아침마다 들르는 동초등학교 작은 꽃동산은 벤치도 있고 벤치 위에 새겨진 풋풋한 사랑의 싹들을 볼 수 있어 좋지만 유한나 어린이의 동시 〈야! 무지개다〉가 있어 더욱 좋아졌다. 참새처럼 재잘거리며 학교 길을 동심으로 수놓아 주는 어린이들에게 무지개처럼 환상적인 희망과 축복이 있기를 빈다.

請託

≪월간문학≫에 게재할 원고를 청탁받았다. 이런 일 저런 일로 원고 청탁을 받은 일은 많았지만 순수문학잡지의 원고를 청탁받은 것은 나에게 조금은 의미가 달랐다. 뒤늦게 문인의 반열에 이름을 올린 이후, 월간지로서는 처음이기 때문이다.

기억에 남는 원고청탁은 故 최세훈 씨의 추도사를 써 달라는 전북일보사의 연락이었다. 1983년 2월 3일, 시인이자 유명 아나운서였고 내가 다니던 문화방송의 상무이사이기도 했던 최세훈 씨가 갑작스럽게 작고한 것이다. 추도사의 제목은 〈증언대의 앵무새는 떠나가고〉. 고인이 남긴 저서의 제목이기도 했다. 아나운서의 일상을 담담히 담아낸 시인의 글은 어쩌면 자기의 닥쳐올 운명을 예상이나 한 것처럼 보였다. 특별한 인연은 없었지만 방송선배요, 직장상사였던 분이었기에 영전에 한 마디 고별의 글을 올리라는 부탁에는 사양할 이유가 없었다. 2월 3일자 신문에 추도사가 게재되었고 이를 인연으로 20년 넘는 신문의 청탁을 받아 원고를 썼다. 그 원고를 모아 칠순 기념으로 단행본도 발간했다. 20여 년의 청탁이 인정되어 한국문인협회 이사회는 특별 등단을 공식으로 결정했다고 전해 왔었다.

글을 쓴다는 것은 분명 매력적인 일이지만 어떤 일보다도 힘든 일이라고 들었다. 때로는 밤을 지새는 고민이 따라야 하고 때로는 뼈아픈 좌절을 맛보아야 한다. 어느 때는 발이 부르트도록 험한 길을 누벼야 한다. 일상을 잊는 집념이 요구될 때도 있다. 이러한 것들을 치열한 작가정신이라고 하는 모양이다. 좋은 글을 남기기 위해서 경우에 따라서는 모든 것을 포기하는 용기가 필요할 때가 있다고도 한다. 발로 글을 쓰고 영혼으로 글을 쓰고 가슴으로 글을 쓸 때 그 글 속에서 강한 생명력을 느낄 수 있다고 한다. 故 최명희 씨의 ≪혼불≫에서는 이 모든 것을 체험할 수 있다. 청암 부인의 손자 강모가 있는 것으로 묘사된 만주 봉천 땅을 직접 밟았다. 최명희 씨는 봉천에 머물면서 풍물, 문물, 풍속 등을 알기 위하여 거리 구석구석을 누비는 섬세함을 보였다. 역사서이기도 하고 풍물지이기도 하며 민속자료이기도 한 대하소설 ≪혼불≫은 책 제목이 말해 주듯 작가의 혼이 글 한 줄 한 줄에 서려 있다. 결혼이라는 일상도 잊은 채 10년 넘는 인고의 세월을 견디어 ≪혼불≫을 내놓고 최명희 씨는 49세의 아까운 나이로 생을 마감했다. ≪혼불≫을 통하여 우리는 글쓰기의 깊은 내면을 들여다볼 수 있다. 어찌 여기에서 끝이랴. 평생을 바쳐 작품 한 권을 남기신 분들이 우리 문학사를 찬연히 빛내고 있다. 이

분들의 삶을 통하여 흔히 말하는 작가정신의 참뜻을 이해한다면 감히 글을 쓴다는 사실이 무섭고 두려운 일이 아닐 수 없다.

청탁(請託), 쓰이는 경우에 따라 그 의미도 다양하지만 글을 써달라고 부탁하는 원고청탁만큼 기분 좋은 일은 없다. 하지만 선뜻 받아들이기에 이처럼 조심스러운 경우도 없다. 다른 경우와 달라서 세상에 자기를 드러내놓는 일이기 때문이다. 글을 통하여 한 사람의 신(身), 언(言), 서(書), 판(判)이 모두 드러날 수 있어서이기도 하다. 그러면서도 좀처럼 거절할 수 없는 것이 원고청탁이다. 적당한 거절은 겸손일 수 있지만 완강한 거절은 교만으로 비칠 수 있어서다. 그리고 글을 쓴다는 것은 발표를 전제로 하기 때문에 보고 또 보고 며칠을 두고 수정에 매달리기도 한다.

하지만 원고 청탁이 아닌 청탁은 겸손이든 교만이든 거절을 미덕으로 삼아야 옳다. 부탁보다 한 차원 높은 청탁에는 반드시 부정한 요소가 개입되기 마련이다. 청탁을 거절하면 청렴(淸廉), 청빈(淸貧)이 되는데 마음이 맑고 가난하지 않으면 거절이 되지 않는다. 올바른 글을 쓰려면 마음이 맑아야 하고 가난해야 된다. 그래서 문인은 그 품성과 어울리는 난(蘭)을 좋아하고 대(竹)를 좋아하는가 보다. 문인화의 소재가 매(梅), 난(蘭), 국(菊), 죽(竹)인 것을 보면 모두가 고고한 기품의 풀과 나무로 되어 맑고 가난함을 안고 있다. 좋은 글은 결코 혼탁한 마음에서 나올 수 없고 오염된 환경에서 쓰일 수 없다는 사실을 알게 된다.

음악이나 미술은 특별한 재능뿐만 아니라 시간적으로, 경제적으로 많은 투자가 필요한 예술이라서 문학과는 다른 대접을 받아야 한다고 주장한다. 심지어 고등학생 대상의 경연대회를 하더라도 입상자에게 주는 상금이며 작품 심사비마저 차별을 두어야 한다고 우긴다. 과연 그럴까. 글쓰기를 너무 쉽게 생각하는 경향이 아직도 있는 것 같다. 일생을 두고 한 작품에 매달려 살다가 생을 마감하는 삶을 그렇게 과소평가할 수 있는가. 예술의 가치를, 그리고 쉽고 어려움의 기준을 잣대로 잴 수는 없다. 다른 장르를 어떤 의미로든 폄하(貶下)하거나 폄훼(貶毁)할 수도 없다. 각각 독특하고 고유한 영역이기 때문이다.

목정문화상 시상이 벌써 20년을 헤아리게 됐다. 문학, 미술, 음악 등 3개 분야의 상금부터가 대상 숫자를 가리지 않고 줄곧 차이가 없다. 장르 간에 벽이 없어서가 아니라 예술성의 경중을 가리지 않는다는 얘기다. 여기에 대하여 이의 제기는 물론이고 평가 자체를 금기로 알고 있다. 서로 다른 분야에서 어떤 사람이 수상을 하든 전혀 관심을 두지 않는다. 뿐만 아니라 해당 분야에 대해서도 마찬가지다. 예술이란 계량으로 평가할 수 없다는 사실을 잘 알고 있기 때문이다.

그렇지만 청탁은 어떤 곳에나 있기 마련이다. 자로 잴 수는 없지만 자기에게 대는 잣대를 넉넉한 것으로 써 달라는 정도다. 어찌 보면 애교 있는 청탁이고 예술가의 양심을 보이는 청탁이라고 생각했다. 사람 사는 세상에 부탁 정도의 청탁마저 없다면 얼마나 살벌하랴 싶은 생각도 해 보았다. 원고청탁에도 그 정도의 아량이 있는 것은 사람 사는 세상의 오고가는 정이 아닐는지.

해맞이

산이랄 수도 없는 동산에 올라가 해돋이 인파에 휩싸여 보았다. 정동진 해맞이 열차가 초만원을 이루고 동해안 곳곳에서는 해맞이 인파가 민박집 바가지요금으로 말썽을 빚는 게 한두 해가 아니다. 정동진에 못 가고 향일암에 못 가더라도 섭섭하지 않았다. 그곳에서 보는 해와 뒷동산에서 맞는 해가 다르지 않았기 때문이다. 여행을 싫어하고 낭만이 없어서가 아니다. 그리고 굳이 1월 1일 해돋이가 다를 것도 없다는 생각이기도 했다. 그렇다면 뒷동산에라도 올라가 북적거리는 인파에 파묻히는 것은 왜였을까. 이래저래 고달픈 세월을 살다 보니 새해에는 제발 좀 편안한 시간을 갖게 해달라는 소박한 소원을 누구에겐가 전하고 싶었던 거다. 소원은 제 각각일 테지만 틀림없이 암묵적으로 소원을 말하는 사람을 반드시 만나게 된다. 시의원, 도의원, 국회의원들이고 그 지망생들이다. 오랜만에 만나는 사람도 있어 반가운 인사와 덕담을 주고받는 즐거움도 있다. 어쨌든 산 정상에서, 바닷가에서, 이른 아침의 맑은 공기를 나누어 마시도록 해주는 고마운 분은 당연히 해님이다. 해님을 만나고 그 빛을 받아 몸 가득히 모시고자 하는 마음으로 새벽잠을 설치고도 해맞이를 간다. 다를 것이 없다고 생각하면서도 어쩐지 새로울 것 같고, 영험할 것 같은 정월 초하룻날의 해맞이는 그래서 언제까지라도 이어질 것이다. 인생살이가 고달프고 삶이 팍팍할수록 무엇엔가 호소하고 기대고 싶은 마음은 간절해지기 마련이다. 종교적인 수행도, 믿음의 깊이도 여기에서부터 출발한 것이 아닌가 싶다. 종교가 없던 시절 바위를 믿고, 나무를 믿고, 산을 믿고, 바다를 믿고, 드디어는 태양신을 섬기며 하느님을 믿게 되는 데서 종교가 싹이 트기 시작한 것 아닌가.

해야 솟아라
해야 솟아라
말갛게 씻은 얼굴 고운 해야 솟아라
산 너머 산 너머 어둠을 살라 먹고
이글이글 앳된 얼굴
고운 해야 솟아라.

박두진 시인의 〈해야 솟아라〉는 간절한 우리의 염원을 강력한 시어로 풀어낸 민족시요 저항시로 많은 사람들이 애송하고 있다.

주체할 수 없는 민족의 한을 피를 토하듯 뿜어낸 절규에서 우리는 오히려 전율을 느낀다.

〈쨍하고 해 뜰 날 돌아온단다〉 송대관의 노래는 침통했던 시절 많은 사람들에게 희망을 주는 민족가요로 자리잡았다. 이 노래는 〈해야 솟아라〉와 비슷한 소구력으로 우리 곁에 다가왔다. 비록 시대적인 배경의 차이는 있으나 해님을 향해 강하게 소원을 보내는 메시지를 담고 있다. 가수 송대관은 모두가 다 아는 것처럼 집안 형편이 어려워 대학에 진학을 못하고 이발소의 조수로 사회생활을 시작했지만 남달리 부지런한 성품과 노력으로 가수왕에까지 올랐던 입지전적인 연예인이다. 개인적으로는 생방송 도중 특정 업소를 선전하는 방송법상 불법을 저질러 방송책임자인 내가 3개월 감봉이라는 중벌을 받게 했던 인연도 있다. 가수 햇병아리 시절 PD들의 심부름을 도맡아 하고 궂은일이라면 절대로 사양치 않는 성실함으로 동정과 칭찬을 겸해서 받은 사람이다. 명문 대학을 졸업한 배필을 만나 훌륭한 결혼생활을 한 연예인으로도 손꼽힌다. 그래서 〈쨍하고 해 뜰 날〉은 송대관의 히트곡일 뿐 아니라 해님이 우리에게 준 희망의 찬가이기도 하다.

햇빛이 풍부한 계절에 폐암 수술을 받은 환자들은 겨울에 수술을 받은 환자에 비해 5년 후 생존율이 두 배 이상 높더라는 신기한 통계도 보았다. 햇빛을 지나치게 쏘이면 기미 주근깨가 생길 수 있고 피부 노화의 원인이 될 수도 있다지만 햇빛을 쏘이지 않았을 때 나타나는 현상은 최악의 경우 죽음에 이를 만큼 무섭다는 것도 알고 있다. 어찌 이것이 사람에게 뿐이랴. 모든 생물이 마찬가지 아니겠는가. 모든 생물의 생존 자체가 햇빛으로 인하여 가능하다는 사실을 부정할 사람은 없다.

> 푸른 정맥 사이로
> 녹색 피가 흐르고
> 이글거리는 너로 인해
> 잎사귀들은 움찔한다.

〈정오의 햇빛〉이라는 시에서 정은덕 시인은 햇빛이 살아 있는 생명의 동력임을 간과하지 않았다.

없으면 안 되는 것을 있는 것조차 의식하지 못하는 것이 햇빛이다. 햇빛과 공기와 물만큼 존재를 의식당하지 않으면서도 꾸준하게 생명의 원천이 되어 주는 것이 또 어디 있을까. 수성, 금성, 지구, 화성, 목성, 토성, 천왕성, 해왕성, 명왕성을 거느리고 맹주의 자리를 굳건히 지키고 있는 태양, 그 태양은 적당한 빛과 적당한 바람을 줌으로써 지구에는 물이 흐르게 하고 드디어는 사람이 살 수 있게 만들었다. 태양계의 모든 별들 가운데 지구만이 유일하게 이 엄청난 특혜를 누리고 있는 셈이다. 헤아릴 수조차 없는 별 가운데서 오직 지구에게만 내린 조물주의 가히 없는 사랑이다. 그 가운데서도 적당히 온도를 조절하고 길이를 자로 잰 듯 가늠케 하며 빠진 곳 없이 골고루 그 혜택을 나누어 갖게 하는 해님의 자비야말로 억만 번 절을 올려 감사해야 될 일이다. 물과 원자력에 의존했던 전기에너지의 생산마저 이젠 해님에게 의탁해야 될 처지에 이르렀다.

쥐구멍에도 해 뜰 날이 있어 세상살이는 꼭 슬프지만은 않다고 어려운 사람들에게 던져준 희망의 메시지는 힘든 일상을 살아가는 사람들에게 천금 같은 위안이 아닐 수 없다. 특별한 해맞이를 할 수 있는 날이 통틀어 몇 번이나 될까? 앞으로는 몇 번이나 남았을까를 생각하면서 오늘도 덧없는 시간을 흘려보내고 있다.

현역이지 않아

교중미사가 끝나고 성전을 나온 교우들은 단체별로 돌아가며 베푸는 차 나눔 서비스를 받는다. 삼삼오오 차를 나누며 이런저런 얘기로 친교를 갖게 하기 위한 신부님의 배려다. 신앙생활이 길지 않은 나로서는 신앙의 선배들을 사적으로 만나는 기회라서 대개는 즐겁게 참여를 한다. 그러나 사람들과 어울리는 데 익숙하지 못한 아내 때문에 참여의 빈도가 낮을 수밖에 없다. 그리고는 영세를 받을 때 대부를 서 주신 안득수 마리오님 내외분을 비롯하여 친분 있는 몇 분과 함께 점심을 드는 경우가 종종 있다. 차 나눔을 통한 친교와는 차원이 다르고 분위기도 다를 수밖에 없다. 신앙생활에 관한 얘기는 물론이고 살림살이 얘기며 사회생활에 관한 이런 것 저런 것 등등 쏠쏠한 재미를 맛보는 시간이다. 일반적인 모임이나 친구들과의 만남에서보다 훨씬 폭 넓은 화제가 있어서다. 수다 떠는 것은 질색이지만 그래도 무게 있거나 진지한 성격의 얘기라면 언제나 마다하지 않는 성격 때문이기도 하다. 그렇지만 대개는 진지하다기보다 부담 없으면서도 유익한 화제들이라서 더욱 좋다. 그런 가운데 어쩌다 정치적인 화제로 바뀔 때는 이 자리에서도 여와 야가 분명하게 나뉘어지는 경향을 느끼게 된다. 정치지형적인 쏠림현상을 실감할 수 있는 자리가 된다. 또 다른 비교적 공식적인 자리에서도 마찬가지다. 윤지충 권상연 현양모임이 끝나고 신부님을 모신 저녁식사 자리에서 있었던 일이다. 어떤 분이 미디어법은 야당의 주장대로 MB악법이라고 해서 미디어법의 내용을 잘 알고 하시는 말씀이냐고 물었더니 오히려 미디어법이 무슨 법이냐는 황당한 반문을 해 왔다. 울화통이 터지는 감정을 누르고 대략 아는 대로 미디어법을 설명했더니 이제는 정부와 여당의 홍보 부족을 성토했다. 그 자리에 앉은 분들은 신부님을 비롯하여 교장 출신, 고급공무원 출신 등등 우리 사회의 지도자격인 사람들인데 국가 중요사안에 대한 식견이 이 정도라니 정말 한심하다는 생각을 떨칠 수가 없었다. 더욱 화나게 한 것은 날더러 한나라당 대변인 같다는 얘기였다. 이 말엔 나도 가만있을 수 없어 화를 버럭 내며 말을 중단해 버리는 해프닝까지 겪었다.

국정에 대한 국민들의 이해가 이 정도라면 모든 국사는 옳고 그름을 떠나 패거리 주장에 무조건 휩쓸리는 후진적 악순환을 거듭할 수밖에 없는 것이 아니겠는가. 나라의 장래나 국민의 안위를 생각하면 슬픈 일이 아닐 수 없다.

공식적인 자리에서야 당연히 식사 값도 공금으로 지출되겠지만 미사가 끝나고 끼리끼리 모인 자리에서야 이른바 스폰서가 있기 마련이다. 스폰서를 흔히 "한턱 쏜다." "패 잡는다." "총대를 멘다."라고 하며 초청하는 사람이라는 뜻의 '호스트'를 쓰는 경우란 극히 드물다. 만 원 남짓한 밥 한 그릇 사면서 거창하게 외국말까지 써야 되겠느냐는 겸손이 깔려 있는 경우이기도 하다. 한턱을 쏘든 패를 잡든 그 주연은 대개 일정한 사람들로 정해진다는 것이다. 특정인에게 계속 주연을 맡도록 하는 것은 불공평할 뿐 아니라 심해지면 소원해지거나 비난거리가 될 수도 있다. 담배를 피우려면 세 가지가 있어야 되는데 한 가지만 가지고 다니는 사람이 있는가 하면 밥을 먹는 데도 세 가지가 있어야 하는데 역시 한 가지만 가지고 다니는 사람, 그것도 자기가 쏠 것처럼 분위기만 잡아 놓고 한국인의 초대예절을 잊는 사람이 있는 경우다. '기브 앤 테이크'의 서양보다 '오는 정 가는 정'의 우리나라가 훨씬 더 인간적이고 예의 바른 풍속이다. 기브와 테이크, 오고 가는 순서가 바뀌었다고 해서 우리가 훨씬 타산적이라고 하면 오해다. 음운상의 차이일 뿐이니까. 그리고 상대를 배려하는 겸손과 예의가 깔려 있는 표현이기도 하다. 내 것은 내 것이고 네 것도 내 것, 내 돈은 아깝고 네 돈은 헤프고, 네 주머니는 항상 빵빵하고 내 주머니는 항상 얇고, 나는 항상 받아야 할 사람 너는 항상 주어야 할 사람, 이렇게 자기도취에 빠진 사람에게 우리는 대개 얌체라는 호칭을 붙여 준다. 주지도 않고 받지도 않는 사람이라든가 자린고비는 그래도 남에게 피해를 끼치지는 않으니 얌체보다는 양반인 셈이다.

믿음은 사랑이고 사랑은 나눔으로부터 시작되는 것이라고 하는데 얌체는 무엇을 사랑하고 무엇을 나누는지 모르겠다. 한 가지를 보면 열 가지를 안다는 것인데 사소한 일에서조차 나눔을 실천하지 못하는 사람이 어떻게 하느님의 사랑을 실천할 수 있는지 궁금하다. 모든 것을 비울 수 있을 때 하느님의 사랑도 부처님의 자비도 느낄 수 있다면 하찮은 밥 한 그릇 사는 데 총대 메는 연습부터 해야겠다. 어느 교수의 말대로 "현역이지 않아." 그런데 현역인 내가 무슨 일을 하는지도 모르면서 현역이니까 밥도 사고 차도 사라는 것은 어이없는 결례가 아닌가 싶다. 오는 정 가는 정이 일반적인 사회생활 통념인 것은 변할 수 없는 우리의 고유한 예절이기도 하다. "현역이지 않아." 현역은 벼슬도 아니고 덤도 아니고 부여받은 특권은 더욱 아니다. 나이 먹어 현역은 영광일 수도 있지만 불편 쪽으로 보는 게 알맞다. 그렇지만 "현역이지 않아."가 기분 나쁜 표현은 아니다. "현역이지 않아." 살아서 움직인다는 뜻일 테니까.

여인들의 수다

전화가 걸려 왔다. 적지 아니 반가운 사람으로부터의 전화였기에 무슨 일일까 처음부터 기대가 컸다. '까마귀 싸우는 골에 백로야 가지 마라.' "그리고 뭐 어쩌고저쩌고 하는 시가 있죠?" "그 시가 어쨌다는 건데?" 금방 후회는 했지만 나는 처음부터 상당히 시비조였다. 반가운 얘기라도 해올 줄 알았는데 기대에 어긋난 것이다. 여자 셋이 모이면 접시가 공중으로 뜬다는 말이 있다. 점심을 먹으러 대중음식점에 가는 날이면 으레 많은 여자 손님을 만날 수 있다. 대개는 삼사십 대, 한창 좋은 나이들이다. 더러 볼 수 있는 육칠십 대는 한쪽 구석 자리를 찾는 게 보통이다. 모처럼 만난 친구들끼리 이런저런 소식이라도 들으며 늙어가는 푸념이라도 나누어야겠다는 계획은 무너지고 만다. 경쟁이라도 하듯 볼륨을 잔뜩 높여가며 떠들어대는 수다 때문이다. 여인들을 만나 그룹 미팅이라도 해볼 양이 아니면 아예 처음부터 후미진 옴팡집을 찾는 게 좋다. 무엇하는 여인들인데 살림은 안 하고, 애들은 어떻게 하고 수다들일까. 쓸데없는 걱정이다. 애들은 다 학교나 학원에 보내고 집안 살림은 전자제품이 다 맡아서 해 주니까 살림하는 여자라도 할 일이 없는 것이다. "남편은 직장에 나가 상사의 눈치 보며 죽어라 일하고 있는데 여편네들은 저 모양이니 원 쯔쯧……." 그러나 생각해 보면 지난날에 대한 회한이고 아쉬움에 지나지 않는 불만의 표출이다. 낮 시간에 아내가 친구들과 밖에 나가 수다 떨 수 있을 만큼 경제적 여유를 갖지 못하였기 때문이다. 금아(피천득) 선생이나 고하(최승범) 선생의 글에서는 '아내가 남에게서 돈을 빌린다거나 동네 사람들과 계를 한다는 얘기를 듣지 못하였다.'고 했다. 고하 선생의 경우는 며늘아이에게 보낸 편지에서 그런 시어머니의 경우를 들어 간접적으로 그런 일을 금하는 교훈을 남기기도 했다. 여인들의 수다를 염려했던 것인지도 모른다.

까마귀 싸우는 골에 어쩌고저쩌고 하는 시는 이런 내용이 아닌가.

'까마귀 싸우는 골에 백로야 가지 마라 / 성낸 까마귀 흰 빛을 새오나니 / 청파에 조이 씻은 몸을 더럽힐까 하노라'

고려 말 충신 포은 정몽주의 어머니가 남긴 시조로 알려져 있다. 고고하게 살아온 생애에 흠결이 생기는 일일랑 하지 말라는 교훈일 것이다. 이방원의 〈하여가〉에 답하여 '이 몸이 죽고 죽어 일백 번 고쳐 죽어 / 백골이 진토 되어 넋이라도 있고 없고 / 임 향한 일편

단심이야 가실 줄이 있으랴' 단심가를 불렀던 포은의 기개 앞에 숙연해지는 마음이다. 포은의 충성스러운 피가 서려 있는 선죽교가 주체사상의 제물이 되어 민족 앞에 드러나지 못하고 있는 것이 안타까울 뿐이다.

일단사 일표음(一簞食 一瓢飮 : 한 도시락 밥과 한 표주박 물)으로 나는 도(道)를 즐길 수는 없다.

동천년노항장곡(桐千年老恒藏曲) 매일생한불매향(梅一生寒不賣香) 오동은 천 년 늙어도 항상 가락을 지니고, 매화는 일생 추워도 향기를 팔지 않는다.

옛 사람들의 청빈함이나 기개를 도저히 따를 수 없는 현대인들에게 강요는 할 수 없더라도 깨우칠 수 있는 선현들의 사상은 아니겠는가.

전화를 걸었던 사연은 잘 모르겠지만 깔깔대는 배경 소음이 들리는 것으로 보아서 여러 친구들이 모여 수다를 떨다가 어떤 친구의 얘기가 화제에 올랐던 모양이다. "왜 그런 것을 묻느냐."고 했더니 "그럴 일이 있다."고 했다.

문득 고등학교 시절 고대문을 배우던 추억이 떠올랐다. 지금은 고인이 되신 박병채 선생님은 도수 높은 안경 너머로 멀리 창밖을 응시하며 곧잘 고시조를 읊곤 하셨다. 물론 포은 어머니의 시며 〈하여가〉, 〈단심가〉 모두가 박병채 선생님으로부터 배웠던 시조들이다. 아마도 지금 사오십 대 사람들이 배웠던 과목에는 고대문도 없었을 것이고 박병채 선생님 같은 선생님도 만날 수 없었을지 모른다. 키가 작아 '따또'라는 별명을 가진 선생님은 술을 좋아하고 낭만이 풍부하여 짧고 멋있게 일생을 살다가 서둘러서 세상을 떠나신 분이다. 1955년 고려대학으로 자리를 옮긴 후 길지 않은 교수직을 마치신 분이다. 말썽부리는 나를 장딴지가 터지도록 때리시고 저녁에 집으로 불러 정종 한 병을 다 마시며 장딴지를 어루만져 주시던 모습이 생생하다. 그러고 보니 여인들의 수다도 필요한 경우가 있는 것인가? 친구들과의 수다가 아니었으면 나에게 전화 걸 이유도 없었을 것이고 전화가 없었으면 유명한 고시조를 읊조려 볼 수도 없었을 뿐 아니라 까맣게 잊고 지낸 고등학교 시절 선생님과의 추억을 더듬어 보지도 못했을 것이다. 여인들의 수다가 고마울 뿐이다.

나비

일상이 될 때까지 새벽 일정한 시간에 잠자리에서 일어나 대문을 나서는 일이 그리 쉬운 것은 아니다. 나이가 들어갈수록 새벽잠이 줄어들기는 한다지만 달콤한 새벽잠의 미련이나 개운치 않은 몸 상태를 쉽게 해결하기가 어렵기 때문이다. 그러나 일단 대문을 나서서 신선한 아침 바람을 만나게 되면 새벽잠의 미련이나 몸의 뻐근함 등은 이내 사라지게 된다.

나이가 들어가면서 건강에 대한 집착은 더 심해지는 것일까. 어쩌다 가보는 전주 생명과학고 새벽 운동장은 노년의 행렬이 물결을 이룬다. 그런 분위기가 싫어서 나는 사람 많은 학교 운동장을 마다하고 거리를 걷는다. 학교 운동장은 풋풋한 젊음이 숨쉬고 있어 좋고 흙을 밟으니까 스폰지 현상이 있어서 좋다고 한다. 그렇지만 이른 아침 거리는 또 다른 매력이 있어 좋다. 우선 인적 없는 포도를 혼자 걷는 고독(?)이 매우 감상적일 수 있다. 스산한 아침 바람에 춤추듯 뒹구는 낙엽이 아름답다. 이 생각 저 생각을 하지만 별로 나쁜 것은 없어서 좋다. 그래서 아침 산책은 나만의 시간, 나만의 공간을 얻는 것으로 생각한다.

대개 아침 여섯 시 반쯤이면 어느덧 동초등학교 작은 꽃동산에 다다르게 된다. 그 학교 선생님들이 정서적인 취미가 남다르셨던지 앙증맞은 꽃을 피우고 있는 야생화며 이름 모를 꽃들을 작은 꽃동산에 가득 가꾸고 있다. 쉬어가고 싶어서도 들르지만 꽃동산의 은은한 분위기를 훔치려 일부러 들르기도 한다. 꽃동산에 끼워 놓은 벤치에 심호흡으로 아침 피로를 잠시 풀고 눈을 떠 맑은 하늘 푸른 창공을 바라보는 기분이란 아침 산책의 백미랄 수도 있다. 저 하늘 높은 곳에 누가 계실까, 물 흐르듯 흘러가는 하얀 구름은 어디로 가는 것이며 누구를 만나러 가는데 저리도 유유할까. 눈을 감고 머물다 보면 불현듯 그리운 사람의 환영이 스쳐가기도 하고…….

이렇게 아침 산책을 마감하게 되는데 어느 날 뜻하지 않은 사고 현장을 목격할 수 있었다. 하얀 새끼 나비 한 마리가 구원의 신호를 보내며 뒹굴고 있었다. 꽃동산이기에 꿀벌의 공격을 받았을 가능성도 있고 아니면 새벽 산책하는 사람의 무심코 흔드는 손길에 채일 수도 있었다. 어찌 됐든 동물애호가도 곤충애호가는 더욱 아닌 나였지만 충동적으로 나비를 살려야겠다는 생각에 벤치에서 벌떡 일어났다. 파르르 떨고 있는 나비를 조심스럽게 부축하여 이슬 맞은 꽃잎 위에 임시 병상을 마련해 주고 한참을 지켜보고 있다가 할 수 없이 쾌유를 빌면서 산책을 마무리하는 길을 재촉하였다. 집으로 데려올까도 생각해 보았지만 오히려 그 꽃동산이 나비에게는 종합병원일 수도 있다는 생각을 한 것이다.

다음날 아침 당연히 나비의 병상을 찾았지만 나비는 퇴원을 한 뒤였다. 부상이 치유되고 무사히 훨훨 날아 꽃을 찾아갔으리라. 그리고 종의 전령사로 다시 임무를 시작했으리라는 바람도 가져 보았다. 약을 바르지 않고 주사를 맞지 않더라도 동물이나 식물의 자연치유력은 대단하면서 빠르다고 한다. 자연은 그렇게 순수하고 정직한 것이 아니던가. 자연미, 자연적, 자연감 등의 용어가 지니고 있는 뜻도 모두 그러하니까 말이다.

그날 아침의 산책길은 유달리 상쾌했다. 나도 자연 사랑의 확실한 경험을 했고 모처럼 좋은 일을 했다는 자부심마저 들었다. 나비와 나는 인연의 끈이 길게 닿아 있었으리라고 상상해 보면서 산책길에 있었던 나의 조그마한 자연사랑은 분명 흐뭇하고 기분 좋은 일이었다.

응접실에 앉아 있노라면 정원에 핀 몇 송이 꽃 위로 하얀 나비가 날아다닌다. 그 놈이 며칠 사이 저렇게 커서 보은의 인사를 하러 왔을까 하고 애기 같은 생각에 혼자 웃곤 한다. 하얀 나비는 이렇게 나의 절친한 벗이 되었다.

'나비야 나비야 이리 날아 오너라 / 노랑나비 흰나비 이리 날아 오너라' 어린이들의 아름다운 동무가 되어 주고 '나비야 청산 가자 벌 나비 너도 가자 / 가다가 저물면 꽃잎에 쉬어가자' 선비의 풍류길 벗이 되어 준 나비. 나비효과가 있고 나비무덤이 있는가 했더니 전라도 함평에서는 벌써 10년째 나비축제를 벌이고 머나먼 외국에서까지 수많은 사람들이 나비를 만나기 위하여 함평을 찾는단다.

나비는 유명한 춤꾼, 꽃을 찾을 때도 벌처럼 공격적이 아니라 갖은 교태를 부리며 춤을 추며 찾아든다. 당연히 꽃으로서는 벌보다는 나비의 프러포즈가 훨씬 더 달콤하고 매력적일 것이다. 중국에서의 나비의 날갯짓이 미국에서 태풍으로 발전한다는 나비효과이론은 비록 기상학에서지만 매우 흥미 있는 얘기이다. 일 년의 짧은 생애를 살다 가지만 인간에게 즐거움과 평화를 선사하고 아름다운 꽃과 달콤한 과일의 아버지가 되어 준 나비의 후덕에 깊이 감사한다. 우연히 만났던 산책길의 하얀 나비를 그리워하며 함평 나비축제도 꼭 한 번 가볼 생각이다.

여수, 55년의 추억

구백식당에서 점심으로 먹은 서대 회는 과연 소문날 만한 맛이었다. 순창이 고향이라는 주인은 과연 소문대로라고 맛 칭찬을 해 주었더니 몇 번을 고개 숙여 인사를 했다. '칭찬은 고래도 춤추게 한다.'는 것을 실감할 만큼이었다.

여수, 여수의 선창은 많은 추억이 서려 있고 이러저러한 인연들이 얽혀 있는 곳이다. 열세 살 적에 작은할아버지의 권유에 따라 유학(?)을 왔던 곳이 여수였다. 그리고 집이 그리우면 귀향의 닻을 올리고 내리는 선창을 가끔씩 배회하기도 했다. 그리고 동무의 틀을 벗고 친구를 사귀기 시작한 것도 여수였다. 박영욱, 박남훈, 박정웅, 정순양, 여수중학교를 같이 다녔고 여수고등학교를 같이 다니며 우정을 키웠던 친구들이다. 전남의대를 나와 외과병원을 하고 있다는 박남훈을 어렵사리 찾아 55년의 간극을 들춰 보았다. 박영욱, 박정웅은 이미 고인이 됐다는 허망한 소식이었다. 하룻밤 지내면서 회포를 풀자는 제안에 다만 남아 있는 우정을 확인하고 기약 없는 다음을 약속하며 작별의 전화를 끊었다.

지나치듯 잠깐씩은 보았지만 55년의 세월이 흘렀는데도 크게 달라지지 않은 여수의 모습에서 한편으로는 옛 추억을 더듬을 수 있어 좋았고 한편으로는 푸대접받고 있는 고향을 보는 것 같아 서운했다. 종고산 아래 전라좌수영 터인 진남관을 중심으로 옹기종기 깔려 있는 집들이며 크게 변하지 않은 거리 모습, 그리고 남국의 정서를 편린으로나마 느낄 수 있는 종려나무 가로수를 빼면 여느 도시와 다를 것도 없다. 산 중턱을 잘라 멋없이 지어 놓은 아파트들은 오히려 예스러운 정취마저 사라지게 만들었다. '여수는 항구였다. 마도로스 꿈을 꾸는 남쪽의 항구', 이름 모를 노랫말이나 "바다에서 보는 야경의 여수는 나포리와 같다."는 얘기는 얼토당토않은 옛 추억거리가 됐다.

유람선으로 오동도를 돌아보고 달 밝은 밤 효진 누나와 걸었던 오동도 방파제 길도 걸어 보았다. 누나라고 불렀지만 처음으로 느꼈던 연애감정을 지금 와서 고백하는 것이 우습다. 걷는 것이 불편하지만 기어이 걷겠다고 고집한 내 속마음을 일행은 물론 눈치챌 리 없었다.

향일암(向日庵). 서기 644년에 원효대사가 창건했다는 향일암은 바위로 이루어진 금오산(金鰲山) 정상 가까이 절벽에 세워진 암자다. 바위를 피하고 절벽을 피하여 구불구불 산길을 따라 암자에 다다르면 단청도 마다한 법당이 길손을 반겨 주던 절경의 수도 도량이었다. 최주호 전 우성그룹 회장 부인이 시주했다는 또 하나의 다른 법당도 운치를 도왔었다. 그 향일암도 50년 세월을 견뎌내기 어려웠던지 돈으로 먹칠을 당해 오히려 신음하고 있는 듯 안타까웠다. 수평선 저쪽에서 온갖 서기를 머금고 불끈 솟아오른 해님이 과연 향일암의 무엇을 비추실까. 해님을 보기 위해 산길을 오른 사람들의 마음을 달래줄 뿐 원효 대사의 창건 불심이 사라진 모습을 외면하지 않을까 싶었다. 170여 힘든 계단을 오르고 통천문을 지나는 아슬아슬함을 참으며 마지막이라 생각하고 찾았던 향일암은 이렇게 큰 실망을 안겨 주었지만 그래도 일행들을 30분 이상이나 기다리게 만든 미안함 때문에 아무런 얘기도 하지 못한 손해를 보았다.

2012년 여수에서는 EXPO가 열린다. 2조 원이 넘는 예산이 들어가고 100여 개 나라가 참여하는 여수 EXPO에는 세계 각국에서 800만 명 이상의 관광객이 찾아올 것으로 예상하며 이곳저곳에서 이미 준비가 한창이다. '살아 있는 바다, 숨쉬는 연안'으로 슬로건을 정한 것은 여수의 항구뿐 아니라 아름다운 다도해의 절경을 세계에 알리자는 뜻이란다. 어느 종교재단에서는 여수 앞바다 많은 섬들을 다리로 연결하여 해상공원을 만드는 야심찬 계획을 추진 중이라는 얘기다. 그러나 과연 그렇게 될까? 향일암 가는 돌산도 길목에는 흉물스러운 아파트들이 즐비하고 곳곳에 먹자집이 멋없이 들어앉아 있는데 다른 섬들도 마찬가지 모습으로 꾸며진다면 세계 어느 나라 관광객이 비싼 크루저 선을 타고 여수를 찾을 것인가 싶었다. 세계적인 도시 디자이너를 초빙해서 명품 도시를 설계하고 명품 해안을 만들지 않는 한 살아 있는 바다도 없고 숨쉬는 연안도 없으리라 싶었다. 우리나라로서는 두 번째 열리는 여수EXPO가 대전에서 열렸던 EXPO, 그 이후의 모습을 닮지 말아야 할 텐데 말이다.

처음으로 떠났던 사우회의 나들이는 그런대로 즐거운 하루였다.

3
사랑의 땅

〈진정한 파수꾼을 기다리며〉 중에서……

옛날 인도에 금슬이 좋은 왕이 있었는데 어느 날 왕비에게 물었다. "그대는 이 세상에서 가장 귀중한 것이 무엇이냐?"고. 왕비는 생각 끝에 "왕이 아니라 저 자신입니다." 라고 대답했다. 오늘을 사는 우리는 너무나도 나 자신을 학대하고 있는 듯하다.

법 앞에 움츠린 전주의 명예와 자존심

천년 전주의 명예와 자존심에 씻을 수 없는 오점이 될지도 모를 사건으로 200만의 애가 타들어가고 있다. 가슴이 두근거리고 불끈 쥐어진 주먹이 펴지질 않는다. 이런 불행한 사건이 결코 일어나서는 안 된다는 초조함과 사실일 수도 있다는 배신감 때문이다. 전주 출신 세 명의 국회의원 가운데 두 사람이 당선 무효에 해당하는 1심 판결을 받았다. 앞으로 4개월 후면 확정 판결이 나오겠지만 만에 하나 불행한 결과가 나올 경우 자결이나 자폭의 비장한 현장에 우리가 함께할지도 모른다. 자존심과 명예를 먹고 살아온 우리였기에 그렇다. 80년대 이후 우리 고장은 이상한 동네, 이해할 수 없는 사람들의 마을로 보여져 왔다. 억울하고 분하지만 현실이다. 자업자득이라고 체념하기에는 한스러운 지난 세월이다. 불행하게도 우리는 지도자다운 지도자를 만나지 못한 비운 때문이었다. 대의민주주의 역사

60년, 우리는 전주에서만도 32명의 국회의원을 뽑아 보냈다. 그러던 어느 때부터이던가 그들의 일부는 명목상 우리들의 대표였을 뿐, 하는 일은 정쟁이었고 지역의 이익이나 명예는 안중에도 없는 듯 다른 길을 걸었다. 하지만 법의 심판에 의해서 의원 자격을 잃거나 불명예 퇴장을 당한 사람은 없었기에 그래도 최소한의 체면은 지켜낸 셈이다.

아쉽지만 구관이 명관이라고 해야 할까. 지난 6월, 어느 조간신문을 보는 순간 치밀어 오르는 분노로 숨이 멎을 듯했다. 선서도 하지 않은 국회의원이 전북 출신의 소위 야당 대표와 함께 촛불 시위현장의 선봉에 앉아 있는 사진을 본 것이다. 과연 그래야 했을까. 그럴 수밖에 없었는가? 우리 정치가 이토록 정도를 무시하고 막가는 행태를 도대체 언제까지 계속할 것인지 암울하다. 오늘 우리의 행적이 후일 다음 사람들의 이정이 되는 것인데 지금 우리의 행실이 과연 그런 수준에 이르렀는가?

3명 중 2명 탈락의 숫자상 의미는 자그마치 70%다. 때문에 이번 사건은 200만 도민은 물론 우리 헌정사의 자존심과 명예에 씻지 못할 오점을 남기는 치욕일 수도 있다. 따라서 두 분 국회의원은 지금까지의 혐의를 깨끗이 벗고 실추된 명예를 회복하는 것은 물론 우리의 선택이 잘못되지 않았음을 만천하에 증명해 줄 의무가 있다. 자결이나 자폭의 비장한 용어는 의무를 다하지 못했을 때의 경우를 가정해본 것이다. 두 분 모두가 무죄를 주장하며 즉시 항소를 한 것에 일말의 희망을 걸어본다. 따라서 두 분의 명예와 우리의 자존심

회복을 위하여 지지자들도 최선을 다해 도와야 한다.

차제에 짚고 가야할 일도 있다. 공직자 재산 신고와 관련한 재산 찾아 주기 여론, 지난 총선 때 60%의 유권자들이 투표소에 가지 않았던 이유, 국회가 제 기능을 하지 않고 있는 지금 고액의 세비와 무노동 무임금의 원칙 적용에 대한 입장과 견해를 밝히는 일이다. 아울러서 한국의 어린 민주주의를 능욕하고 대의민주주의의 본질을 훼손하지 않겠다는 각오와 다짐도 분명히 했으면 한다. 이 기막힌 현실을 당하여 '민주주의는 세계에서 가장 나쁜 정치제도'라고 한 윈스턴 처칠경의 역설을 다시 음미해 볼 수밖에 없다.

진정한 파수꾼을 기다리며

풀잎은 풀잎대로
바람은 바람대로
초록의 서정시를 쓰는 5월
하늘이 잘 보이는 숲으로 가서
어머니의 이름을 부르게 하십시오.

이해인 수녀님은 〈5월의 시〉에서 빛을 향해 눈 뜨는 빛의 자녀가 되게 해달라고 간절한 기도를 올린다. 천진스러운 아기의 웃음 같은 5월, 살아 있다는 자체가 경이롭고 감사한 이 생명의 5월은, 그 자체가 축제일 수밖에 없다. 인간에 대한 존엄과 자연에 대한 외경이 일상으로 살아 있기 위해 자비와 사랑과 희생과 봉사를 함축해 놓은 상징적 기념일이 즐비한 5월이다. 부처님 오신 날, 어린이날, 어버이날, 스승의 날, 5 · 16과 5 · 18도 생각해 보면 자비와 사랑을 간절히 필요로 하는 역사의 업보일 수 있다. 모진 세월의 질곡 속에서도 풋풋한 오늘의 우리를 실감할 수 있는 바탕에는 분명 5월의 소중한 가치들이 살아 있었기 때문이다.

오래전에 보았던 어느 뮤지컬에서 이런 대사를 들었다. "이루지 못할 꿈을 꾸고, 쳐부수지 못할 적과 싸우고, 견디지 못할 슬픔을 견디고……" 어쩌면 이것은 우리 모두가 하고 있는 일인지도 모른다.

때리고 부수고 까발리고 어지러웠던 4월 29일이 지난 들에도 꽃이 피어날 수 있는지 모르겠다. 차라리 모두를 휩쓸고 간 폭풍은 새로운 탄생의 씨앗을 남기고 간다는데 말이다. 명예도 자존심도 정의도 명분도 모두가 실종되어버린 싸움의 현장에는 처절한 슬픔만 유령처럼 떠돌고 있을 뿐이다. 자신을 귀하게 여기지 못한 사람들의 말로를 우리는 역력히 보고 있다. 옛날 인도에 금슬이 좋은 왕이 있었는데 어느 날 왕비에게 물었다. "그대는 이 세상에서 가장 귀중한 것이 무엇이냐."고. 왕비는 생각 끝에 "왕이 아니라 저 자신입니다." 라고 대답했다. 오늘을 사는 우리는 너무나도 나 자신을 학대하고 있는 듯하다. 나를 소중히 여기는 사람만이 남을 소중히 여길 수 있는 것이라면 이것은 정치인이 가져야 할 최고의 덕목이 아닐까. 향토의 자존심과 명예회복의 기회로 삼고자 했던 시민의 간절한 소망은 4 · 29선거를 통하여 다시 한 번 처참하게 짓밟히고 말았다. '빛의 자녀가 되게 해달라.'는 간절한 기도는 철저하게 받아들여지지 않았다.

동화 속에서도 착한 사람이 보상받는 길은 여러 가지다. "미운 오리새끼는 아름다운 백조가 되고 징그러운 두꺼비는 잘생긴 왕자님이 되고……" 사랑과 진실은 부메랑 같아서 베풀면 언제나 꼭 내게 다시 돌아온다는 것을 사람들은 모르는 모양이다. 우리는 힙(hip : 최신 감각을 갖춰 매력적인)한 지도자를 만날 팔자가 아닌가 싶다. 역대 대통령들은 직접이든 간접이든 뇌물의 수렁에 빠져 검찰과 감옥을 들락거리고, 선량이라고 하는 국회의원들은 거짓과 부정한 행위로 시민을 배신하더니, 다시 치러진 2라운드에서도 추잡한 꼴을 드러내 보였다. 청와대 자리(터)가 이판적(理判的 : 신비적) 판단으로 길지(吉地)가 아닌 것 같으니 MB는 다른 곳을 쓰면 좋겠다고 했던 내 헛소리가 생각나는 오늘의 상황이다. 전주도 신비적 판단으로 그러한 곳이란 말인가? 피나는 혈투를 벌여 승리를 쟁취한 전사는 이상하게도 시민의 환호를 받지 못하고 있다. "새치로"의 악령이 살아 있다는 얘기일까? 아니면 앞으로의 험난한 여정을 동정해서일까. 우리에게는 지금 진정한 파수꾼이 필요하다. 한눈팔지 않고 성실하게 경계하며 지켜 주는 지도자가 필요하다. 거짓말로 시작하여 거짓말로 끝을 맺는 사이비 지도자가 판치는 세상은 이제 끝났으면 좋겠다. 아름다운 세상에 대한 미련이 너무나 커서 아무리 조롱당하고 상처입어도 끝까지 바란다면 좋은 세상을 만날 수 있으리라.

그때까지 우리에겐 진정한 파수꾼이 필요하다.

지방권력에 대한 기대와 우려

54.5%의 국민 중 한 사람으로 6월 2일, 영예로운 당선자 여러분에게 진심으로 축하를 보낸다.

6·2지방선거는 중앙권력에 대한 지방권력의 확실한 견제의 의미를 갖는다. 광역 열여섯 곳 중에서 야권이 열 곳을 석권했다. 2006년 지방선거 때와는 완전히 반대의 결과다. 이것은 무엇을 의미하는가? 그동안 유권자들은 끊임없이 견제와 균형의 구조를 만들어 주었으나 화합, 상생, 소통의 정치를 보이기보다는 갈등과 반목의 악순환을 반복해온 것에 대한 책임추궁이다.

전북, 지방자치가 실시된 1996년 이후 야당의 태생지, 민주당의 텃밭으로 도민은 애정과 신의를 배반하지 않았다. 그동안 정권의 일방 독주를 막는 역할도 한 것이 분명하지만 갈등과 배제의 요인이 되어 산업, 인사, 개발, 문화 등 모든 면에서 항상 변방의 신세를

면하지 못하였다. 6월 2일을 앞두고 공천을 둘러싼 잡음이 곳곳에서 요란하였지만 비판과 변화의 여론에도 불구하고 결과는 요지부동이었다. 야당은 한반도를 중심에서 종단하는 거대 지형을 장악하게 되었다. 이런 정치지형 속에서 필요한 것이 무엇일까?

〈달라이 라마의 만트라〉라는 작자미상의 시에서 '즐겁게 대화를 나눌 수 있는 사람과 결혼하라. 늙으면 그것이 아주 중요해질 테니까.'라는 대목을 류시화 씨의 책에서 읽었다. 인간사에서 대화의 중요성을 강조한 말이다. 우리 정치역사상 앞으로 4년처럼 파란만장한 시대는 드물 거라고 생각한다. 전북은 다행히도 그런 염려는 없을 것처럼 보인다. 한두 사람의 의회 의원이 '독식은 안 된다.'며 으름장이지만 소수의 역부족을 모르는 탓이다. 일당독재에서 오는 오만과 편견을 막을 장치가 없다. 견제와 균형의 조화를 이룰 힘이 없다. 새로 구성된 의회 지도층은 소수의 의견을 최대한으로 존중하겠다고 다짐하지만 그것은 다짐일 뿐일 것이다. 이런 상황을 짚어 김완주 지사는 '도민의 절박한 마음을 생각하여 가장 앞장서서 일하고 가장 적게 잠자고 가장 많은 시간 고민하겠다.'고 약속했다. 도민과의 소통을 위하여 취임식을 인터넷으로 중계했고 트위터도 함께했다. 소통이라는 측면에서 보면 김 지사의 행보는 긍정적이었다. 견제와 타협의 묘미를 보이려고도 했다. '도민의 거대한 분노'를 거론하며 미래 권력에 겁을 주기도 했고 감사의 편지로 현실을 수긍하기도 했다. 김 지사는 소통하는 도정을 공약한 만큼 정책과 인사와 사고로 소통의 실증을 보여 주어야 한다. 소통 도정의 핵심 멤버이기도 할 기초단체장들은 어떠한가? 7월 1일 그들은 '명품도시 건설', '화합소통시정', '새로운 100년 다짐', '미래 창조도시건설' 등 추상적인 구호를 공약으로 내걸었다. 이러한 공약들은 주민들에게 감동을 주기는 커녕 무슨 말인지 이해도 못 한다. 마음에 와 닿는 공약 하나 개발하지 못한 자치단체의 앞으로 4년이 걱정스럽다. '둥근 춤(The Round Dance)'으로 밀원 정보를 공유하는 꿀벌의 지혜와 소통을 연구해 보기 바란다. 그리고 모든 단체장들이 7월 2일부터 7월 1일의 다짐을 잊고 4년 뒤를 위한 행보에 나서지 않았는가도 일찍 돌아볼 일이다.

교육은 어떠한가? 진보와 보수, 자율과 통제, 서로 다른 세력 간의 심각한 파열음을 예고하고 있다. 김승환 교육감은 '진정한 교육자치를 꿈꾸며 비장함을 느낀다.'고 했다. 일제고사 선택권, 친환경무상급식, 학생의 자율권 보장 등 교육비전을 제시했다. 그렇지만 교육이야말로 국가와 국민의 동의를 폭넓게 받아야 한다는 사실을 명심해 주기 바란다. 정권이 바뀔 때마다, 장관이 바뀔 때마다 교육제도가 바뀌어 혼란을 빚고 있는 것도 긍정적인 시각으로 보면 교육에 대한 깊은 애정과 고민의 결과일 수도 있다. 교육은 보수, 진보, 수구, 혁신의 2분법적 잣대로 재단하고 구성할 수 있는 대상이 아니다.

민선 5기, 지방자치 19년을 한 정당에 압도적으로 몰아준 전북의 손익계산서를 꼼꼼히 따져봐야 한다. 총생산에서, 생산력에서 그리고 산업구조, 농업생산력, 제조업 등 모든 지표가 민선 자치 이후 계속 떨어져 꼴찌 수준을 맴돌고 있다. 재정자립도가 20%를 넘지 못한 자치단체가 수두룩하다. '지방자치가 지역의 운명을 좌우한다.'는 말은 부정적으로 전북을 두고 하는 말이 아닌가 싶어 씁쓸하다. 지방권력의 새로운 출발에 즈음하여 기대와 우려를 함께하는 이유이기도 하다. 유권자가 변하고 있다는 사실을 6월 2일 우리는 똑똑히 보았다. 한 자리 숫자를 넘지 못하던 한나라당 지지율이 처음으로 20%대를 바라보았다. 특정 후보의 인기도가 아니라 민심의 변화, 의식의 변화라고 생각한다. 2010년 6월의 장면이 4년 뒤 전북에서 생기지 않는다는 보장은 없다. 20년의 순정을 버릴 수밖에 없는 불행이 올지도 모른다. 2010년 6월 2일, 도민이 마지막으로 걸었던 기대가 우려로 바뀌는 불행은 없었으면 한다.

진정 독재를 바라는가?

미국 제3대 대통령 '제퍼슨'은 '민주의 나무는 독재자와 애국자의 피를 먹고 자란다.'고 했다. 돌이켜보면 우리 역사가 그렇다. 민주의 나무를 키우기 위한 피의 역사(役事)는 우리에게 현재 진행형이다. 그런데 우리에게 진정 민주의 역사(歷史)가 있었는가? 아니다. 온 나라를 뒤덮던 독재의 그림자가 지역으로 나뉘어 자리잡은 것이 그나마 발전이라면 발전이다. 영남과 호남, 그리고 충청으로 나뉜 일당 독재의 폐해는 가히 가공할 수준이다. 상대적인 박탈감과 피해망상증에 걸린 호남은 좌절과 실의 속에서 호소할 곳을 찾아 헤맸다. 때를 놓칠세라 접근했던 세력이 있었다. 그들은 반독재의 승리를 구가하는 데 성공했다. 그 후 전북, 홀로 서겠다는 의지마저 일갈로 꺾여버리고 바다를 막아 살 터전을 마련해 보겠다는 간절한 소망도 무참히 짓밟혔다. 적지 않은 사람들이 노랑색을 보면 현기증을 일으키는 이유가 여기에 있다. 노랑 조끼만 입으면 국회의원, 도지사,

시장, 군수, 도의원, 시의원이 되었다. 그 어느 구석에도 단 한 명의 다른 색 옷을 입은 사람을 찾아볼 수 없다. 공산주의 소련에도 이런 일은 없다. 다만 저 먼 나라 김정일 공화국에나 있는 현상이다. 누가 만들었나? 물론 우리 도민이다. 오갈 데 없는 방랑자를 민주화 투사로 만들어 4선, 5선 국회의원의 영화를 누리게 했던 우리 전라북도 도민들, 어지간히도 순진하고 자혜로운 분들이다. 지조인가, 고집인가, 애정인가, 이념인가?

도민의 명줄이 걸린 어떤 현안에도 나몰라라 했던 정치인들, 비리연루로 법망에 걸린 단체장들, 이권 개입에 혈안이 된 일부 지방의원들, 유난히도 이런 사례가 우리 지역에 많은 이유는 어디에 있을까? 일당독재로 집단의 오만이 극에 달했을 뿐 아니라 주민의 감시마저 소홀해진 탓이다.

그렇다면 6 · 2지방선거에 임하는 우리는 선거의 의미를 어디에 두어야 할까? 올바른 심판으로 독재의 사슬을 끊는 데 두어야 한다. 전북의 일당 독재뿐만 아니라 영남, 충청도 물론 마찬가지다. 그럼에도 불구하고 이번 선거는 완전히 본질을 외면하고 있다. 지역일꾼을 뽑는 지방자치 선거인데도 정치권은 현 정권의 심판이다. 과거정권의 심판이다고 정치 이슈화하고 있다. 진보와 보수, 좌파 우파의 대결로 이념투쟁화하고 있다. 가르치는 학생을 데리고 빨치산의 추모제를 지내더라도 관용을 했다. 사상과 표현의 자유가 헌법에 보장된 자유민주주의 국가 국민이라는 이유에서다. 그렇지만 지역을 병들게 하고 지역을 분열하는 일당 지역독재는 관용할 수 없다. 한국의 유권자들에게 정당이란 지역패권 그 자체로 자리잡았다. 영남이 1번, 호남이 2번이 되어 우리 헌법 제3조를 "대한민국의 영토는 기호 1번 2번지역과 그 부속 도서로 한다."로 써도 될 만큼 되어 버렸다. "호남이 일당 독재로 병들어간다. 반대로 영남은 끝없는 번영을 누리게 된다."는 논리가 성립된다면 영남이 깨기 전에 호남이 먼저 깨야 한다는 논리도 성립된다. 김완주 지사가 "대통령께 머리 숙여 감사를 드린다."고 하여 당내에서 일대 파란(?)을 일으켰다. 일당독재를 깨는 신호탄의 의미를 애써 폄하했다. 정운천의 도지사 출마는 우리 지역 지방자치의 진일보요 일당독재를 깨는 상징적인 바람이다. 그 언제 외면하는 정권의 유능한 장관 출신이 감히 우리 지역에 와서 지역 수장을 해 보겠다고 출사표를 던진 일이 있었던가. 철옹성에 안주한 일당독재의 횡포가 얼마나 가혹했던가를 말해 주고 있다. 독재자에게 있어 독재는 불변의 가치인 것처럼 전북에 있어 그 독재의 가치 또한 불변이었다. 흑백의 카드를 들고 투표라고 하는 표현을 아무 거리낌없이 쓰고 있는 김정일의 최고인민회의와 우리의 투표 성향은 닮은꼴이다. 과연 우리가 원하는 바인가? 그리고 민주주의 국민으로서 당위인가? 이 모두가 아니다. 그렇다면 그 실증을 보여줄 기회가 이번 6 · 2지방선거다. 이번 선거를 통하여 민주주의의 요체는 '견제와 균형에 있음'을 우리는 행동으로 보여주어야 한다. 표로 보여주어야 한다. 전북의 향격(鄕格)을 높이는 계기로도 삼아야 한다. 그리하여 진정 독재를 바라는 국민이 아님을 분명하게 보여주어야 한다. 영남이 깨기 전에 우리부터 깨야 한다.

민주주의의 전사들

2009년 7월 22일은 그들에게 분명한 대답을 요구하고 있다. 대한민국 국회가 민의의 전당인지 조직폭력 깡패들의 투기장인지 아니면 민주와 독재가 맞붙은 전쟁터인지에 대하여. 여기에 분명한 대답이 필요한 이유는 역사가 이를 어떻게 기록할 것인가도 중요하지만 국가 장래, 민주주의 장래를 가늠할 수 있는 잣대가 되기 때문이다. 국민이 뽑아 보낸 국민의 대표다운 쾌거였다면 민의의 전당으로서 자랑스러운 기념일로 남을 것이고 정파를 대리한 완력 투쟁의 현장이었다면 결코 용납할 수 없는 치욕의 날로 기록될 것이다. 그리고 민주와 독재가 맞붙은 전쟁터였다면 대한민국의 수치스러운 정치 수준을 세계에 알리는 양심의 고백이 된다. 7월 22일에 그리스의 승전을 알렸던 '필리피데스(Philippides)'가 있었다면 무엇을 누구에게 알렸을 것인가? '필리피데스'는 오랜 시간 달려서 숨이 차 죽은 것이 아니라 가만히 앉은 자리에서 기가 차 죽었을 것이다. 마라톤시에서 벌어진 그리스와 페르시아 전쟁에서 그리스의 승전을 알리기 위해 로마까지 쉬지 않고 달린 '필리피데스'는 유명한 말을 남기고 쓰러져 숨을 거둔다. "싸웠노라, 보았노라, 이겼노라." 세계 마라톤은 '필리피데스'의 정신을 기리고 그의 장엄한 죽음을 기리기 위하여 오늘날까지 이어오고 있는 인류의 제전이다.

1980년 전두환 정권의 철권정치의 산물로 단행된 언론통폐합의 사슬을 끊는 데 자그마치 29년의 시간이 필요했다. 그 내용의 여부를 떠나서 독재의 잔영을 삭제하려는 노력은 여야를 떠난 국가적인 과제이고 의무였다. 오히려 정권야욕을 채우려는 흉계가 숨어 있는 프로젝트였다면 당연히 국민의 호된 심판을 받아야 될 일이었다. 그러나 역사를 그렇게 함부로 쉽게 되돌릴 수 없는 것이 오늘날의 국제 질서이고 역사의 순리이다. 법안의 내용이 이러한 현실에 정면으로 배치되는 것이 아니라면 굳이 이것을 정권의 악법으로 규정하고 그 볼썽사나운 꼴로 국민을 실망시킬 필요가 있었겠는가. 전임 김대중 대통령의 말대로 독재정권임이 분명하다면 그리고 그 독재정권을 엄호하기 위한 법안이라면 난투극이 아니라 안중근 의사의 권총이라도 필요했을 것이다. 그게 국민들이 바라는 국회상이고 국회의원의 자질이다.

불행하게도 7월 22일의 현장을 연출하고 지휘하고 주도한 사람들은 전북인들이었다. 무엇이 그렇게 자랑스러운 일이라고 어느 지방신문은 전북 출신 의원들이 투쟁을 벌이고 있는 현장 스냅 사진을 대문짝만 하게 실었다. 그리고 법 통과를 저지하기 위해 전북정치권이 한몸 되었다고 추켜세웠다. 이것이 전북 정치인의 이념이고 철학인가? 민주주의 수호는 전북정치인만의 의무이고 숙명적 가치인가? 보다 수준 높은 민주주의 발전을 위하여 정도를 걷도록 하기 위하여 먼저 평가하고 비판하고 다음에 격려가 따라야 한다. 거대신문이 방송을 장악하면 군소 신문은 여론에서 밀리고 경영에서 밀려 결국은 괴멸하고 만다는 논리에 위협을 느낀 결과일는지.

대한민국의 국회상, 삿대질하고 고함지르고 뒤집어엎고 툭하면 난투극, 전기톱 소리, 드릴 소리가 끊이지 않는 살벌한 공사현장이다. 마이크를 잡았다 하면 바이 더 피플, 포 더 피플, 프럼 더 피플을 얼굴 두껍게 인용하는 사이비 투사들의 안식처다. 면책특권을 이용해 '기면 좋고 아니면 마'는 무책임한 자들의 피난처다. 불체포 특권을 이용해 죄를 짓고도 떳떳하게 드나들며 월급을 챙겨가는 무법천지다. 사 년마다 고향에 내려가 감언이설로 표를 구걸해 오는 표리부동한 재주꾼들의 안식처다. 일은 하지 않고 골프 치고 관광했으면서도 의정활동 자료 수집했다며 출장비까지 챙기는 인심 좋은 기관이 대한민국 국회다. 오죽했으면 "오사마 빈 라덴은 저 건물이라도 폭파하지 않고 뭐 하는 놈이냐."며 투덜대는 택시기사가 있었을까. 필요 없이 숫자만 늘려 국민의 피를 흡혈하는 그들이 우리에게는 정말 가증스러운 존재들이다. 민주주의 수호를 위한 전사들에 의하여 쟁취된 풀뿌리 민주주의는 오늘날 그 현실이 어떠한가? 자치단체장은 당선된 그날부터 다음 선거를 위해 혈세를 써 선거운동을 시작하고,

지방의원이라고 하는 얼치기 정치인들은 각종 이권에 개입해 주민들의 피를 빨아먹고 있다. 윗물이 맑아야 아랫물이 맑다는데 지방의원들은 국회의원을 흉내내 세비를 올리고 여비를 올리고 보좌관을 두자고까지 염치를 부린다. '얻어먹을 힘만 있어도 감사하라.'는 하느님의 말씀을 금과옥조로 알며 살고 있는 백성들에게 이들은 도대체 무엇이며 풀뿌리네, 민주주의네는 무슨 의미가 있단 말인가. 생각이 여기에 이르면 지독한 현실부정이고 회의론적이지만 그래서 민주주의는 우민정치라고 했는지도 모른다. 백성을 모두 멍청이로 만든다는 우민화, 이를 막기 위하여 직접민주주의를 근간으로 하는 대의제도가 생겨났고 이것이 오늘날 의회가 아닌가. 느림의 미학으로 보면 오늘날 영국의 민주주의는 1215년 대헌장(마그나칼타)으로부터 수백 년에 걸쳐 피로 쟁취한 산물이지만 민주주의 우리 역사는 사실상 30년이 되지 않았으니, 이렇다 저렇다 하는 것이 너무나 성급한 바람 때문일 수도 있다. 그러나 민주주의는 인류가 누릴 수 있는 최선의 정치제도이기 때문에 국민들의 성급함을 탓할 수는 없다. 될 성싶은 나무는 떡잎부터 알아본다는데 우리 민주주의는 떡잎부터 이런 꼴이니 한심하고 화날 뿐이다. 앞 사람들의 어깨를 디딤돌삼아 의장석을 향해 점프했다가 떨어지는 장면에서 미국 NBC방송의 뉴스 앵커는 몸싸움 에피소드가 많은 TV만화 같다고 웃으면서 방송을 진행했다고 한다. 미국 온라인 여성잡지에서는 여성의원들이 싸우는 사진을 소개하면서 '정치인들이 미친 고릴라처럼 싸우는 것을 보면 겁이 난다.'고 썼다. 그리고 '만약 미국 의회에서 정치적 견해가 다를 때마다 이렇게 싸운다면 의정활동을 중계해 주는 방송의 시청률이 많이 오를 것이다.'라고 비꼬기도 했다. 생선 망신은 꼴뚜기가 시킨다는데 대한민국 국회의원은 꼴뚜기만도 못한 존재들이다. 그런 꼴뚜기를 먹여 살리는 데 얼마나 돈이 들어갈까. 자그마치 일 년에 수억 원, 기가 차고 억울하고 분한 일이다. 야생 멧돼지들처럼 사나운 야당의원들, 소통을 내세우고 단합을 외치면서도 친이계다 친박계다 소장파다 원로파다 중진모임이다 뭐다해서 갈갈이 찢겨진 집권 여당의 몰골, 누가 잘하고 누가 못하고 평가조차 의미가 없는 통틀어 우리 정치인들은 퇴출 대상들이다. 이들에게 민주주의 전사라는 이름표를 붙여 주는 것은 정신 나간 일이다. 1962년 존 스타인백에게 노벨상을 안겨준 ≪분노의 포도≫에 나오는 한 구절을 인용하면서 핍박받고 소외받는 우리 국민들이 생각을 바꾸고 뭉치자는 절규를 뿜는다. '우리 각자의 영혼은 그저 하나의 작은 조각에 불과해서 다른 사람들의 영혼과 합쳐져 하나가 되지 않으면 아무런 의미가 없다.' 그렇다. 우리가 영혼을 하나로 합쳐 참다운 민주주의 전사를 길러내야 한다. 그 자랑스러운 전사들의 중심에 우리가 길러낸 전사가 서 있다면 얼마나 자랑스럽고 든든하랴.

KO보다 판정승이 빛난다

사각의 링에서 벌어지는 이벤트가 성공하려면 승부의 결과를 예측할 수 없어야 한다. 경마장에 관객이 몰리는 이유도 그 때문이다. 막상 막하, 우열을 가리기 힘들 때 박빙의 스릴을 느낀다. 어찌 스포츠에서만이랴. 구석구석 인간의 삶에서, 물론 정치의 현장에서도 마찬가지다. 일방적인 것은 독재, 독선, 오만, 편견을 낳기 쉽다. 챔피언 벨트는 그래서 오래 지키지를 못한다.

"오스틴"의 ≪오만과 편견≫은 소개받은 남자의 첫인상 때문에 갈등을 빚다가 겸손과 이해로 오만과 편견에서 벗어나 결혼에 이른다는 줄거리의 소설이다. 한 남자와 여자의 사소한 관계에서도 그럴진대 공동체 안에서의 갖가지 경우는 더 말할 나위가 없다. 어느 초등학교에서 실제로 있었던 일이다. 2급 청각 장애학생이 학생회장 선거에서 당당히 당선이 되었다. "장애학생이 못하는 것은 우리들이 돕겠다."는 급우들의 우정과 "나보다 남을 먼저 배려하는 어린이가 되겠습니다."라고 하는 슬로건으로 학생들을 감동시킨 결과다. 장애에 대한 편견, 장애가 아니라는 오만을 버린 감동의 드라마다. 이번 도지사 선거에 출마한 여당과 야당 후보는 이런 아름다운 우정을 틈틈이 보이고 있다. 지역발전을 위하여 호흡을 같이하고 있는 모습이 아름답다.

그러나 선거를 앞두고 신문이 발표한 후보들의 지지율 성향을 보면서 많은 사람들은 허탈감에 빠지고 있다. 경기도 시작되지 않았는데 이미 상대 선수는 KO로 매트에 쓰러진 꼴을 보는 느낌이다. 보나마나한 경기를 보기 위해 비싼 입장료를 내고 있는 셈이다. KO를 예약받은 선수는 표정관리에 신경을 쓰고 있다. "이번 선거를 축제로 만들자."고 번번이 외치지만 축제는커녕 분열과 갈등으로 얼룩지고 말았다.

진정 축제가 되려면 서로에게 희망을 주는 선거 결과가 나와야 한다. 신문이 발표한 대로 60%대 7%라면 60%는 희망을 넘어 득의만면(得意滿面)할지 모르지만 7%는 희망은커녕 실의(失意)와 배신감에 빠지게 될 것이다. 모든 사람에게 희망은 축복이어야 하는데 축복이 없는 세상은 살벌해질 수밖에 없다. 자리타리(自利他利), 나도 이롭게 하고 남도 이롭게 하기 위하여 노력하는 것은 우리가 영원히 가야할 삶이요 길이다.

이번 지방선거를 두고 정권심판론을 내세워 자꾸만 정치적으로 이슈화하려 하고 북풍이다 노풍이다며 이념투쟁으로 몰고가려 하고 있다. 구태의연하고 진부하기 이를 데 없는 행태다. 이 역시도 정치인들의 오만과 편견의 결과다. 정가와 관가를 완전 점령하고 있는 일당 지역 독재가 우리 지역을 위해 과연 무엇을 기여했는지도 살펴보아야 한다. 회광반조(回光返照), 빛을 돌이켜 거꾸로 비춰 보듯 우리는 지난 세월을 냉정히 되돌아보아야 한다. 지난 10년, 95%의 공산당식 지지가 우리에게 무엇을 주었는지 살펴야 한다.

모처럼 후보다운 후보를 낸 집권 여당, 함께 이끌고 가자(쌍발통)는 우호적인 슬로건, 결투가 아닌 상생의 이상을 펼치려 하는 두 거물 지도자를 보는 우리는 신선함과 희망을 느낀다. 그렇지만 20%, 30%를 애타게 호소하는 충정을 얼마나 받아줄지가 의문이다. 20%, 30%로 지역발전을 위한 쌍발통 수레를 만들 수 있다면 우리는 흔쾌하게 대목 일을 맡아야 하지 않겠는가. 그리하여 "KO보다는 판정승이 더 빛난다."는 실례를 남기자.

시민 송하진, 도민 김완주

시장 송하진, 도지사 김완주. 임기가 끝나면 시민과 도민으로 돌아올 우리들의 이웃이다. 그런 분들의 싸움이 외견상 극한으로 치닫고 있는 모양새다. 시민들은 실망을 넘어서 분노하고 있다. 육십만 시민, 이백만 도민을 이렇게 힘 빠지고 슬프게 해도 되는 것인가 묻는다. 문제는 더욱 심각한 데 있다. 상수도 유수율 제고 사업과 관련한 힘겨루기고 엄청난 사업비를 둘러싼 이권다툼에 두 사람이 끼어든 꼴이라는 얘기들이다.

권한쟁의 심판청구를 포함하여 네 가지의 송사가 진행 중이라니 한마디로 기막힌 일이다. 이래저래 듣기 사나운 얘기들이 시중에 떠돌면서 혹시라도 이런 얘기들이 사실로 드러나 지뢰밭의 뇌관이라도 될까 걱정이다.

도와 시간 갈등의 역사는 자그마치 14년을 헤아린다. 전북의 미래와 희망을 그 어느 때보다도 간절하게 소망했던 시간이었다. 지금 시장과 지사는 두 사람이 경쟁적으로 바꾸고, 가져오고, 가꾸고, 키웠다지만 인구는 줄고, 소득도 줄고, 삶의 질은 떨어져 있다. 그런데도 모든 매체를 동원해 치적 홍보에 열중하고 있다. 시대상황에도 맞지 않고 바람직하지도 않다.

민주주의 꽃이랄 수 있는 지방자치는 말 그대로 스스로 다스리는 정치제도로서 주민을 하늘같이 모시는 위민정치여야 하고, 수준 높은 타협의 정신과 조화의 미덕이 절대 가치이다. 그럼에도 불구하고 송, 김 두 사람은 고유 권한임을 이유로 민주주의의 절대 가치를 짓밟고 있는 형국이다. 이럴 때 쓴소리와 호령으로 흥분을 진정시키고 정도를 제시해 주는 참다운 어른이 그립다. 어른은 언론일 수도 지역 선배일 수도 있다.

유수율 제고를 둘러싼 갈등은 이미 법정으로 넘어갔으니 시시비비는 법에서 가려 주겠지만 양측이 부담해야 되는 엄청난 변호인 수임 비용을 시비나 도비에서는 지출할 수 없다. 부당하다고 판단될 경우 시민감사 청구권 발동의 단초가 될 수도 있다. 주민 소환제가 법률의 보장 아래 현실로 다가올 수 있음도 가정해야 한다. 촛불로 망가진 대통령의 권위를 회복하는 것과 시장과 지사의 갈등을 푸는 것을 동일한 선상에서 생각해 주었으면 한다. 권위의 회복이나 갈등의 해소에는 국민의 관용과 이해가 있어야 하기 때문이다.

'금일아행적 수작후인정(今日我行跡 遂作後人程).' 오늘 내가 걸어서 남은 흔적이 후세의 이정표가 된다. 이 두 분은 관료로서

뿐 아니라 후세에 귀감이 되는 어른으로 남아야 한다. 지금부터라도 대타협의 정신과 조화의 미덕이 발휘되기를 기대한다. 그리하여 시민 송하진과 도민 김완주는 사랑하는 시장님과 지사님으로 거듭나 우리들의 가슴에 오래도록 새겨졌으면 좋겠다.

5+2, 5+3이 무슨 말이여?

답은 일곱이고 여덟 같은데 = 기호가 보이지 않으니 수학문제는 아닌 듯하고 도대체 이게 무슨 말이냐고 물어봄 직하다. 대부분의 국민들이 하나같이 처음 듣는 듯한 말이다. MB정권 인수위원회에서 밝혔던 국토 경제개발계획의 하나다. 전국을 수도권, 충청권, 호남권, 대경권, 동남권, 그리고 강원권과 제주권으로 나누어 경제개발을 추진하겠다는 새 정부의 구상이었다. 각 권역별로 핵심 동력산업을 정해서 균형잡힌 경제발전을 이룩하겠다는 정권의 야심찬 의지였다. 여기에서 2냐 3이냐가 화두로 등장했다. 호남권에 전북을 포함했을 경우가 5+2요 전북권을 강원권, 제주권과 함께 독립권역으로 했을 경우가 5+3이다. 호남에서 전북을 독립시킨다? 언뜻 생각하면 전북으로선 솔깃한 얘기일 수도 있다. 하지만 그 배경에는 전남 광주가 오붓하게 과실을 챙기자는 속셈이 도사리고 있었다. 이러는 동안 전북에서는 무슨 일이 일어나고 있었을까? 국가 정책 방향에 관한한 소위 정치권이 이를 주도해야 마땅한데 그들은 소모적인 분쟁의 중심에서 비생산적 구호만 외치며 허구한 날을 보내고 있었다. 평소 정치인이라면 껌벅하던 신문들도 "지역현안에 눈감은 전북정치권"이라는 제하에 '정치쟁점에만 매몰돼 서해안 개발 등에는 나 몰라라 한다.'고 꼬집었다. 호남권에서 전북을 독립시키려 한 것은 자기 몫 챙기기의 대표적인 사례로 꼽을 수 있다. 대경권 동남권을 합한 투자예산 규모가 전체의 절반을 넘는다는 비판도 역시 자기 몫 챙기기의 하나다. 앞으로 10년간 서해안 개발에 투자될 예산 20조 원 중에서 전북에는 고작 7천억 원 정도가 배정됐다니 충남과 전남 중간에서 샌드위치가 될 게 뻔하다. 권역을 어떤 방법으로 나누든 문제될 게 없다. 어떻게 하면 국토를 균형 있게 발전시키느냐가 관심이다. 이 관심의 주체는 정치권일 수밖에 없다. 그럼에도 불구하고 파당의 정략에 정신이 쏠려 지역의 현안을 외면했다면 정치 도의상 있을 수도 없을 뿐 아니라 마땅히 주민 소환의 대상이다. 당 대표, 원내 대표를 비롯하여 대정부 투쟁의 야당 전사들이 모두가 전북 출신 국회의원들이다. 도민들이 이들을 국회로 보낼 때 전투요원의 임무를 수행하도록 명령했던가? 만약에 아니라면 그들에게 응분의 책임을 물어야 한다. 지난날 우리 정치사에서 이런 파렴치하고 무도한 작태는 찾아볼 수 없었다. 민주와 정의를 외쳤고 독재에 항거하는 순수한 정치 1번지가 전북이었다. 일일이 거명하지 않더라도 우리 정치 선배들은 정말 자랑스러운 이름을 남기고 있다. 그러나 그 후 철학도

자존심도 이념도 비전도 아무것도 갖지 못한 정치꾼들을 우리는 대표로 뽑은 것이다.

1990년대 전북 홀로 서기를 가느다란 목소리로 내놓았다가 호남 출신 대통령의 일갈에 쥐구멍을 못 찾은 일이 있었다. 그 후 전북은 호남이라는 권역에 묶여 전남의 들러리로 계속 전락해 왔다. 그것이 오늘날 전북의 정치 지형을 이렇게 만들어 놓은 것이다. 좌파정권 10년, 정권 창출을 위해 전북은 어떤 공헌을 했던가? 90%를 넘는 압도적 지지표를 몰아주었지만 돌아온 것은 배신의 칼이었다. 가느다란 희망의 싹이었던 새만금 사업을 일개 하급 판사의 방망이에 맡겨 중단시켰고 한 사람은 해당 지역 군수가 몸을 날려 신청한 방폐장 건설의 희망을 뭉개버렸다. 어찌 서운하고 불만스러운 얘기를 낱낱이 할 수 있으랴. 그럼에도 불구하고 여의도 민주당사에서는 고인이 된 두 대통령의 사진 밑에서 그들의 정치이념을 계승하겠다는 다짐을 했다. 나라의 정체성을 무너뜨리고 국민을 분열과 갈등으로 몰아세운 그들 앞에서 말이다. 故 노무현 대통령의 친인척 비리가 법의 심판대에 오르자 거리 두기에 앞장섰던 그들이다. 대통령 노무현은 대통령으로서의 자격을 포기한 사람이다. 대통령은 그 직에서 물러났다고 하여 사사로운 개인으로 돌아갈 수 없는 영원한 공인이다. 그런 사람이 일가의 비리를 덮기 위하여 자살을 한다? 있을 수도 없고 있어서도 안 되는 일이다. 그런 사람의 죽음을 국민장으로 엄수하고 그것도 모자라 그의 사진 밑에서 정치이념을 계승하겠다니 도대체 이 나라가 어떤 나라인지 모르겠다. 연이어 치른 국민장과 국장, 조문정국이라는 해괴한 덫에 갇혀 온 나라가 일손을 놓고 조문행렬에 동참을 한 듯했다. 죽은 사람은 말이 없는데 정세균 대표를 중심으로 통합하고 단결하라는 DJ의 유언을 놓고 진위논쟁이 벌어진 진풍경을 보면서 뜻있는 국민들은 서글픈 한숨이 길기만 하다. 말도 아닌 일들에 전념하느라 지역현안은 챙길 겨를이 없었다니 기가 찰 일이다. 60년 만에 정권이 바뀐 일본을 방문해 현장학습을 하고 돌아온 민주당의 전 원내대표 김효석 씨는 '당이 확실한 정책대안을 내놓아야 국민의 지지를 받아 정권을 교체할 수 있다.'고 소감을 밝혔다. 정치의 기본이고 정당정치의 생명과 같은 원리를 눈으로 보고 손으로 만져 보고서야 알았나 보다. 정권을 빼앗긴 야당이 이렇게 비틀거리고 있는 한 지지율은 절대로 오르지 않을 것이며 정권교체 또한 머나먼 망상일 수밖에 없다. 한심한 일이다. 지금부터라도 늦지 않았다. 5+2, 5+3의 해괴한 수학문제부터 현명하게 풀어가는 성의를 보여주기 바란다. 얼굴 두껍게 의정보고회를 하면서 MB악법 반대를 위하여 국회난동을 이렇게 이렇게 부렸고 장외투쟁, 단식농성 등으로 체중이 얼마나 빠졌다는 정도가 고작일 수밖에 없는 국회의원들, 이런 사람들을 어떻게 지역주민이 뽑은 지역 출신 국회의원이라고 할 수 있겠는가? 지역주의에 매몰돼서도 안 되지만 지역을 외면하는 일은 더욱이 있을 수 없는 일이다. 국회의원을 비롯한 정치권 모두는 물론 이들을 뽑은 도민의 각성이 절실한 시점이다.

군수님의 애절한 기도

가을에는
기도하게 하소서.
낙엽들이 지는 때를 기다려
내게 주신 겸허한 모국어로 나를 채우소서.

— (김현승 시 〈가을의 기도〉 중에서)

기구한 운명에 처한 어떤 군수님의 애절한 기도를 전하기 위하여 인용하였다. 임기 중 두 번이나 옥에 갇히는 비운은 운명일까, 업보일까, 당위일까. 시대 전환의 과도기에 나타나는 카오스(우주가 생성하기 이전의 혼돈이나 무질서 상태)적 상황이라고 하기에는 너무나 황당한 사례다.

간디 옹은 국가가 멸망할 때 나타나는 징조로 원칙 없는 정치, 노동

없는 부, 양심 없는 쾌락, 도덕 없는 경제를 주장하였다. 군수님은 이 조건 가운데 몇 가지에나 해당이 됐을지? 만일 한 가지에라도 해당이 된다면 운명이나 업보 그리고 당위 모두일 수밖에 없다.

그러나 그 군수님도 확실한 피해자다. 지금부터 10년 전, 훈련되지 않은 정권에 의해 결행된 풀뿌리 민주주의의 제물이기 때문이다. 평범한 지역 시민들의 참여를 통해 지역을 변화시키려는 참여민주주의, 이론적으로는 민주주의의 극치이고 꼭 이루어야할 가치이다. 그렇지만 10년도 안 되는 민주주의 역사에서 그것은 이상이고 무리였음을 군수님은 뼈아프게 실감하고 있을 것이다. 민주주의는 쉽게 얻어지는 전리품이 아님을 알았어야 했다.

90년대 이후 군수 구속 사태를 세 번이나 겪고 있는 주민들, 135명의 박사를 배출한 명문 중의 명문 지역에서 이런 일이 벌어진 것은 누구의 책임인가? 그래서 군수님은 간절하다 못해 애절한 기도를 바치고 싶을 것이다. "제가 바치는 이 기도가 하늘에 닿아 한량없는 자비로 발현되게 하여 주소서. 우리 지역 어르신들의 애정어린 분노를 어루만져 주소서. 제가 풀뿌리 민주주의를 욕되게 하였다면 정치적인 징벌을 받을 것이요, 양심 없는 쾌락을 탐하였다면 정신적인 저주를 받을 것이요, 도덕 없는 경제를 범했다면 윤리적인 처벌을 감수하겠나이다. 그러나 누가 저를 이토록 처참한 지경에 몰아넣었습니까? 정치를 한다는 사람들에게 묻습니다. 그대들 가운데 누가 나에게 돌을 던질 수 있는가? 흉측한 죄악이 숨겨진 채 일상을 살아야 하는 저의 동료들은 영원한 죄인입니다. 선출직 공인들의 계속되는 구속 사태로 향토의 명예는 이미 더렵혀졌습니다. 며칠 사이에는 정말 치욕의 날이 올지도 모릅니다. 간디 옹이 말한 나라 망할 징조가 보이고 있는데 어찌하면 좋습니까. 촛불에 흔들리고 권모술수에 휘둘리고 종교에 짓눌리고 있는 이 나라의 갈 길을 인도하소서. 낭비적 행정제도를 비롯하여 지지율 10%대의 국회의원과 선출직 단체장이 나와서는 안 됩니다. 그리고 정치파업, 공공시설 무단점거, 하향 평준화, 억지법의 만연, 극심한 지역주의, 극좌파적 편향교육 등 사회발전을 가로막는 모든 요소를 과감하게 제거하는 길만이 국민도 살고 나라도 번영할 수 있는 희망임을 저는 확신합니다. 그리고 저와 같은 비운의 공직자가 다시는 태어나지 않도록 하여 주소서. 저의 기도를 들어 주소서."

군수님의 애절한 기도는 이렇게 끝을 맺을 것이다.

"이 가을에는 사랑하게 하소서…… 오직 의로움만을 택하게 하소서. 가장 아름다운 열매를 위하여 이 비옥한 시간을 가꾸게 하소서."

축제, 꽃과 나비여라

이석형 PD는 프로그램 구상에 몰두하면서 며칠 밤을 뜬눈으로 지새웠다. 그 결과 한적했던 시골 마을은 일약 세계적인 명소가 되었다. PD 출신 이석형 함평군수의 스토리텔링 줄거리다. 인구 3만 6천의 작은 고을에 2백만 명의 관광객이 찾아오고 직간접 수익 2천억 원을 헤아리게 되었으니 실로 놀라운 일이다. '함평 나비축제'. '나비'라는 한 가지 주제를 살려 다양한 콘텐츠로 사람들의 감각을 매료시킨 결과물이다. 독일 뮌헨에서 열리는 맥주축제 '옥토버페스트'는 연간 6백만 명을 끌어모으는 대표적 수익축제로 자리매김되었고 삿포로 눈 축제, 리우 카니발 등 세계적인 축제들은 한결같이 한 가지 주제에 집중하여 성공을 거둔 사례들이다. 이석형 함평군수는 PD적인 통찰력과 기획력으로 나비라는 사랑스러운 자연에 살포시 접근하여 가히 무에서 유를 창조해낸 것이다. 나비는 벌과 달리 꿀을 따러 꽃에 가더라도 벌처럼 공격적이 아니라 춤을 추며 온갖 교태를 다 부리며 접근한다. 축제는 이렇게 주민의 환심에 싸여 꽃과 나비처럼 달콤한 속삭임이 있어야 생명력이 있다. 정말로 재미와 의미가 있는 축제라면 주민들은 열렬히 함께하게 된다.

경축하며 벌이는 큰 잔치와 제사, 축제 속에는 모든 예술이 망라되어 있을 뿐 아니라 엄숙한 종교성까지도 녹아 있어야 한다. 축제에 예술성이 없고 구성력이 빠지면 혼이 없는 몸짓에 불과하다. 오늘날의 축제는 대부분 본래 의미를 잃고 먹자판, 놀이판, 팔자판으로 변질되었다. 판으로 변질되려면 철저하게 판으로 바뀌었으면 좋겠는데 엉뚱하게도 지방수령들의 생색내기판으로 둔갑하여 일회성이 아니면 돈 먹는 하마로 전락돼 버렸다. 그리하여 붕어빵을 닮은 행색으로 바뀌어 중심이 되어야할 주민들의 철저한 외면 속에 '그들만의 잔치'로 타락해 버렸다. 화천의 '산천어 축제'가 100만 명의 관광객을 모으자 인근 고을에서 '메기축제'를 벌였지만 물론 형편없는 실패를 했다. 오늘날 지역축제의 자화상이고 현주소다.

내용이 엇비슷한 '판박이 축제', 노래자랑은 단골 메뉴고 농악놀이, 연예인 초청행사, 그리고 먹자판의 난장 등 고만고만한 레퍼터리로 채워지고 있는 축제마당에는 해마다 사람이 줄고 적자 결산을 보지 않으면 안 된다.

우리 고장의 축제 현장, 한마디로 한심하다. 50여 개나 되는 축제에 연간 130억 원의 예산을 쓴다는데 그 90%이상이 혈세라고 한다. 지방수령들의 생색내기로 전락한 축제라면 혈세의 낭비는 배신이며 범죄행위다. 행사는 있되 평가가 없는 결과다. 평가를 통해 정확한 손익계산서도 작성되지 않았다. 23억이 들어간 '세계소리축제'는 총 수익이 얼마인가? 세계라는 어휘 사용에 손색이 없었던가? 예술성은 얼마나 살렸던가? 주민의 단합과 참여는 만족할 수준이었던가? 원칙에도 어긋나고 국적도 없는 자기들만의 무대는 아니었던가?에 자신 있는 대답을 해야 된다. 모든 축제가 같은 질문에 부끄럽지 않은 응답을 해야 한다. 그리고 평가를 위한 평가, 그들만의 평가가 되어서는 안 된다.

축제의 계절이 끝났다. 허영의 이상은 그림자처럼 사라졌다. 쓰나미처럼 휩쓸고 간 그 자리엔 진한 아쉬움과 못다 한 미련과 그리고 흉한 쓰레기만 남았다. "오 마이 갓." 제발 이런 축제는 우리 곁에서 열리지 않게 하소서.

꽃과 나비의 향연처럼 꿀맛이 있고 신명이 나는 그런 축제만 남게 하소서.

공적비를 세우는 뜻은……

전문위원을 두어야 의원활동을 활발하게 할 수 있다는 지방의원들의 꾸준한 주장에도 불구하고 국회의원들은 이를 정면으로 부정하였다. 예산상의 문제도 있을 뿐 아니라 지방의원들은 명예직이라는 이유 때문이었다. 이런 논리는 설득력을 갖지 못한다고 생각한다. 우선 명예직이라면 지방의원에 앞서 국회의원이 먼저여야 하기 때문이다. 영국의 국회의원이 자전거를 타고 의사당에 출석한다는 사실은 처음 듣는 얘기가 아니다. 그런 연유로 세계에서 가장 존경받는 국회의원의 자리를 지키고 있는 것이다.

슬그머니 세비를 인상했다가 국민의 여론이 빗발치자 없는 것으로 했던 우리 국회니까 그 분네들더러 영국의 국회의원상을 닮으라는 소리는 괜한 얘기이다. 국회의원 헐뜯자고 시작한 것은 아닌데 방향이 이상하게 흐른 듯하여 미안하다.

사실은 지방의원님들에게 확실한 명예의식을 가져 주십사 하는 부탁을 드리기 위해서였다. 지방의원 신분을 모르고 입후보했던 사람도 없을 것이고, 또 당선이 되어서 처음부터 전문의원이 필요하다고 생각했던 의원도 없을 것이다. 어차피 명예직임을 분명히 알고 지방의원이 되었다면 주민들로부터 확실히 존경받는 대표자가 되어 달라는 부탁이다. 갈 때 다르고 올 때 다르다는 속담의 인용을 받아서는 안 된다는 말이다.

공직자 재산등록 결과를 보면 경상도 지역만은 못하다 하더라도 우리 지역 지방의원들도 상대적인 재산가임이 만천하에 알려진 이상 명예직으로서의 고고한 위상을 떳떳하게 지켜 나가는 것이 오히려 명예스러운 일이 아닐까 싶다. 주민들의 각종 현안 문제를 캐묻고 바로잡기 위하여 밤을 지새워 가며 상임위원회 활동을 계속하는 지방의회상을 보면서 정말 가슴 뿌듯한 희망을 가질 수가 있었다. 우리의 민주주의도 이제야 자리를 잡아가는구나 싶어서였다. 여당의 지구당 위원장이 내놓은 개발아이디어의 추진을 위하여 야당 소속의 지방의원들이 중앙부처 요로를 찾아다니며 강력한 호소를 함으로써 2백억 원의 예산을 확보할 수 있도록 한 것은 지방의원의 본분을 백이십분 발휘한 것일 뿐 아니라 지역발전을 위하여 대단히 희망적인 사실이 아닐 수 없다. 이러한 사례가 하나둘씩 더해지고 쌓여질 때 지방의회는 주민과 함께 주민의 아낌없는 존경을 받으며 자리를 굳혀 나가지 않겠는가?

지방의회는 그 지역에서 군림하는 기관이 아니라 전문기관으로 변신해야 한다. 부실공사 방지조례 제정을 놓고 행정부와 첨예한 의견 대립을 보이기도 했지만 그 조례의 시행과는 관계가 없이 주민의 피해예방을 위하여 노력했다는 그 자체만으로도 과소평가할 수 없는 성과라고 생각한다. 그러나 거기에는 어느 누구도 대적할 수 없는 건축의 전문지식이 뒷받침되어 있어야 한다.

이렇게 되려면 건축의 권위 있는 전문가가, 도로교통의 전문가가, 세무행정의 전문가가, 이처럼 각계의 전문가가 자기의 생업을 지키면서 지방의회에 의원으로 진출하여야 한다. 행정기관에 대하여 올바른 자문을 하고 주민의 이익을 틀림없이 보호하기 위해서이다. 알지 못하는 간섭은 방해일 뿐이고, 간섭을 위한 간섭이 되어 감정 싸움으로 발전하기 쉽다. 그런 나머지 의회는 행정부를 적으로 알았고, 행정부는 의회를 거추장스러운 마귀 정도로 취급하였다. 원론적인 얘기지만 지방의회와 행정부는 상호협력 관계여야 하고 상호보완 관계여야 한다. 누가 만들어준 의회이고 누구에게 위임받은 행정부인데 우리 지방 방언으로 건방지게도 '찌그락 짜그락'이겠는가? 절대로 있을 수도 없고 있어서도 안 되는 일이다. 불행하게도 그러한 사례가 빈발하면 주민의 명령으로 의회는 해산되어야 하고 주민의 이름으로 행정부는 파면되어야 한다.

풀뿌리 민주주의 그 뿌리가 튼튼하게 내리려면 뿌리를 안고 있는 토양이 기름지고 정성스러워야 한다. 토양격인 주민의 정서가 존경스럽고 호의적이어야 한다. 민주주의 사회에 있어 참다운 주인은 누구인가? 주인도 주인 나름이라고 해서 선택적으로 주인을 선정할 수는 없다. 주인은 항상 권위적이며, 항상 존경스러운 것이 민주주의 국가에 있어서 주인의 개념이다. 이러한 사실을 철학으로 신봉할 줄 아는 자만이 존경받는 대표자가 될 자격이 있고 명예스러운 지방의회의 의원이 될 수 있다.

기념비적인 업적을 쌓기 위해서, 후세에 길이 남길 기록을 갖기 위하여, 지방의원 여러분에게 간곡하게 드리고 싶은 얘기는 각자 출신구 주민의 이름으로 공적비를 세울 수 있도록 최선을 다해 달라는 것이다. 삼십 년 만에 부활된 제도라고는 하지만 사실상 처음으로 문을 연 것이나 다름없는 지방의회 의원으로서 공적비를 세우려는 주민의 뜻을 헤아려 보고도 싶을 텐데……. 격식대로 한다면 무슨무슨 의원 영세불망비라고 새길 것인데 아마도 세계지방의회 역사상 최초의 기록이 아닐는지…….

뉴미디어 환상

케이블TV를 일러 흔히들 '환상의 뉴미디어'라고 한다. 이 매체는 앞으로 유통, 금융, 교육, 통신체계에 일대 혁명을 가져올 것임은 틀림없는 사실이며 소파에 앉아서 수동적으로 텔레비전을 보는 시청자들을 쌍방향 텔레비전을 이용하는 사람들로 바꿔놓을 것이 분명하기 때문이다. 바보상자인 텔레비전이 오랜만에 그 치욕적인 허물을 벗고 새롭게 태어나는 계기가 되기도 한다. 초고속으로 발전해 가는 정보화 사회를 살아야 하는 우리들로서 케이블 텔레비전이 가지고 있는 메카니즘에 대하여 호기심을 갖는 것은 너무나도 당연한 일이다. 그러나 생각하는 것처럼 케이블 텔레비전은 접근이 쉬운 매체가 아님도 알아야 한다.

이라크 사태 때 케이블 텔레비전인 미국의 CNN을 통하여 생생한 전황을 안방에서 지켜볼 수 있었지만 그것은 오직 유일하게 CNN만이

가능했던 일종의 사건이었던 데 불과하다. 오늘도 CNN은 세계의 구석구석을 누비고 있지만 그것은 CNN이기 때문에 가능한 것이지 모든 케이블 텔레비전이 그렇다는 얘기는 아니다.

미국에서 시작하여 일본을 거쳐 우리나라에까지 이르렀지만 케이블 텔레비전은 결코 만만하게 생각할 매체가 아님을 확실히 보여 주고 있다. 사업으로 성공하기가 극히 어렵다는 말이다.

케이블 텔레비전은 크게 나누어 전송망사업, 운용국사업, 프로그램공급사업으로 구분이 되는데 이 가운데 한 가지라도 여의치 못할 경우 사업은 성공할 수 없을 뿐 아니라 사업 주체가 각각 달라야 한다는 전제가 돼 있기 때문에 자본력이나 경영 능력만 가지고서 사업의 성패를 얘기할 수 없는 특징이 있기도 하다.

환상의 매체임에는 틀림이 없지만 그렇기 때문에 더욱 어려운 매체라는 점도 충분히 이해해야 할 것이다.

장황한 얘기를 늘어놓은 이유는 다른 데 있지 않다. 지금 관계당국은 케이블 텔레비전 운용국 사업자 선정을 위한 여러 가지 행정절차를 마련 중에 있고 1994년 초에 사업자가 확정되면 시설 준비기간을 거쳐 1995년 초부터 방송을 시작하는 것으로 스케줄이 돼 있다. 이러한 스케줄에 맞춰 우선 사업희망자로부터 신청을 받게 될 터인데 다른 지역에 비해 유독 전주지역에 희망자가 많다는 소문이다. 전주시내 상공인들을 중심으로 한 집단추진제를 비롯하여 외지 희망자까지 합하면 못해도 5대 1쯤은 경쟁이 될 것이라는 얘기들이다. 어찌 보면 지역의 매체 발전을 위하여 고무적이랄 수도 있고 또 한편 생각해보면 케이블 텔레비전에 대한 이해 부족에서 오는 현상이 아니냐 싶어 염려스럽기도 하다. 그런데 생각을 염려스러운 쪽으로 기울이다 보니까 혹 운용국 희망자 가운데 케이블 텔레비전을 현재의 지상파 TV방송회사와 같은 언론사로 이해하고 있지 않느냐는 점이다. 경우에 따라서는 언론사로서의 구실을 할 수도 있겠지만 전근대적인 언론관, 즉 언론을 기업의 울타리쯤으로 삼으려는 의도가 조금이라도 작용한다면 그것은 기막힌 오해요, 착각일 것이다. 어느 세상이라고 이런 기막힌 오해를 할 사람이 있을까마는 너도나도 희망자가 난립한다니 노파심에서 해본 생각이다.

뉴미디어 선진국이요, 경제부국인 이웃 일본에는 크고 작은 것을 통틀어 전국에 약 5만 개의 케이블 텔레비전국이 있다는데 그 숫자가 더 이상 늘지 않는 것은 몇 년 전부터의 일이라고 한다. 사업이 신통치 않다는 뜻인데 지난 5월 산토리회사가 수여하는 지역문화상을 받은 케이블 텔레비전 회사가 있어 화제라고 한다. 화제의 이 회사는 JR(일본철도)의 미요다역 대합실 건너편 작은 방 하나를 빌려 케이블 텔레비전 방송을 하고 있는 사람이다. 44세의 신이치 사장과 유일한 스태프로 26세의 아가씨 한 사람 등 단 두 사람이 경영을 하고 취재를 하고 방송을 한다는 것이다. 그러면서도 '미요타 투데이'라는 자체 제작 프로그램을 통하여 각급 학교의 입학식과 졸업식은 물론 운동회와 마을축제 등 마을의 모든 행사를 찍어다가 방송을 할 만큼 지역주민과 밀착되어 있다고 한다. 그런 연유로 하여 지역문화상 부상으로 받은 상금 100만 원도 닳고 낡은 기재 대체를 위해 쓴 것이 아니라 매년 개최되는 마을 게이트볼대회의 상금으로 내놓은 여유를 보일 수 있었다는 것이다. 경영의 합리화나 기업의 이념이 얼마나 중요한 것인가를 웅변으로 증명해 주고 있는 예화이다. 1994년을 원년으로 우리도 비로소 다매체 다채널 시대를 살게 된다. 기존 지상파방송에 위성방송 그리고 케이블 텔레비전 방송이 그것을 예고해 주고 있다. 그러나 사업 희망자들은 결코 이러한 점을 간과해서는 안 될 것이다. 케이블 텔레비전을 보겠느냐는 질문에는 74%가 "네."라는 대답을 했는데 비싼 설치비와 시청료를 내도 보겠느냐는 질문에는 34%만 "네."라는 대답을 했다고 한다. 물론 케이블 텔레비전 회로가 돼 있는 목동의 아파트 값이 300만 원이나 비싸다는 사실에 희망을 걸어 볼 수도 있다. 그러나 이것도 환상이다. 매체 자체는 그럴지라도 사업이 환상적일 수 없음을 명심하자.

문민 시대 머슴살이 윤리

시대 개념이 애매하다

옛날에 임금님[王]을 '나랏님'이라고 하였다. '짐은 국가다.(I am a state)'와 같은 말이다. 절대군주 시대에 있어서 군주의 말은 바로 법이요, 국민은 군주를 위하여 존재할 뿐이었다.

임금님은 하늘이 낸 분이라고 하여 천황(天皇)이라고도 하였고, 천제(天帝)라고도 하였다. 만백성의 어버이신 '나랏님' 사상은 어쩌면 오늘날 김일성의 주체사상과 맥을 잇고 있는지도 모른다.

어쨌든 국민을 짓밟고 서서 주인 행세를 했던 절대자 혹은 집단이 역사를 그릇되게 하고, 도도히 흐르려는 역사의 줄기를 역류시키려 했던 불행한 시대를 살아온 것은 분명하다. 그러니까 그렇게 불행했던 시대가 언제부터 시작되었는가를 따진다는 것은 무의미하기 짝이 없다. 5 · 16군사정부의 탄생으로부터 6공화국까지 이른바 군

출신에 의해서 정권이 장악되었던 시기를 흔히 청산 대상으로 삼으려는 논의들이 있지만, 적어도 역사의 맥을 바로잡으려는 노력으로서는 미흡할 수밖에 없다. 문민 시대라는 참뜻조차 정확하게 알 길이 없지만 어느 글쟁이나 말쟁이가 한번 써본 얘기가 학문상의 정치용어로까지 발전했다고 하더라도 크게 탓할 바는 아니고, 다만 시대의 획을 그을 수 있는 의미라면 확실하게 개념 규정은 해두어야 옳지 않을까 하는 생각이다. 말하자면 국민의 주권행사에 기준을 둔 시대 설정이냐, 아니면 권력집단의 행위에 기준을 둔 시대 설정이냐를 구분하자는 말이다.

형식상으로 보면 우리 헌법에 '주권은 국민에게 있고'가 삽입된 시기로 보면 1948년 우리 헌법이 제정 공포된 때로부터 주권재민의 문민 시대를 살아온 것이 분명하지 않는가? 그 이후 3공, 5공, 6공을 거치면서도 헌법의 그 부분뿐만 아니라 '대한민국은 민주공화국이다.'도 손댄 일이 없기 때문이다. 그러니까 저울로 달아보면 애매한 일이긴 하지만 권력집단의 행위에 기준을 둘 수밖에 없다고 보면 비신사적인 방법으로 권력을 행사했던 시대를 이른바 문민 시대의 반대 개념으로 규정지을 수밖에 없을 것 같다.

선택의 의미와 투표 열흘 전

'신이 아담에게 이성을 주었을 때, 그는 선택의 자유를 준 것이다. 그래서 이성도 또한 선택에 다름 아니다.' 밀턴의 말로 기억이 된다.

'모든 사람은 이것이든 저것이든 하나를 선택한다. 그리고 그들은 그것에 대하여 책임을 져야만 된다.' 엘리어트의 명언이다.

우리 속담에 '볶은 콩도 골라 먹는다.'는 말이 있고 영국 속담에 '친구를 선택할 때는 천천히, 친구를 바꿀 때는 더욱 천천히'라는 말이 있다.

그리이스 신화에 나오는 영웅호걸의 제1인자 헤라클레스는 사람을 죽이고 키타론 산으로 쫓겨가 자기의 앞날을 생각하고 고민하고 있을 때 미덕과 쾌락이 여자 모습을 하고 나타나 각기 그를 유혹했는데 그는 쾌락을 버리고 미덕을 따르며 노력의 길을 선택하기로 결심하였다.

이것이 유명한 헤라클레스의 선택이다. 이상에서 본 명언과 속담과 신화를 통하여 이성에 의한 선택, 선택에 대한 책임, 선택의 방법, 그리고 바람직한 선택의 방향을 우리는 알게 되었다. 대통령 선거일을 열흘 앞둔 현시점에서 왜 우리는 선택의 의미를 새삼스럽게 되뇌이게 됐는가? 두말할 나위도 없이 그것은 선택의 의미를 확실하게 해 두지 않고서는 뼈아픈 역사의 오류를 범할 수밖에 없다는 논리 때문이다. 민주주의의 허점을 바로 여기에서 찾을 수 있다면 필자의 무심일까? 민주주의가 인류가 만들어낼 수 있는 최고의 걸작이라면 민주주의의 달성이야말로 인류 최후 최대의 이상이 아니겠는가? 따라서 나치스와 공산주의자가 그들의 이상을 위하여 죽을 각오를 하고 투쟁했듯이 민주주의자는 민주주의의 이상을 위하여 일하고 또 죽을 각오를 갖지 않으면 안 된다. 대단한 결의 같고 지나친 과장이라고 할지도 모르지만 사실은 아주 평범한 상식이고 당위라고 생각한다.

민주주의를 진정으로 사랑하는 지도자는 권력의 가장 안전한 보관처를 국민으로 생각한 나머지 정말 국민을 소중히 여기고 또 국민이 권리행사의 능력이 있는 한 이를 행사할 모든 권력을 국민에게 넘겨주기를 진심으로 희망하고 있다. 방법의 차이는 있겠지만 대통령을 국민의 손으로 직접 뽑는 나라를 직접민주주의 국가라고 한다. 그것은 최소한도 민주주의의 전제일 뿐 아니라 권력의 가장 안전한 보관 방법이기 때문이다.

국가권력은 신으로부터 받을 수밖에 없다고 생각했던 고대에도 전 시민이 한데 모여 지도자를 직접 선출했던 도시국가가 있었던 것을 보면 민주주의는 확실히 인류의 이상이었고 가장 강력한 보존 수단이었던가 보다.

인류 최대, 최후의 이상을 실현하기 위하여 우리는 민주주의를 선택했고 권력의 가장 강력한 보존수단으로 우리는 대통령을 직접 우리 손으로 뽑는 제도를 선택하였다. 그 원론적이고 강력한 권력을 행사해야 될 날이 열흘 앞으로 다가왔다. 그런데 지금 우리는 국민의 여론을 어떻게 읽어야 옳은가? 과연 이번 대통령 선거를 금권과 관권이 난무하는 타락선거로 보아야 할는지, 아니면 민주주의의 성숙된 국민답게 공정하고 질서 정연한 상황으로 보아야 할는지 쉽게 판단이 서지를 않는다. 서로가 서로를 금권타락선거로 매도하고 있는가 하면 보도의 공정성 결여를 소리 높여 규탄하고 공약사항을 해석함에 있어서도 현저한 편파성을 가지고 신랄하게 지적하고 있다. 심지어는 TV보도를 함에 있어서 어느 당 후보의 유세장 사진은 청중이 대만원인 것을, 또 어느 당 후보의 유세장 사진은 청중이 별로 없는 사진을 편집한다고까지 신경을 곤두세우는 판이다. 사람을 모아 음식을 접대하고 관광을 시키며 선물을 나누어 주는 등 아주 초보적이고도 타성적인 탈법선거운동을 하고 있다는 지적이다. 사실의 여부를 가리기도 싫고 또 가려보았댔자 별 의미도 없지만 지난 13대 때와 잠깐 비교 정도는 해봐야 되지 않을까 싶다.

지역감정이 폭발하여 자기 지역과 연고 없는 후보자라고 해서 유세를 아예 할 수 없도록 유세장을 난장판으로 만들어 버린다거나 노골적으로 지역감정을 유발시켜 몰표를 얻으려고 하는 그런 작태가 이번 선거에서도 용납될 수 있을 것인가 하는 점이다.

민주주의를 꽃피우기까지 영국 국민은 1215년 저 유명한 대헌장(마그나카르타)으로부터 자그마치 수백 년을 참고 견디며 싸워왔다는 사실을 상기할 필요가 있다. 13대와 14대를 비교해보면서 우리는 그 사실을 입증할 수 있지 않은가.

벽보를 붙인 여덟 후보가 각기 할 수 있는 모든 미사여구를 동원하여 포부를 밝히고 강한 집권 의지를 보여주고 있다. 그런데 대단히 답답한 사실은 '바로 이것이다.'라는 점이 없는 것이다.

경제를 살리고 농촌을 살리며 통일의 염원을 성취시키겠다는 등을 빼놓고는 달리 선택의 비전이 제시되지 못하고 있다. 그저 백화점식 나열일 뿐이니 말이다. 그러니 정말 어렵고도 중요한 선택을 해야 될 처지다. 그러나 이런 속에서도 우리 유권자들은 민주주의 이상을 선택, 투표에 참여하는 적극적인 사고를 지녀야 하겠다.

성숙된 의회문화 창출을

행정력과 경찰력의 막강한 지원을 받아 자유당의 압승으로 끝난 우리나라 최초의 지방자치 선거는 이승만 정권의 장기집권을 뒷받침하기 위한 포석이었다. 지리산 자락에는 공비가 우글거리고 폐허가 된 국토는 미처 포연을 씻지 못하고 있던 1952년, 지방자치는 말할 것도 없고 무엇으로 굶주린 배를 채워야 할지 오직 생계가 문제였던 그 시절 피난길에서도 호의호식으로 나날을 영화 속에 지냈던 정치꾼들이 만들어낸 명작이었다. 이렇게 한국의 지방자치는 그 문을 열었다.

어느 일간지 기자가 처음으로 기사에서 쓰기 시작한 풀뿌리민주주의란 그 원전을 찾아볼 필요도 없이 가장 민생적(民生的)이요 가장 위민적(爲民的)이며 가장 위선적(爲善的)이어야만 한다.

그럼 30년 만에 부활된 우리의 지방자치는 어떤 환경 속에서 어떤 토양을 모태로 태어났을까. 과연 민생 · 위민 · 위선을 바탕으로 사심없이 서두르고 준비하고 진행을 시켰는가 묻고 싶다. 선거 일정에서부터 잡음이 생기고 마찰이 생기더니 공천 과정에서 혹은 선거운동 과정에서 그리고 당선결과에서 정말 낯 뜨거운 일들이 엄청나게 연출되었다.

어차피 민주주의에 익숙지 못하고 훈련도 되지 않았으며 환경마저 갖추지 못한 우리가 민주주의의 꽃이랄 수 있는 지방자치를 멋지게 이루어내기란 처음부터 불가능한 일이 아닐 수 없었다. 다만 우리의 정치는 언제까지 이렇게 미숙한 채 있어야만 하고 우리의 정치의식은 언제까지 이렇게 유치해야만 하는 건지 답답할 뿐이다.

그렇지만 우리가 민주주의를 시작한 것은 언제부터인가. 아마도 시간적으로나 개념적으로 한국 민주주의 역사를 산출하긴 매우 어려운 일일 것이다. 그렇다면 민주주의가 어디 하루 이틀에 되는 것인가. 20세기 민주주의의 본산이라 할 수 있는 영국의 민주주의는 자그마치 800년의 장구한 역사를 가지고 있다. 서기 1215년 6월, 존왕이 승인케 하여 조인된 대헌장(마그나 카르타)으로부터 시작된 것이기에 그렇다. 영국 헌법의 기초가 된 이 대헌장은 왕권에 제한을 가하고 인민의 자유와 의회의 권한을 옹호하는 조항이 많아 영국헌법의 성전이며 민주주의의 효시가 되는 문서로 인정을 받고 있다. 그로부터 8백 년, 영국 국민은 온갖 도전과 시련을 극복해낸 결과 민주주의의 꽃을 아름답게 피워낼 수 있었던 것이다.

우리에게는 아직 많은 시간이 필요하다. 상처받은 자리에 옹이가 박히고 부러진 자리가 더 굵어지며 많은 사람들이 성스러운 제단에 몸을 바쳐야 한다. '민주주의는 하늘이 만들어낸 최고의 걸작이다.'고 하지 않았던가. 어찌 이 아름답고 소중한 유산을 대가도 치르지 않고 쉽게 얻으려 할 수 있겠는가. 역설적일지는 모르지만 지방의원이 되기 위하여 수억 원을 쓰고 다행히 의원으로 당선되었으니 의장단에 끼기 위하여 중앙의 정치권력을 동원하고, 그렇게 하여 얻은 명예와 권력을 배경으로 통치권자나 된 것처럼 공약을 남발하며 행정부를 못살게 구는 사람이 있다면 한 번쯤 아주 긍정적으로 보아주고 싶은 생각이다. 적어도 이러한 사례가 없는 한 비판은 있을 수 없고 그럼으로해서 그 사람은 의회 발전의 밑거름이 되어 줄 테니까. 결코 서두르지도 말고 초조해 하지도 말며 서글픈 현상을 보고 비관하거나 좌절할 필요도 없다는 말이다.

그러나 어려서 용서해 주는 것도, 시간이 많아 참아주는 것도 한계가 있음을 알아야 한다. 동네 사람들의 가려운 곳을 찾아 긁어 주고 동네 사람들을 위하여 알뜰하게 봉사하라고 내보냈더니 거꾸로 동네 사람들더러 자기 등 긁어달라고 한다거나, 주민 위에 군림한다고 하면 이건 아무리 어리더라도 용서할 수 없을 것이다. 의회건물을 호화판으로 단장한다거나 집기·비품을 고급으로 들여놓도록 하는가 하면 지방재정은 고려해 보지도 않고 여유 있고 넓은 공간을 마련하도록 강요하는 등 전국 곳곳에서 벌어지고 있는 비이성적 작태는 실로 지방자치의 앞날을 위하여 심히 유감스러운 일이 아닐 수 없다. 어떤 지방 시의회에서는 4천만 원을 들여 의사당을 꾸민 지한 달도 못 되어 의회의 권위가 서지 않는다 하여 70여억 원을 써가며 별도의 의사당 건물을 지으려 한다는 보도가 있자 전 국민의 뜨거운 비난을 받은 일도 있었다. 의사당 건물이 웅장하고 그 시설이 훌륭하다고 하여 의회의 권위가 서는 것은 결코 아님을 알아야 할 것이다. 외화내빈은 결코 바람직한 덕목은 아닐 것이며 은근과 끈기로 대변되는 우리 한국인의 의식에도 걸맞지 않음을 알아야 할 것이다. 지금의 여의도 국회의사당을 보라! 동양 최대 규모를 자랑하고 있지만 과연 그 안에서 이루어지고 있는 일들도 동양 최고인가를…….

어깨 맞대고 딱딱한 나무의자에 앉아서 정말 진지한 모습으로 마을 일을 의논하고 걱정하는 그런 의회상을 정립해 나갈 수는 없는 건지 의원 여러분께 묻고 싶다.

어쨌든 지방의회 의원들은 누구인가를 분명히 알고 가야 이러저러한 잡음들이 없을 것으로 믿는다. 지방의원들은 정치인인가. 정치가로 뜻은 키울 수 있을는지 몰라도 현재의 신분 그 자체는 정치인일 수 없다고 생각한다. 앞에서 언급한 풀뿌리민주주의 영어표기인 그라스루트(Grass Roots)는 보통사람을 의미한다는 것을 잊지 말았으면 한다.

역사 앞에 엄숙해야

이 나라 민주주의의 생성 발전을 누가 불가능하게 했었던가? 그리고 움트기 시작한 민주주의는 누가 발전을 시키고 정착을 시킬 것인가?

어렵게 생각하면 길고도 어려운 대답을 해야겠지만 쉽게 생각하자면 아주 짧은 한마디로 충분하지 않을는지…….

'우리' 우리가 모든 것을 책임져야 하고 우리가 이루어 놓아야 할 역사의 엄숙한 명령이다. 왕조 말엽 쇄국의 우를 범하지 않았던들 일제강점 36년은 겪지 않아도 됐을지 모른다. 5·16쿠데타가 없었던들 군사문화의 경험은 하지 않았을 것이다.

캄보디아의 현실을 보고 왕조 말기 우리의 현실과 비유를 하고 5·16으로 출발한 군사문화의 공과를 공공연하게 평가하기에 이르렀지만 이러한 역사 앞에 '우리'의 존재는 어떤 의미를 갖고 있는 것인가? 책임져야할 주체로서 우리이고 역사 앞에 엄숙히 고개 숙여야 할 우리라는 것 외에 다른 의미는 없다고 보아야 한다. 여는 무엇이고 야는 무엇인가. 주류는 누구이고 비주류는 누구인가. 신분으로 치면 한 우물에 개구리요, 행위로 보면 피장파장이다. 언제 우리가 일치된 공동체의식을 가지고 국운을 염려했으며 언제 우리가 합리적인 사고력을 모아 나라의 장래를 설계했던가. 인과응보의 철학을 우리는 역사의 어디에서나 읽을 수 있다. 반쪽이나마 지방자치를 다시 시작해본 것이 어언 1년이나 지났다. 민주주의의 꽃이네, 민주주의의 뿌리네 하면서 엄청난 기대와 축복 속에 출발한 절름발이 지방자치는 숱한 사연과 얘깃거리를 만들면서 돌을 맞이했다. 어차피 초창기의 진통이야 예상했었지만 우리의 기대와 우리가 보내주었던 축복이 컸던 만큼 실망도 크지 않을 수 없다.

구체적인 사례를 굳이 여기에 거론하지는 않겠지만 지방의회 그 존재 의미를 찾기가 어려웠던 일들이 많았다. 항상 잘한 것은 보통이고 상식이요, 잘못하면 엄청난 질타를 받아야 하는 신분이 여러 가지 있는 가운데 가장 먼저 꼽히는 신분이 바로 의회 의원이라는 신분이다.

특히 지방의회 의원인 경우는 더욱 그러하다. 정치적인 존재, 그런 인격으로 보지 않기 때문이다. 정치적인 존재로만 본다면 군주론의 이론에 따라 솔직하게 권모와 술수를 부려도 그것이 오히려 당연한 것처럼 이해될 수 있을지 모르지만 어떤 나라 지방자치 선진국의 예에서도 지방의회 의원을 그런 인격으로 보는 경우란 찾아보기 어려울 것이다.

바로 이런 점에 지방의원의 고민이 있지 않을까 생각된다. 그렇지만 훈련되지 못한 의식의 탓으로 돌리면서 많은 것을 생각하고 보다 많은 것을 익혀야 한다는 것을 감히 촉구하고자 한다. 많은 나라들에서 지방자치단체장을 의회 의장이 겸하고 있음을 볼 수가 있지만 그것은 지방의회와 자치단체의 유기적인 관계를 설명해주는 예라고 생각이 된다.

의회는 과연 지방자치를 어떤 방법으로 이끌고 가야 할 것인가에 대한 표본이랄 수도 있을 것이다. 지방자치단체장 선거를 두고 팽팽한 주장 차이 때문에 국회마저 열지 못하고 있는 터라 상황이야 물론 다를지 모르지만 기본적으로 자치단체나 그 구성원은 절대로 의회의 적이 될 수 없고 오히려 애정 넘치는 동반자 관계가 되어야 할 것이다. 감시와 견제가 기능의 전부가 아니요, 거기에 협조와 자문의 기능이 확실하게 첨가되어야 마땅하다. 의회의 운영이나 의사진행 그리고 특위구성 운영 등에서도 이제 조금은 더 세련되고 진취적인 면모를 보여야 되리라고 본다. 전라북도의회처럼 일당일색의 경우 더더욱 이런 점에 유의해야 된다는 것을 강조해 두고자 한다.

역사는 결코 하루아침에 이루어질 수 없다. 민주주의의 종주국이라고 할 수 있는 영국의 민주주의가 어찌 하루 이틀에 꽃을 피울 수 있었겠는가? 영국민주주의는 알다시피 1215년 '마그나카르타'(대헌장)의 발효로 시작된 이래 장구한 세월에 걸쳐서 이루어진 것임을 간과해서는 안 된다. 서두르지 말고 우리 세대에 우리가 해야 될 몫을 다해 놓았을 때 우리나라도 진정한 민주주의국가로 성장 발전해 나갈 수 있을 것이다.

역사를 혼자서 만들 수 있다는 자만을 버려야 한다. 역사는 결코 그를 용서하지 않을 것이라는 사실도 명심해두자. 오직 우리는 역사 앞에 엄숙해야 될 뿐이다.

예술에서 공간의 뜻은……

— 예술의 도시 그 허상

비록 연극배우가 아니더라도 예술을 하는 사람에게 무대는 인체에 있어서 얼굴과도 같은 의미를 갖는다. 그것은 표현의 공간이요 생명이 살아 숨쉬는 현장이기 때문이다. 또한 그것은 조형의 틀을 갖기도 하고 한정의 뜻만을 갖기도 하지만 어쨌든 예술에서 무대의 의미는 중요한 것 이상의 것이다. 예술의 공간의 미학이라고나 할까. 공간의 성격이나 품위에 따라서 예술은 그 표현의 방법이나 성격이 달라질 수 있다. 예술과 공간을 어떻게 설명해야 되느냐는 그 현장에서 직접 목격하는 것이 가장 적절하리라고 본다.

예술의 도시, 문화의 도시라고 자부하고 있는 전주가 과연 그러한가? 그 현장에서 깊은 반성을 해볼 필요가 있다.

우선 외형적으로 인근 여러 도시에 비하여 조형예술공간이 형편없이 좁다. 연극을 하고 싶어도, 그림전을 갖고 싶어도, 음악회를 갖고 싶어도 공간이 없어서 계획을 포기하는 경우가 허다하다. 전국체전을 하면서도 스포츠 행사에 그치지 않고 문화예술 행사를 반드시 병행하는 것이 최근의 추세일 뿐 아니라 과학박람회에서도 문화예술행사가 오히려 돋보일 만큼 대단한 비중을 갖는다. 예술의 도시는 기관장님의 식사에서나 빠지지 않을 뿐 오히려 예술인들을 화나게 만든다. '예술의 도시', '문화의 도시'는 과연 언제쯤 그 허상을 벗을 수 있을까? 과연 누가 그 허상을 벗길 수 있을까? 예술과 공간이 갖는 뜻은? 예술은 반드시 제한된 공간을 요구하는 것일까? 거리한 모퉁이나 양지바른 공원 한쪽은 예술의 공간일 수 없을까? 예술의 전통깨나 있다고 하는 외국의 도시를 관광하는 길에 흔히 거리의 악사를 만날 수 있고 팬터마임을 구경할 수 있다. 파리의 오페라 앞 삼각지 공간에는 언제나 이러한 사람들이 순서를 기다리고 있을 정도다. 곳곳에 널려 있는 문화예술의 유물들 그리고 어디서나 쉽게 만날 수 있는 예술인들을 보면서 예술의 도시 문화의 도시임을 실감하게 된다. 전주문화원이 트인 공간에서 열린 문화마당을 열어 대단한 호평을 받고서도 예산이 없어서 계속하지 못하는 아쉬움을 남긴 일이 있다. 이러한 경우가 보다 적극적으로 혹은 철저하게 자생적으로 움틀 수는 없는 것인지 모르겠다. 장식된 무대 위에서, 다듬어진 공간에서만 가능한 양반스러운 예술만이 참예술이라는 관념을 깰 때가 되었다. 그럴 수 있을 때 전주는 낭만이 숨쉬는 예술의 도시, 문화의 도시로 자리매김을 하게 될 것이다. 공간 확보의 책임을 일단 예술인들에게 먼저 돌려본 경우였다. 그러나 양반고을 전주의 정서에는 전적으로 맞지 않음도 간과할 수 없다. 시민의 예술에 대한 감각이 지금보다는 훨씬 더 진취적이고 개방적으로 바뀌어야 한다는 뜻이다. 다음에는 예술단체들의 소극적인 자세도 문제이다. 해마다 시월이면 열리는 전라예술제 같은 행사는 예술단체 스스로가 거부해야 한다. 여기에 대해서는 더 이상 부연 설명이 필요 없을 것으로 믿는다.

자기부정과 전북 재창조

– 가슴 아픈 일들

지지율 90%, 종다수 투표제도 아래에서 무엇 때문에 이런 결과가 나올 수 있었을까?

면접시험 열한 번째 낙방, 무엇 때문에 이런 결과가 나올 수 있었을까?

2%의 경제력, 무엇 때문에 이런 결과가 나올 수 있었을까?

무장관(無長官) 무차관(無次官), 무엇 때문에 이런 결과가 나올 수 있었을까?

인과응보라고 하기에도 어처구니가 없고 자업자득이라고 해도 이해가 되지 않을 일들이 허다하게 있었던 시간들을 우리는 지나왔다.

굳이 여기에서 역사라는 용어를 쓰지 않고 시간이란 용어를 쓴 까닭은 역사라 할 만큼 오래지 않은 일이었을 뿐 아니라 엄숙할 수밖에 없는 의미의 낱말을 쓰기가 싫어서이다.

권위형, 돌격형, 권력형, 그리고 미소형 등 각기 특색 있는 지도자를 모셔 오는 동안 슬기로운 대처를 하지 못했다는 결론부터 먼저 내려두고자 한다. 차라리 풍전세류(風前細柳)의 기질이 정말 우리 핏속에 흐르고 있었다면 그 기질을 현대적으로 세련되게 가꾸어 나갔던들 그 여러 가지의 좌절 넘치는 의문은 갖지 않아도 되었을 것 아니냐 하는 생각마저 가져 보았다. 어쨌든 가슴 아픈 일들 앞에서 우리는 많이도 서러워했고 많이도 분해했으며 많이도 좌절에 빠져 살았다. 그러나 분명히 따질 것은 따지고 할 말은 할 말이로되 책임은 모두 우리에게 있음을 확실하게 해두고 싶다. 이른바 자기부정의 논리이다.

'모두가 내 탓이오.'는 자기 책임론인 동시에 자기부정의 논리로 통하기 때문이다. 누가 그렇게 했던가? 누가 그렇게 만들었느냐를 따져서 무엇을 어떻게 할 것인가? 사법적인 방법에 호소할 수도 없고 극한적인 보복수단을 쓸 수도 없는 일이다. 평화적인 방법으로 어느 특정인을 향하여 90%의 지지를 보냈지만 그것은 다만 부질없는 욕구의 표출이었을 뿐 아무런 소득도 얻어내지 못했다. 김영삼 차기 대통령은 '신한국창조'를 쉬지 않고 다짐하면서 전면적인 개혁을 설계하고 있다. 그것도 전기 집권정당인 자민당의 골격 위에서다. 개혁이란 기존의 질서를 변화 내지는 전면 부정을 하는 것인데 결국은 자기부정이 아니고 무엇이겠는가? 만일에 신정부 당국자가 자기부정이라는 전제를 하지 않고 개혁을 운위하고 있다면 그것은 일종의 자기모순의 공론(空論)이거나 공약(空約)이 아닐 수 없다. 우리의 경우도 마찬가지이다.

분해하고 좌절하고 따돌림받아 억울해하던 모든 것이 우리 탓, 내 탓이었다고 겸손을 보여야 할 때라고 생각한다. 그러기 위해서는 우리에게 자기부정의 덕목이 전제가 되지 않으면 안 된다. 실력이 모자랐으니까 열한 번을 면접시험에서 떨어졌고 부지런하지 못하여 잘살지를 못했으며 중용할 만한 인재를 양성해 놓지 못하여 무장관, 무차관일 때도 있었다고 생각해 볼 수는 없을는지?

바로잡아 나가자.

한 나라의 흥망성쇠나 한 지역의 융성쇠락이나 한 개인의 영화퇴락이나 모두가 어김없이 윤회순환의 이치를 따르고 있음이 사실이라고 한다면 분명히 우리 향토는 이제 융성의 시운을 맞이했다고 감히 믿어보고 싶다. 공업화에서 뒤떨어진 것이 사실이지만 앞으로 공업의 축을 서쪽으로 돌릴 수밖에 없고 인재의 등용에서 소외가 심했던 것도 사실이지만 그 보상의 방법으로 덜 자란 재목이라도 동량으로 다듬어 쓸 것이며, 어느 특정인에게 90%의 지지를 보낼 수 있었던 응집력에 대한 반대급부도 반드시 있을 것으로 확신한다. 이제 우리는 잃었던 웃음을 되찾기 위하여 진지한 노력을 기울여야 한다. 영화로웠던 백제시대에 봉안되었던 불상의 모습을 살펴보면 신라시대 불상의 모습과는 달리 부드럽고 엷은 미소에 잠겨 있다고 한다. 백제의 불상처럼 우리는 엷은 미소를 되찾아야 한다. 웃음을 다시 찾을 수 있는 방법은 먼 곳에 있는 것이 아니다. 자기부정이라는 겸손한 전제 아래 지난날의 악몽을 말끔하게 씻어버리고 새롭고 창조적인 자기를 만들어가는 것이다. '인간의 역사는 그 근본에 있어서 창조의 역사이다.'라고 웰즈는 말했다. 그리고 '인간은 의욕하는 것 창조하는 것에 의해서만이 행복하다.'고 알랑은 말했다. 묵은 뿌리에서 새싹을 돋게 하는 것도 창조요, 묵은 것을 없애고 새것을 만들어내는 행위도 창조적인 행위이다. 창조 그 자체인 삶을 우리는 알아야 한다. 그런 삶을 살기 위하여 우리는 항상 의욕에 충만해 있어야 하고 새것을 위하여 묵은 것을 아낌없이 버릴 줄 알아야 한다. 헐뜯고 시기하고 질투하는 버릇이 지나쳤다면 그것을 칭찬하고 격려하고 축하해 주는 버릇으로 바로잡아 나가야 한다. 힘든 일, 더러운 일, 어려운 일을 싫어하여 가난하게 살았다면 지금부터라도 그런 일들을 내가 먼저 앞장서서 해야겠다. 길도 내가 먼저, 차도 내가 먼저 하다가 거리질서 제일 형편없고 교통사고 전국 제일이었다면 길도 먼저 차도 먼저 가십시오로 바로잡아 나가야겠다.

창조적인 마음가짐으로 우리 주변의 잘못된 것들을 하나하나 바로잡아 나갈 때 全北은 찬란한 재창조의 역사에 빛날 수 있으리라.

전북의 미래는?

김완주 지사가 전주시장 시절 "새만금이 전북의 모든 것이냐?"는 말을 하여 새만금에 전북의 미래를 걸고 있는 도민들에게 많은 말을 들었다. 그 새만금 사업 이후로 가장 큰 국가 프로젝트가 LH 본사 유치문제였다. 전북이 얼마나 소외된 지역이었고 얼마나 낙후된 지역이었던가를 말해 주는 부분이다. 이와 관련해 생각해 보면 김완주 지사의 선견지명이 들여다보여지는 대목이다. "새만금에만 온 힘을 쏟지 말고 제2, 제3의 프로젝트를 구상해야 한다."는 말로 해석되기 때문이다. LH문제가 실패로 결론나면서 누구보다도 김완주 지사는 말할 수 없는 회한이 있었으리라 생각된다. 'LH를 껴안고 죽을망정 빼앗길 수 없다.'고 할 만큼 LH유치에 모든 것을 걸었기 때문이다. LH문제도 새만금 문제처럼 그런 사고로 접근했어야 옳다. "LH가 전북의 모든 것이다."는 식이었다. 왜 그랬을까. 문제는 여기서부터 시작되었다.

평창과 경쟁을 벌였던 무주, "무주는 2018 동계올림픽 평창 유치를 환영하고 축하한다."는 메시지를 냈다. "당연하다."면서도 마음의 그림자마저 지울 수는 없었다. 그러나 반드시 짚고 넘어가야 할 것이 있다. 무주가 평창을 경쟁에서 이겼었다고 가정하고 재수, 삼수의 고통을 참아내고 '더반'의 영광을 쟁취할 수 있었겠느냐는 의문이다. 이러한 의문은 오랜 시간을 버틸 만한 힘, 원맨쇼를 해야 되는 지도자의 빈곤, 사즉생의 끈기, 도민을 하나로 만드는 커뮤니케이션 부족과 무관하지 않다.

LH에 목매달고 3년 세월을 울부짖은 우리가 가련해서 죽겠다. 지도자라는 사람들이 삭발이라는 극한적인 항의도 했고 1인 시위, 군중집회 등 할 수 있는 모든 일을 해봤다. 존재를 확인시키기 위하여 대통령 후보였던 사람이 그 상대였던 사람 앞에 가서 어깨띠를 두르고 데모를 하는 치욕도 겪었다. 하지만, 메아리는 없고 돈과 시간만 탕진하고 좌절과 패배와 정신적인 상처만 안고 주저앉았다.

이제 어떻게 할 것인가? 국무총리실에 요구한 후속대책이 과연 차질 없이 관철되리라고 믿는가? 또다시 'LH를 껴안고 죽는다.'고 엄포라도 내지를 것인가? 아니다. 국무총리실에 요구했다는 다섯 개 후속대책을 철저하게 분석하고 추진 강도의 순서를 정해야 한다. '더반의 기적'은 IOC위원의 성향을 7단계로 분류하여 철저하게 접근한 데서 나온 것이라 하지 않는가. 다섯 개 사항 어떤 것도 결코 쉽게 수용될 수는 없을 것이기 때문이다. 한 가지 한 가지마다 전략

팀을 구성하여 전문가의 전략전술을 듣고 끈질기고 집요한 접근이 필요하다. 이미 철학과 능력이 검증된 정치권에 의지하는 일은 결코 없어야 할 것이다. 이제야말로 '현안사업 유치투쟁위원회' 같은 기구를 만들어 이름 그대로 치열하고 일사분란한 투쟁을 벌이도록 해야 한다.

기성세대들에게 책임을 묻는 신기성세대들의 무책임한 언동도 경계해야 한다. 정작 어려운 과정에서는 방관과 무관심으로 일관하다가 결과를 놓고 왈가왈부하는 것은 아주 비겁한 일이다.

전북인의 피 속에는 역전의 DNA가 흐르고 있다. '평창의 역전드라마'처럼 역전의 기록이 남아 있다. '군산상고 역전우승', '진안 전병관의 역전 역도우승', '군산 송길윤의 마라톤 역전 은메달', 이 밖에도 역사적 정치적 사회적으로 전세를 역전시킨 사실은 얼마든지 찾을 수 있다. 역전의 DNA를 거론하는 뜻은 다름이 아니다. 역전이 꼭 필요한 처지에 놓여 있기 때문이다. 치열한 승부근성, 치밀한 전략전술, 지도자의 탁월한 안목과 경륜이 스포츠처럼 필요한 시점이기 때문이다.

밤잠을 설치며 평창의 영광을 보면서 부러운 것이 한두 가지가 아니다.

"온 나라를 두 어깨에 짊어진 것 같았다."는 김연아, 아들딸들에게도 "IOC 위원을 만나라."고 엄명한 이건희, 적지에 베이스캠프를 차린 박용성, 그리고 누구보다도 부러운 사람은 '20년 전의 꿈'을 이루기 위하여 지구를 40바퀴나 돌면서 지지를 호소한 김진선이다. "이러한 사람들의 부재가 LH유치의 결정적 패인이다."고 하면 물론 섭섭해 할 사람이 많다. 따라서 모든 책임은 우리에게 있다고 해야 옳다. 다만 처음부터 가능성 여부를 정확하게 파악하지 못하고 전략 전술을 적절히 세우지 못한 것은 누군가가 책임을 져야 할 문제다.

어쨌든 전북의 미래를 위하여 석패-역전패-역전승의 드라마를 쓴 평창 유치단의 업적은 우리에게 훌륭한 타산지석의 교훈이 아닐 수 없다. 모든 일에는 고통이 따를 수밖에 없다. 책임을 지는 것도 고통이고 성실함도 고통이며 용서하고 이해하는 것도 고통이다. 고통을 참아내지 못하면 승리의 월계관을 차지할 수가 없다. 전북의 미래는 지금 우리가 이러한 고통을 얼마나 즐겁게 감내할 수 있느냐에 달려 있다. 평창이 물리친 것은 '뮌헨', '안시'가 아니라 8년간 시달린 실의와 낙담이었다. '젖과 꿀이 흐르는 땅' 전북의 미래는 그래서 우리 손으로 가꾸고 쟁취해야 한다.

김연아의 좌우명 'No pain, No gain(고통 없으면 얻는 것도 없다.)'을 LH유치 실패를 딛고 '전북의 미래'로 가는 슬로건으로 삼자. 깨어나라 전북이여!

역전 드라마를 써야 한다

'군산상고 야구 우승', '진안 전병관 선수 역도 세계제패', '제55회 전국체육대회 2위 입상', '군산 송길윤 선수 보스톤 마라톤 대회 2위' 정도를 전북의 체육사에 빛나는 역전의 명승부로 기억하고 있다. 공교롭게도 모두가 스포츠 행사였다는 데 주목하게 된다. 이 역사적인 사건들을 '스포츠맨 십', '스포츠 정신'의 결과로만 설명이 가능할까? 아니다. 여기에는 치열한 승부근성과 치밀한 전략 전술, 그리고 지도자의 탁월한 안목과 경륜이 있었다.

'경쟁을 했던 무주도 평창 유치를 환영하고 축하한다.'는 기사를 보면서 우리는 왜 이렇게 왜소하고 초라할까?를 곱씹어야 했다. 더반의 기적을 눈으로 확인하기 위하여 밤잠을 설쳤지만 그 속내에는 무엇이라고 표현하기 어려운 그림자가 있었다. 동계올림픽의 평창 유치를 시샘해서가 아니다. 우리에게 "온 나라를 어깨에 짊어진 것 같았다."는 마법의 김연아가 있었던가? 아들딸에게도 "IOC위원을 만나라."고 엄명한 이건희가 있었던가? 지구를 40바퀴나 돌면서 지지를 호소한 김진선 같은 지도자가 있었던가? "이러한 요소들의 부재가 LH유치의 결정적 패인이었다."고 하면 물론 섭섭해 할 사람이 많다. 그러나 여러 가지 정황상 성공 여부를 판단하는 것은 전략이고 가능성을 찾는 것은 전술이며 열정적인 추진은 지도자의 몫일 수밖에 없다. "내(LH)가 무엇이여?"라고 질문이 많았던 것은 소통부재였다.

평창의 쾌거는 우리에게 시사하는 바 크다. 석패-역전패-역전의 드라마도 가능하다는 것을 우리에게 보여주었다. 우리는 이렇게 쓰라린 역전의 드라마를 써보려고 노력이나 했었던가, 다같이 반성해야 한다. 뒷공론이나 하던 사람들이 결과를 보고 누군에겐가 책임을 물으려고 하는 것도 온당치 않다. 기성세대만의 책임은 더욱 아니다. 기성세대라는 용어 자체가 적절치 않은 것이다.

LH에 목매달고 3년 세월 울부짖은 우리가 가련해서 죽겠다. 삭발을 하고, 1인 시위를 하고, 대중 집회를 진행하면서 들어간 시간이며, 돈이며, 정신적인 피해는 누구에게 보상받아야 할지 모르겠다. 분명한 것은 그 어떤 것도 앉아서 보상받을 수는 없다. 국무총리실에 요구한 LH후속대책이 과연 관철되리라고 믿는가? 만일 그것을 믿는다면 LH를 껴안고 다시 죽어야 할 불행이 올지도 모른다. 다섯 개 요구사항은 각각 소관부처가 다를 뿐만 아니라 결코 결정이 쉽지 않은 사항들이다. 한 가지 한 가지에 전략팀을 구성하여 전문가의 전술을 듣고 끈질기고 집요한 접근이 있어야 할 것이다. 이미 능력이 검증된 정치권에 의지하는 일은 결코 없어야 할 것이다. 이제야말로 '현안사업 유치위원회' 같은 임시 기구를 만들 필요도 있다. 그리고 온라인 오프라인 매체를 총동원하여 도민과의 소통을 도모해야 한다. 기성세대들에게 책임을 묻는 신기성세대들의 무책임도 경계해야 한다. 모름지기 이것만이 LH유치의 역전 드라마를 성공시킬 수 있는 길이다.

김연아의 좌우명 'No pain, No gain'(고통 없으면 얻는 것도 없다.)을 제2 LH프로젝트 성공담으로 남기자.

4
사랑이 꽃비 되어

‘내가 누리는 축복을 세어 보니’ 중에서……

「리더스 다이제스트」가 20세기 최고의 수필로 선정한 「삼일만 볼 수 있다면」에서 헬렌켈러는 피를 토하듯 절절한 문장을 썼다. ‘첫날은 친절과 우정으로 내 삶을 가치 있게 해준 사람들의 얼굴을 보고 싶습니다. 그리고 남이 읽어 주는 것을 듣기만 했던 책들을 보고 오후에는 오랫동안 숲속을 거닐며 자연의 아름다움에 취해보겠습니다. 둘째 날은 새벽에 일어나 밤이 낮으로 변하는 기적의 시간을 지켜보겠습니다. 그리고 셋째 날은 조용히 잠에 들겠습니다.’

지금도 살아계신 증조할아버지… 나의 영원한 멘토

인생에 영향을 끼친 사람은 대개 스승이거나 사상적으로 배움을 얻은 위인일 경우가 많다. 흠모하는 대상도 마찬가지다. 하지만 나는 망설이지 않고 증조할아버지를 흠모의 대상으로 꼽는다. 증조할아버지(상할아버지)를 모시고 살았던 경우는 말할 것도 없고 생전의 모습을 기억하고 있는 사람마저 흔하지 않다. 그런데 나는 증조할머니의 해산구완으로 세상에 태어났고 증조할아버지와 할머니의 손에서 자랐다. 젖을 먹고 나면 할아버지의 글 읽는 소리를 자장가로 잠이 들었다. 할아버지의 가르침으로 글, 예절, 삶의 지혜까지도 배우면서 자랐으니 할아버지는 오늘 나를 있게 한 제2의 창조주인 셈이다. 지금까지 살면서 그런 축복을 받은 사람을 만나지 못하였다. 내가 누린 축복 중에서 단연 으뜸이다. "나는 너를 낳기만 했지 기른

▲ 저자 돌 때 증조할머니와 어머니　▲ 증조할아버지 존영

사람은 상할아버지와 할머니다." 돌아가시기 전 어머니가 수없이 나에게 하신 말씀이다.

증조할아버지는 스승의 가르침을 따라 벼슬길에는 나가지 않는다는 철저한 신념으로 88세 종수하실 때까지 학문에 전염하셨을 뿐 과장(科場)에는 나가신 일이 없다. 할아버지의 스승님은 을사늑약으로 국권이 침탈되자 을사오적의 처단을 상소 드리고 자결하신 연재(淵齋) 송병선(宋秉璿) 선생이다. 연재 선생의 수제자로 스승이 돌아가셨을 때 시신을 모신 방에 큰상주와 할아버지 두 분밖에 들어갈 수 없을 만큼 극진한 사랑을 받았다고 말씀하시면서 눈물을 글썽이는 할아버지셨다.

나는 할아버지 무릎에 앉아 천자문을 배웠고 슬하에서 사자소학(四字小學)을 익혔으며 기초적인 시 쓰는 법이며 붓글씨도 배웠다. 덕분에 초등학교 때는 물론이고 중 · 고등학교 시절 한문과목은 항상 수 등급이었다. 할아버지께서 써 주신 사자소학 책은 활자 인쇄같이 정교하여 내가 간직하고 있는 할아버지 유산 중의 으뜸이다. 사람의 도리와 삶의 지혜 그리고 인생의 좌표가 오롯이 담겨 있는 그 책 속에서 나는 할아버지의 숨결을 지금도 느낀다. 내 인생 속에 상할아버지는 돌아가시지 않고 영생하고 계신다. 초등학교 시절 상할아버지가 돌아가신 꿈을 꾸고 소스라치게 놀라 눈물을 흘렸던 일이 여러 번 있을 만큼 나에게 있어 상할아버지는 혈육 이상의 분이셨다.

할아버지가 들려주신 사서삼경 풀이가 오늘날 가끔 나오는 사자성어(四字成語)를 낯설게 하질 않는다. 최명희 씨의 ≪혼불≫을

父生我身 恩以憐我 以衣溫我
母鞠我身 乳以哺我 以食活我
恩高如天 爲人子者 父母呼我
德厚如地 曷不爲孝 唯而趨進
父母責我 侍坐父母 父母出入
勿怒勿答 勿踞勿卧 每必起立
須勿大唾 勿立門中 口勿雜談
亦勿弘言 勿坐房中 手勿雜戲

▲ 저자에게 준 증조할아버지 친필≪四字小學≫

흥미롭게 읽었던 것도 할아버지 덕분이다. ≪혼불≫에 나오는 생활예절 얘기는 거의가 할아버지에게서 들은 내용들이었기 때문이다. 술은 좋아하셨으나 탐하지 않고 즐기셨던 할아버지가 나의 술 선생님이시기도 하다. 겨우 숟가락질을 할 때부터 겸상을 한 나는 반주를 즐기신 할아버지께서 잔 바닥에 남겨 주신 술을 받아 마시며 술을 배운 셈이다. 풍류를 즐기시는 인자를 전해주려 하셨던 모양이다. 풍류를 즐길 줄 알고 세상사는 법도를 가르치셨던 할아버지 덕택에 30년이 넘는 방송프로듀서 일생이 가능했고 글쓰기의 흉내라도 낼 줄 알아 책을 쓸 수 있는 영광도 얻을 수 있었다.

10권이 넘는 문집을 남기셨고 1950년 7월 18일 운명하시기 일주일 전까지 하루도 빠짐없이 일기를 쓰셨다. 한여름에 갑작스런 폭우로 마당에 널어놓은 곡식이 멍석채 떠내려가도 글 읽는 소리를 그치지 않을 만큼 학문에 대한 열정이 대단하셨다. 남원에서 대전까지 300리, 스승이신 연재 선생이 자결하실 때까지 스승의 곁을 지키셨던 상할아버지는 그래서 호남의 거유(巨儒)로 은밀한 칭송을 받고 계신다.

"입에 '돈전자'를 올리는 것은 선비의 자세가 아니다."며 제일 싫어하는 글자도 '돈전자'라 하실 만큼 재물을 탐하는 일을 철저히 금하셨다. 비록 재물이 적어 넉넉한 살림을 꾸리고 살지는 못하지만 할아버지의 가르침에 크게 어긋나지 않은 삶을 살았다는 데 안도한다. 지금도 살아계신 증조할아버지, 나에게 그토록 절실한 존재가 또 어디 있을까.

가훈이 있는 집

초등학교 방학숙제로 가훈을 써 오라는 경우를 한두 번쯤 보았다. 밤 12시가 되었는데 잠결에 서울 사는 손자 녀석의 전화를 받고 적잖이 당황한 적도 있었다. 가훈을 써 오라는 숙제를 그 시간까지 못했다는 것이다. 물론 나에게 가훈을 써오라고 숙제를 내주신 선생님은 한 분도 안 계셨다. 왜였을까. 지금도 의문이다. 내가 배웠던 선생님 댁에는 가훈이 없었다는 얘긴가? 전통적인 가정이라면 당연히 가훈은 있기 마련인데 말이다. 반에는 급훈이 있고 학교에는 교훈이 있으며 회사에는 사훈이 있고 각 기관에는 관할 영역에 따라 훈령이 있고 지침은 있지만 가훈 급훈 사훈과 같은 계명은 없다. 국가는 정체성에 따라 국정 목표가 정해지기 때문이 아닌가 싶다. 삼대세습을 준비하고 있는 김정일 같은 체제에서야 당연히 일관된 국가목표가 있으니 살기까지 느껴지는 계명이 있기 마련이다.

"아침 먹고 오세요. 보증을 서지 말자." 등 극히 일상적인 급훈이나 가훈이 있는가 하면 "서로 사랑하라. 하늘은 스스로 돕는 자를 돕는다." 등 잠언을 인용하는 가훈, "글을 알고 배우는 일을 반드시 부지런히 하라[文學必勤]. 부와 권세를 즐기지 마라[貴勢勿耽]." 등 사자성어로 표현한 가훈 등 여러 가지 형태가 있다. 어쨌든 가훈이란 가족이 함께 지향해 갈 삶의 지표다. 명문가이거나 평민가이거나 가장으로서 가족을 통솔해 가는 통솔 방침이기도 하고 훈육 지침이기도 하다. 급훈이나 교훈이나 사훈도 이러한 의미에 다름이 아니다.

호암(湖巖) 이병철 탄생 100주년을 기념하여 장녀 이명희의 신세계 창립 축하 휘호로 써준 "고객제일(顧客第一)"이라는 액자를 도하 각 신문에 연일 광고하고 있다. 장사꾼이 아니라 고객의 마음을 얻는 기업가가 되라는 뜻풀이까지 싣고 있다. 오늘날 세계 1위 기업으로 성장한 삼성의 저력이 어디서 나왔는가를 말해주고 있다. 일본 도요타의 신화가 깨지는 소리를 들으면서 조금만 손을 보면 손색이 없는 수백억 원어치의 제품을 전량 소각 처분하도록 했다는 故 이병철 씨의 기업정신을 이해할 것도 같다. 고객의 신뢰를 얻기란 그토록 어렵다는 얘기이기도 하다. 한 기업가의 기업정신이 어떻게 영향을 미치고 발전하는 것인가를 우리는 보고 있다. 이병철 연구를 하는 일본인 학자들이 많을 만큼 그의 정신적 토양은 무궁무진했던 것 같다. 일가가 아니라 국민을 먹여 살리기 위한 원대한 안목을 읽을 수 있을 것 같다.

오늘날 청소년들의 사회적인 여러 가지 병폐를 가정교육의 부재로 돌리는 경우를 보지만 이것은 인자의 문제가 아니라 관리의 문제라는 생각이다. 형무소를 교도소로 바꾼 이유는 관리[교육]를 통하여 인간을 바꾸어[矯正] 보자는 취지였다. 예외는 있지만 물론 성공을 했다고 본다. 가정에서도 이런 교정의 노력이 없는 교육이 오늘날 엄청난 사회 문제를 일으키고 있다고 보아야 한다. 가훈이 꼭 필요한 이유다. 가훈은 가정교육의 지표이고 사회생활의 지향이기도 하다.

우리 집 가훈을 감히 소개하면 "사람은 저마다 재물을 탐하지만 나는 오로지 내 자녀들이 어질기를 바란다. 삶에 있어 가장 보람된 것은 책과 벗하는 길이며 더 없이 소중한 것은 부지런하고 알뜰함에 있지 않으랴. 이를 가훈으로 삼으라[人皆愛珠玉 我望子女賢 至樂於讀書 至要於儉勤 是汝家法]" 증조부님이신 염와(念窩) 치수(致洙) 공이 선대의 유훈을 받들어 내려 주신 가훈이다. 나름대로 풀이를 하자면 재물을 탐하는 것은 인간의 본성이지만 어진 마음으로 이를 극복하길 바란다. 삶에 있어 가장 보람된 것은 책을 가깝게 하는 것이며 삶의 지혜는 책을 통하여 얻어야 할 것이다. 이는 곧 선비의 길이기도 하다. 더 없이 소중한 것은 책을 읽되 부지런해야 하고 알뜰함으로 생활인의 본분을 지켜야 한다. 이를 줄이면 "재물만을 탐하지 말고 인격도야에 힘쓰라. 책을 벗삼아 인격을 도야하고 부지런하고 알뜰함을 생활의 지혜로 삼으라."는 가르침이다. 가훈을 충실히 지키지 못하여 가세를 번창시키지 못한 죄스러움이 나이 들수록 간절해지지만 그래도 가훈이 있어 세상을 아무렇게는 살지 않았다는 자부심도 갖게 된다.

김수환 추기경님의 선종 1주년, 그분의 유훈을 따라 끊임없이 이어지는 사랑의 실천을 보면서 몸소 행함으로 후세에 남기는 훈계가 인간 생활에 얼마나 큰 영향을 미치는가 똑똑히 보고 있다. 추기경님의 가정은 우리가 사는 온 세상이며 추기경님의 가족은 가톨릭 신자뿐 아니라 온 인류였다. 누구도 억압치 않고 누구도 불행하지 않으며 누구도 헐벗지 않고 누구도 굶주리지 않는 세상을 바라고 평생을 바쳐 열심히 하느님께 기도하였다. 가훈이라면 그 이상의 훌륭한 가훈은 없다. 물론 우리 할아버지께서 남기신 가훈도 추기경님의 가훈 핵심을 벗어나지 않았다고 자부한다. 왜냐하면 인(仁) 의(義) 예(禮) 지(智)의 사상적 토대 위에서 사유하고 실천하고 궁행하며 평생을 투철한 선비정신으로 사셨기 때문이다.

훌륭한 가훈을 남겨 이 세상 부끄러움 없이 살게 해주신 우리 할아버님들께 삼가 큰절을 올립니다. 할아버님 감사합니다.

사랑이 꽃비 되어

태초에 하느님께서 세상을 창조하신 다음 "보기에 참 좋다."라고 하셨다. '물도 사랑을 하면 모양도 예뻐지고 기능도 좋아진다.'고 했다. ≪물은 답을 알고 있다≫에서 실험과 과학적인 분석을 통하여 여러 가지 놀라운 사실들을 밝히고 있다.

전지가위를 들고 나무를 가꾸는 정원사가 무슨 얘긴가를 끊임없이 하기에 "누구와 그렇게 얘기를 하느냐?"고 물었더니 나무와 사랑을 나누는 중이라고 했다. 사랑의 꽃비를 맞고 양분이 되어 나무가 자란다는 사실 앞에 새삼스레 사랑의 경의를 느낀다. '사랑'은 유, 무생물을 가리지 않고 모유가 되고 자양분이 된다.

상할아버지, 상할머니 밑에서 시집살이를 시작한 우리 어머니는 그 따뜻한 사랑 덕분에 초산답지 않게 나를 순산하셨던 모양이다. 우리 어머니, "나는 너를 낳기만 했지 상할아버지 상할머니가 기르셨다."고 하셨다. 젖 달라고 울면 "젖 먹여라." 부르셨고, 젖 먹고 나면 상할아버지 글 읽는 소리에 잠들었다고 회고하셨다. 상할아버지 무릎 위에서 ≪천자문≫을 떼었고 ≪사자소학≫을 배웠으며 초등학교 들어가기 전에 한시를 짓는다며 파안대소하시던 상할아버지 모습이 눈에 아른거린다. 이렇게 특별한 사랑을 받으며 자란 사람이 나 말고 어디 또 있을까. 마침 대학입학 시험이 있는 날에 운명을 하신 상할머니는 "운명 직전에도 네 이름을 부르셨다."는 우리 어머니의 말씀에 호천망극(昊天罔極)한 심정으로 서러웠다. 상할아버지 상할머니가 돌아가신 불길한 꿈을 꾸고 눈물을 흘렸던 증손자, 이제 그 증손자도 70을 넘어 80을 바라보고 있으니 상할머니의 임종을 지키지 못하였던 불효를 씻을 날도 머지 않은 것 같다. 가이 없는 사랑이 꽃비 되어 75년의 성장을 도왔으니 아무렇게나 살지 않은 일생을 가능케 하지 않았을까 싶다.

이토록 내가 받은 조용한 사랑은 아침의 상쾌한 바람과 한낮의 밝은 햇살과 어두운 밤의 안식과도 같았다.

사랑이 꽃비 되어 언제나 슬픔에 위로를 주었고 기쁨에 춤출 수 있게 하였다.

사랑이 꽃비 되어 날마다 지혜를 늘어나게 했고 삶에 대한 애정이 깊어지도록 해 주었다.

사랑이 꽃비 되어 나를 나쁜 길로 들어서지 않게 해 주었고 늘 좋은 것만을 생각하게 해 주었다.

이렇게 사랑은 나를 지켜주는 울타리가 되었고 성장의 에너지가 되었으며 성숙의 묘약이 되어 주었다.

사랑이 없었으면 쉽지 않은 세상을 살아올 수 없었다. 가뭄에 타고 목말라하는 대지를 조용히 적셔주는 것이 꽃비가 아니던가. 나는 그 사랑의 꽃비 속에 태어났고 꽃비를 맞으며 성장했으며 꽃비를 맞으며 부드러운 삶을 만들어낼 수 있었다.

이른 아침 물동이 놓는 난간에 올라가 우물물을 길어 올리다가 거꾸로 우물에 처박혀 기절 직전에 할아버지가 구해 주셔서 살아났다. 1미터가 넘는 높이에서 거꾸로 돌 모서리에 처박혀 정수리가 박살이 났어도 살아났다. 원인도 모르게 하반신이 마비되어 대소변을 가리지 못할 만큼 엉망이 되었어도 기적처럼 회복되었다. 새끼들 고등학교 졸업할 때까지만 살아 달라고 간절히 빌던 아내의 애원이 지금도 들리는 것 같은데 그 아이들이 모두 대학을 졸업하고 직장을 구했고 결혼을 했다. 그 2세들이 대학에 들어가기 시작했으니 아내도 이젠 더 이상 빌 일이 없을 듯하다.

원하던 방송일도 30년 넘게 했는가 하면 퇴직을 하고서도 15년 넘게 '하림'과 관련된 일을 하고 있다. 제2의 인생을 살도록 도와주신 김홍국 '하림'회장이 고맙다. 꽃비 내려주신 근원을 생각하며 조용히 혼자서 옛날을 회상하며 나는 살고 있다.

11대조 할아버지의 자손들이 함께 영면하실 묘역을 마련하고 모든 가족을 이곳에 모셨지만 우리 상할아버지와 상할머니 묘지는 그대로 그 자리에서 옮기지 않는 고집을 나는 조용히 부렸다. 모든 가족들이 주장을 했지만 아직도 체온을 느낄 수 있는 상할아버지 상할머니의 유골에 불을 대기가 무서웠다. 아니, 나로서는 할 수 없는 일이다. 생전의 모습을 뵙지 못했던 철우에게 판단을 상속한 것이다.

사랑으로 태어났고 사랑의 꽃비 맞고 자랐으며 사랑의 축복으로 오늘에 이르렀으니 이제 사랑의 품에 안길 일만 남았다. 70이 되어 선택한 사랑의 길, 그리스도의 자녀가 된 것은 결코 우연이 아님을 나는 안다. 날 때부터 나는 하느님 사랑으로 이 세상에 오게 되었고 하느님의 가호가 아니었으면 오늘에 이르지 못하였음을 알기 때문이다.

나는 고백한다. 사랑을 받은 만큼 사랑을 베풀지 못했음을. 그리고 기도한다. 나의 사랑이 꽃비 되어 넓고 깊게 뿌려지기를.

아버님 영전에 고하옵니다

아버님!

아버님이 영원한 생명의 나라로 떠나신 지 어언 20년의 세월이 흘렀습니다.

20년 전 오늘도 무척 더웠습니다. 그때나 오늘이나 섭씨 30도를 훌쩍 넘는 삼복 중입니다. 날씨도 이렇게 변함없이 덥고 자식들을 생각하시는 아버지의 마음도 날씨만큼이나 변함없이 간절하리라 생각합니다. 하지만 저희들은 그 변함없음에 따라가지를 못하고 있습니다. '자식의 마음이 어버이의 마음에 10분의 1이라도 따라가면 다행이라.'는 옛 말씀을 이 나이 되어서야 실감하게 됩니다. 그러나 아버님은 "너희들도 자식 길러 보면 부모 마음 알 것이다."라는 말씀, 한 번도 하신 적이 없습니다. 그만큼 아버님 어머님의 자식에 대한 사랑은 조건이 없었습니다. 그러면서도 이 자식들은 어버이의 그 마음에 10분의 1도 보답해 드리지 못하고 있습니다. 합제로 제사를 모신 이후 기일도 제대로 기억하지 못하고 지나친 경우가 허다했습니다. 앞으로는 적어도 아버님 직계에서 이런 불효막심한 일은 없도록 하겠습니다.

생각해 보면 일신의 편안을 좇아 얼마든지 다른 길을 가실 수 있었던 아버지가 증조부모님 조부모님을 편히 봉양하기 위하여 헌신하셨던 일생이 저로서는 가슴을 에이는 듯한 아픔으로 다가옵니다. 몸에 배지 않은 고역과 노동의 어려움을 어찌 참아내셨던가 모르겠습니다.

많은 일 가운데 여름이 되면 잊을 수 없는 아버지에 대한 아픔이 지금도 살아 생생합니다. 무성하게 자란 담배 밭 고랑에서 땀에 흠뻑 젖어 담배 잎을 따시던 아버지, 해소가 심하여 줄곧 기침을 하시면서도 남의 보리타작으로 하루해를 보내시던 아버지, 아버지에 대한 가슴 아픈 기억을 어찌 다 헤아릴 수 있겠습니까.

그러나 20년 전 오늘, 아버지는 큰자식인 저의 팔에 안기어 영면에 드셨습니다. 아버지를 추억할 때마다 그 순간만은 결코 잊을 수가 없습니다. 저의 마지막 효도였다고 기억하고 있습니다.

사랑하는 아버지!

비록 듣지는 못하였지만 "하느님을 믿고 따르렵니다."라며 성당을 찾았을 때 "잘했다, 잘했어."라며 기뻐하고 격려해 주시는 아버지를 그렸습니다.

아버지! 정말 그러셨던 거지요?

있는 정성을 다할 수 있으면 아버지가 계시는 나라에 가기 위해서라도 그렇게 하겠습니다. 아버지는 확실히 좋은 나라에서 영생을 누리고 계시리라 믿습니다. 그곳은 하느님이 다스리시는 하느님의 나라일 거라고 믿습니다. 아버지가 계시는 하느님 나라에 가기 위하여 열심히 하느님을 믿고 성당에 가겠습니다.

매일 저녁 올리는 기도에 우리 조상님들이 하느님 나라에서 영생을 누리게 은총을 베풀어 주시라고 간구하고 있습니다. 또한 모든 가족이 하느님의 자비와 평화 속에 살게 해 달라고 간절한 기도를 바치고 있습니다. 저희 기도가 부족한 탓이온지 응답이 별로 없습니다.

아버님!

생전의 그 자상하시고 간절한 보살핌으로 오는 8월, 검정고시를 기점으로 우리 집안의 장손인 형준 녀석이 정상적인 학업의 길을 걸을 수 있도록 도와주십시오. 손녀 다혜의 무난한 대학 입학 또한 물론입니다. 가슴 아픈 일은 작은아이네 형우 녀석 일입니다.

아버지! 그 아이 어찌하면 좋겠습니까. 정신을 가다듬어 새 출발할 수 있도록 힘과 용기를 마련해 주십시오.

조상에 대한 아버님의 정성을 보고 자랐습니다. 하오나 흉내조차 내지 못하는 저희들이옵니다. 다만 영면하신 이날을 기억하고 마음 가다듬는 것으로 대할 수밖에 없는 불효를 용서하소서.

사랑하는 아버지께 고하는 말씀 여기서 줄입니다.

영생의 길 부디 편안하소서.

어머님 영전에 올립니다

어머니!

어머니라는 이름이 이렇게 애절할 만큼 그리울 줄은 미처 몰랐습니다. '신은 아무 곳에나 있을 수 없기에 어머니를 만들었다.'라는 말처럼 어머니는 저희들에게 어쩌면 신보다 위대한 분이셨습니다.

한평생을 오로지 가족을 위해 몸 바친 어머니셨습니다. 열일곱 살 어린 나이로부터 아흔세 살이 되기까지 갖은 고난과 역경을 이겨내면서도 무거운 책임감을 벗지 못하였던 어머니셨습니다. 꽃길 따라 멀리멀리 떠나면서 자꾸만 뒤돌아보시는 어머니의 모습이 보일 것도 같았습니다.

수맥이 통한다는 말에 어머니가 쓰시던 방에 기거하면서 저녁마다 아버지와 어머니를 그리다가 잠이 들곤 합니다. 어머니가 주무시던 그 자리에서 잠을 청하기 때문입니다. 꿈속에서라도 어머니를 만나고 싶었습니다만 어머니는 지금까지 보여주시질 않았습니다.

무상한 것은 세월인가. 어머니 가신 지 일 년이 흘렀습니다. 짧게 계시던 남원 집에 가서 마루에 앉으셨던 어머니, 방 아랫목에 앉으셨던 어머니의 존영을 그려보곤 합니다만 모두가 부질없는 일이었습니다. 하늘나라는 일 년이 순간일 수도 있겠지만 어머니 계시는 하늘나라와 이승은 이렇게도 머나먼 거리인가 봅니다. 아픔도 없고 슬픔도 없는 하늘나라에서 영생을 누리고 계시리라고 저희들은 믿습니다. 이승에서의 고난에 대한 하느님의 은총이 가득하리라 믿습니다.

저희들이 어머니를 위해 할 수 있는 일은 아무것도 없습니다.

어머니가 몸소 실천해 보이셨던 서로 화목하고 우애할 수 있는 것 이외에는 아무것도 없습니다. 어머니 유택 앞에 조그마한 묘비를 놓고 어머니가 좋아하시던 꽃나무 몇 그루라도 심었더니 그런대로 조금은 무거운 마음이 가벼워진 듯했습니다.

'어버이 살으실제 / 섬기기 다하여라 / 지나간 후면 애닯다 어이하리.'

책에서 배우고 보면서 배웠던 도리를 저희들은 실천하지 못했습니다. 생각할수록 회한만 남을 따름입니다. 자식들 모두가 표현은 안 할지라도 마음은 하나같으리라 믿습니다.

어머니 떠나신 지 일 년이 되는 오늘 조촐하게 형제들만 모여 가신 날을 되새기고 있습니다. 번거롭게 생각하시던 어머니의 뜻을 따른다는 생각으로 백성기 장로님이 집례를 하여 추도식의 형식을 밟고 있습니다.

주님의 백성이 되시어 하늘나라에 계시는 우리 어머니.

주님! 어머니를 위한 저희들의 간절한 기도를 받아주소서.

인민군 병사를 껴안고 우시던 어머니

어머니에겐 아군도 적군도 없었다. 다만 어머니일 뿐이었다.

1950년 8월 어느 날 이른 아침, 그날도 날이 새면서부터 인민군 병사들로 온통 집안이 아수라장이었다. 우리 집인지 인민군 막사인지 몰랐다. 낙동강 전선으로 가는 인민군이 여원치(남원시와 운봉 사이의 고개)를 넘어 함양 거창으로 밤에만 행군을 하는 길초에 우리 집이 있었다. 낮에는 유엔군 전투기의 폭격이 심하여 날이 새면서 인민군들은 서둘러 민가를 점령하고 밤을 기다렸다. 프란체스카 여사(이승만 대통령영부인)의 친정 나라 비행기라고 하여 '호주기'라고도 했고 전투기의 소리를 흉내내 '쌕쌕이'라고 불렀던 미 전투기는 달리는 인민군 군용트럭 짐칸에 폭탄을 정확히 퍼부을 만큼 인민군들에게는 공포의 대상이었다. 이 '쌕쌕이' 때문에 인민군들은 낮에 행군이 불가능했던 것이다. 집이 넓어 우리 마을에 들어온 인민군

주력이 매일 우리 집을 점령한 것이다.

내가 들은 당시의 전황은 가히 절망적이었다. 1950년 7월 20일경 미 24사단은 대전방어전에서 대패를 하고 사단장인 '딘' 소장은 단신으로 남하하다 진안군 정천면 구룡리에서 공산군에게 포로가 되었다. 7월 26일에는 채병덕 육군 참모총장이 하동전투에서 전사를 하는 비극이 있기도 했다. 공산군 6사단 병력은 대전을 거쳐 남원으로 내려와 낙동강 전선으로 집결하는 전략요충에 우리 집이 있었으니 피할래야 피할 수 없는 수난이었다. 침략 한 달을 맞은 인민군들은 군량미 공급은 현지 조달이 원칙이었나 보다. 인민군부대가 마을에 들어오면서부터 우리 집에 있던 모든 것은 이미 우리 것이 아니었다. 집에 있는 곡식이며 닭 정도는 남아나지를 않았다. 곡식을 꾸어 와서라도 행군하다 먹을 주먹밥까지 마련해야 했으니 어머니야말로 죽을 맛이었다. 날이 새는 것이 정말 무서웠다. 그들이 행패를 부리지 않는 것이 그나마 다행이었다. 낙동강 전선이 무너지고 유엔군이 북진할 때까지 우리 집은 밤에만 우리 집이었고 낮에는 인민군 막사였다. 그러던 어느 날, 어머니가 병사들이 차지하고 있는 방에 들어가신 뒤 한참을 기다려도 나오시지 않아 조심조심 방을 들여다보았더니 이게 웬일인가. 어머니가 인민군 병사의 다리를 부여잡고 흐느끼고 계신 것이 아닌가. 나보다 두세 살쯤 위일까, 어려 보이는 인민군 병사였다. 인민군 병사는 밤낮으로 행군을 계속하다 보니 발이 온통 짓물러 더 이상 걸을 수 없을 만큼 참혹한 몰골이었나 보다. 우리 어머니를 보면서 북한에 계신 자기 어머니가 생각났던지

발을 부여잡고 우는 것을 보신 우리 어머니, 순간 적군이라는 생각은 없고 '어머니'의 마음만 발현된 것이다. 동족상잔의 비극이었지만 그 속을 들여다보면 어찌 이런 일이 우리 어머니일 뿐이랴.

같은 마을 명호 형과 해춘 형은 인민군이 휩쓸고 가면서 현지 입대라는 명목으로 붙잡혀간 강제 의용군이었다. 명호 형은 남원농고에 다니며 우리 증조부님 밑에서 같이 한문을 배웠었다. 명호 형의 어머니 냉평 할머니는 위로 두 아들은 남의 집 머슴살이를 시킬 만큼 살림이 어려웠지만 막내인 명호 형은 고등학교도 보내고 과외 공부를 시킬 만큼 끔찍하게 사랑하셨다. 해춘 형 또한 마찬가지로 농고에 다녔고 그 집안의 장남이었다. 우리 마을에서 6 · 25전쟁으로 인하여 행방불명돼 생사를 모르는 사람이 두 분이었다. 두 형의 어머니는 자식을 잃은 것도 감당 못할 서러움이었는데 의용군에 지원협력자라는 억울한 누명까지 써야 했으니 그 억울함이 하늘에 닿았으리라. 명호 형의 어머니 냉평 할머니는 명호 형을 가슴에 묻고 돌아가실 때 "우리 명호!"를 부르며 운명하셨다고 한다. 자식들이 어려서 끔찍한 일을 당하지 않으셨던 우리 어머니는 그래도 행복한 편이셨던가 보다. 그렇지만 나이 어린 인민군 병사의 어머니가 되어 주셨고 냉평 할머니의 자식 잃은 슬픔을 한평생 같이 나누었던 어머니셨다. 어머니에겐 좌익도 우익도, 국군도 공산군도, 아군도 적군도 없었다. 오직 어머니일 뿐이었다. '하느님은 모든 곳에 있을 수 없기에 어머니를 두셨다.'는 말은 나에겐 우리 어머니를 두고 하신 말씀이다.

6 · 25전쟁 61주년을 맞고 있는 오늘, 6 · 25는 아직도 진행형이건만

6 · 25를 까마득하게 잊은 듯 한심한 작태가 우리를 슬프게 하고 있다. 아직까지도 북침을 주장하고 있는 무리들이 젊은 세대들을 혼란스럽게 하고 있는가 하면 친북 종북 주의자들이 국회를 비롯하여 사회 곳곳에서 활개를 치고 있지 않은가. 아직도 생사를 모르는 국군용사와 민간인, 유골수습도 못하고 있는 전몰용사들의 영혼이 구천을 맴돌고 있는데 침략의 원흉들에게 머리를 조아리다니 기가 막힐 일이다.

하늘나라에 가신 우리 어머니! 명호 형 어머니 냉평 할머니! 그리고 지울 수 없는 한을 가슴에 묻고 이승을 작별하신 백만의 어머니들이시여! 확실한 증언과 꾸지람으로 이들을 깨우치소서.

白潭 安鴻燁

육십억 세계 인구를 낱낱이 살펴보아도 판에 박은 듯, 얼굴이 같은 사람은 없다. 조물주의 조화일까, 생물학의 수수께끼일까. 이런 이유 때문에 인류는 끊임없는 반목과 질시와 전쟁으로 시달려 오고 있는지도 모른다. 인류가 모두 일란성으로 태어났다고 가정한다면 이런 일은 없을 것이라고 터무니없는 상상을 해 본다.

이렇게 다른 모습으로 세상에 태어나지만 붙여진 이름은 같은 사람이 수두룩하다. 서울 전화번호부를 놓고 삼십 년 전에 헤어진 친구 김철수를 찾아보려고 했더니 엄두가 나질 않아 아예 포기한 일이 있다. 일일이 전화를 해서 확인을 하자면 며칠이 걸릴 지 모르기 때문이었다. 철수, 초등학교 국어 교과서에 나오는 이름이었고 영희와 바둑이는 으레 따라 다니는 친구였다. 한글 종씨는 가끔이지만 동명이인은 한글로도, 한자로도 전화번호부에 적힌 정도보다 훨씬 많다. 초등학생 철수와 영희가 전화번호부에 등재될 리가 없기 때문이다. 이렇게 같은 이름들은 어떻게 지어졌을까? 생년, 생월, 생시를 오행에 따라 풀어내고 획수를 따져 운세를 짚어 비로소 이름이 탄생하게 된다. 공식에 가까운 작명법에 따라 지어진 이름이기에 같은 이름이 많을 수밖에 없다. 타고난 시가 좋아야 팔자가 좋다면 여기에 근거한 이름 또한 좋고 나쁨이 있을 수밖에 없다는 얘기다.

1937년 12월 28일 인(寅)시에 태어난 아이는 어떤 사주를 타고 났을까? 아버지가 장가드신 지 육 년 만에 태어난 아이이고 증조부이신 염와공(念窩公)이 처음 얻은 증손(曾孫)이었으니 조상께 제사 올릴 종손(宗孫)이 나왔다고 동네방네가 떠들썩했다. 남원군 이백면 내동리, 마을 위쪽 산장 같은 모옥은 염와서실이 있는 곳이었고 그 옆채 기어들고 기어나는 방에서 어머니는 힘든 초산의 아픔을 참아내고 출산했다. 이 아기가 뒷날 백담 안홍엽(白潭 安鴻燁)이다. 주역(周易)에 통달하신 증조부님은 닦으신 학문을 총동원하여 작명을 하셨고 그 이름이 홍엽(鴻燁)이다. 클 홍 혹은 기러기 홍과 빛날 엽이다. 크게 빛나라는 할아버지의 염원이었을까. 직업적인 작명가들도 감히 손댈 수 없다고 격찬한 증조부님의 작명 실력이다. ≪사서삼경≫에 통달하지 않고는 나올 수 없는 학덕의 결과다. 그래서 나에게는 더없이 소중한 자산을 물려주신 셈이다. 한글의 동명이인도 거의 없고 한자가 같은 경우는 더욱 없다. 글자가 어렵다 보니 홍화로 읽거나 무슨 엽이냐고 묻는 사람이 많았다. 안홍화라고 써 보낸 청첩장은 보면서 찢어 버렸다. 그래도 미안키는커녕 불쾌한 마음이 가라앉지를 않았다. 쉽게 이름자를 말할 때는 안재홍 씨 홍자에 백선엽 씨 엽자라고 일러 주기도 했다. 어린 시절 증조부님 무릎 위에서 천자문을 배웠고 증조부님의 손을 잡고 조상의 묘사에 참례하였으며 산골짝 석간수 천연 목욕탕으로 목욕을 다니던 추억은 어제처럼 생생하다. 상할아버지 상할머니가 돌아가시면 어쩌나 하고 자다가도 눈물을 흘릴 만큼 각별히 따랐던 증손자는 할아버지의 기대에 백분의 일도 미치지 못하여 지지리도 못난 짓만을 하면서 살았다. 살기 위하여, 사는 데 급급하여 야망도 없었고 투철한 희망도 갖질 못하고 강인한 정신력도 발휘하지 못하여 성장도 학문도 결혼도 사회생활도 모두가 후회투성이가 되었다. 그럼에도 불구하고 웬일일까. 우리나라 불교계에서 달마 그림으로 일인자일 뿐 아니라 유명했던 스님으로서 사랑을 좇아 환속하신 소공(簫空) 선사는 나에게 백담(白潭)이라 호를 명(銘)해 주시고 호기(號記)까지 내려 주셨으니 나를 아는 나로서 혼란스럽기 그지없다. '백담은 푸르고 또 푸르러 사시에 변함이 없고, 군자와 같은 절개를 평생 이어가며, 만고에 성인과 같은 심성을 가졌도다.(白潭靑又靑 四時不変春 千秋君子節 萬古聖人心)'라는 호기는 나를 얼마나 염치없이 만들고 얼마나 황당하게 하는지 모른다. 아마도 호를 명해 주시고 호기를 이렇게 지어 주신 뜻은 그때 갓 설흔을 넘긴 나이이니 앞으로 그렇게 살아가라는 충고로 받아들이며 살라는 뜻이었나 보다. 안골의 산세에 문필봉(文筆峯)이 없었으니 아예 대문장가의 탄생은 애초부터 불가능했던 것인가? 그렇더라도 봉(峯)이 아니면 구(丘)에서라도 정기를 받았을 법도 한데. 그러나 한편 생각해 보면 증조부님의 아호가 생각 염자 생각 와자 염와(念窩)이고 아버님의 호가 일운(逸雲)이니 백담도 그와 맥을 같이하는 의미가 있는 듯도 하여 면면히 내려오는 가통과도 무관하지 않음을 위안으로 삼았다.

생각하고 또 생각하고, 스승께서 내려주셨다는 증조부님의 호는 평생을 올곧은 선비로만 사신 생애에 걸맞을 수도 있다. 구름에 넘친다는 아버님의 호는 벅찬 야망을 품었으면서도 그 야망을 구름에 묻고 사신 생애와 견줄 만하다. 호는 자호도 있고 존경하는 선생님이나 선배 친구 누구든지 지어 줄 수 있지만 나의 경우는 유명하신 스님이 격식을 갖추어 지어주신 것이니 특별하다면 특별하달 수도 있다. 나이가 들면서 이름보다는 '백담!'하고 불러주면 훨씬 정답고 기분이 좋았다. 백담 안홍엽을 부르면서 너는 누구인가를 물어 봐야 할 시간이 된 것 같다. 과연 호기처럼 그런 사람으로 태어났나? 그런 사람으로 살아왔나? 그런 사람으로 생을 마감할 수 있는가? 이 엄청난 질문에 명쾌한 답을 하지 못하는 사람이 바로 백담 안홍엽이다. 태몽도 없이 태어난 안홍엽, 그렇지만 남은 생애 그런 자신을 알면서 살 수 있으면 그나마 자신을 알라는 명령에 순종하는 길이 아닐까 싶다. 존경하는 글 선생 장영희 교수의 호는 오보(吾步)였다는데 혼자 가는 길이 너무나도 당당하여 '나의 길'이란 뜻으로 어떤 독자가 지어 보낸 것이라고 한다. 이런 경우에 비하면 나는 얼마나 행복하게 받은 아호인가? 그리고 이름인가? 백담 안홍엽. 늦게나마 하느님께 의탁하는 몸이 되었으니 모든 것은 그분의 뜻대로 이루어지도록 기도하는 생활로 호기와 이름이 뜻하는 바를 실천하면서 살았으면 좋겠다.

내가 누리는 축복을 세어 보니

어느 책에선가 '네가 누리는 축복을 세어 보라.(count your blessings)'는 영어 금언을 보았다. 내가 누리는 축복은 과연 몇 개나 될까? 인간으로 태어난 축복부터 헤아리자면 그 수가 열두 채반을 채우고도 남을 것 같다. 평생을 오직 학문에만 전념하시던 증조부님의 장손으로 태어난 것은 내가 받은 최초의 축복이었다. 증조부님은 을사늑약이 발표되던 날 울분을 못 이기고 자결하신 연재 송병선 선생님의 수제자이셨다. 스승의 충절을 본받아 의로운 길이 아니면 길이라 하지 않으셨고 평생을 오직 학문에만 몰두하시어 문집 열 권을 남기신 증조부님은 연제 선생의 학통을 세우신 어른이기도 하다. "선비가 어찌 입에 돈 전(錢)자를 올리냐."며 평생을 돈과 의절하고 사셨던 증조부님은 그래서 가난을 대물림할 수밖에 없었다. '사람은 저마다 재물을 탐하지만 나는 오로지 내 자녀가 어질기를 바란다. 삶에 있어 가장 보람된 것은 책과 벗하는 일이며 더 없이 소중한 것은 부지런하고 알뜰함에 있지 않으랴. 이를 너희들의 가훈으로 삼으라.' 온몸으로 실천하고 온 마음으로 다져진 사상적 바탕 위에서 할아버지는 가훈을 만드셨다. 후손으로서 이 얼마나 가슴 벅찬 축복인가. 가훈을 써 오라는 초등학교 5학년짜리 손자 녀석의 숙제를 해 주던 날, 나는 얼마나 행복했는지 모른다. 이런 경우 책에서 베끼거나 급조한 가훈일 경우가 많은 것을 알기 때문이다.

증조부님이 내리신 가훈이 말해 주듯, 우리 집은 대대로 가난과 싸우는 고통을 겪어야만 했다. 그렇지만 자손 어느 누구도 그런 조상에 대한 불만을 얘기한 바 없었고 오히려 청빈한 삶을 살다 가신 할아버지를 긍지와 자랑으로 여기며 살아왔다. 내가 누리고 있는 가장 소중한 축복 중에 하나다.

5대 종손으로 태어난 나는 온 집안의 축복과 사랑을 한몸에 받았고 증조부님을 따라 어릴 때부터 조상님께 제사 올리는 특혜도 누렸다. 생전에 할아버지를 모시는 것도 쉽지 않은데 증조부님 내외분의 슬하에서 장성하도록 자랄 수 있었던 행운은 흔하지 않은 축복이 아닐 수 없다. 최고학부를 마치고 가고자 하던 방송의 길을 걸을 수 있었던 것 또한 빼놓을 수 없는 축복이다. 자식을 낳고 기르고 가르치고 제짝 찾아 살림 꾸려 주는 일에까지 모두가 축복이고 행운이었다. 노력한 보람으로 방송대상을 비롯한 갖가지 작품상을 수상하여 보너스로 해외여행의 특전도 여러 차례 받았다. 머리도 좋고 작가정신도 특출하며 환경도 나보다 훨씬 좋은 친구들이 많았지만 나에게 이러한 행운이 온 것은 나로서는 횡재였다. 나에 비하면 몇 배나 똑똑한 후배들이 적어도 4~5명이나 있어 끔찍하게 받들어 주는 일도 선배로서 흐뭇한 축복이 아닐 수 없다. 편집인의 인정을 받아 신문에 글을 올리는 기간이 십수 년을 넘었으니 과분한 축복이었다. 거기다 덤으로 큰아들과 후배들이 희수기념 칼럼집 ≪작은 영웅들을 위하여≫까지 상재해 주었다. 증조부님 문집 이후 처음 내는 책이었으니 파안대소하며 좋아하시는 증조부님의 모습을 뵙는 듯 선하였다. “책은 아무나 내는 것인가?” 어떤 선배 한 분은 내 칼럼집을 머리맡에 놓고 심심하면 읽는다고 하셨다. 대학 교수였던 친구 몇 사람도 같은 말을 전해왔다. 듣기 좋으라고 한 말이겠지만 기분은 나쁘지 않았다. 칼럼을 쓰는 동안 내 글을 읽기 위하여 신문을 보았다는 분들도 여럿이었다. 모두가 나에게는 축복이고 행운이었다.

인생 칠십 고래희라 했는데 더 이상 무엇을 바라겠는가. 움직이는 종합병원이라는 농담을 들으며 열 시간이 넘는 수술을 세 번씩이나 했고 삼십대 초반에 하반신이 마비되어 지금까지 풀리지 않는 고통을 겪고 있지만 그래도 할 일을 대충이라도 꾸릴 수 있었으니 하느님께서 내리신 특별한 축복이다. 학위도 없으면서 이십 년 넘게 대학 강단에 섰던 것은 또 이 무슨 분에 넘치는 축복이었나 싶다. ‘얻어 먹을 힘만 있어도 축복이다.’라고 했는데 어느 때는 그만 한 힘도 없으면서 할 수 있는 일을 다한 셈이었으니 하느님께 나는 한 마리 양이었나 싶기도 하다.

움직이는 종합병원으로 평생을 살아온 셈이지만 눈 못 보는 장님을 생각하면 이 아름다운 세상을 공짜로 실컷 볼 수 있는 것은 얼마나 가슴 벅찬 축복인가. ≪리더스 다이제스트≫가 20세기 최고의 수필로 선정한 〈삼 일만 볼 수 있다면〉에서 헬렌켈러는 피를 토하듯 절절한 문장을 썼다. '첫날은 친절과 우정으로 내 삶을 가치 있게 해준 사람들의 얼굴을 보고 싶습니다. 그리고 남이 읽어 주는 것을 듣기만 했던 책들을 보고 오후에는 오랫동안 숲 속을 거닐며 자연의 아름다움에 취해 보겠습니다. 둘째 날은 새벽에 일어나 밤이 낮으로 변하는 기적의 시간을 지켜보겠습니다. 그리고 셋째 날은 조용히 집으로 돌아와 세상을 보게 해주신 하느님께 감사를 드리며 조용히 잠에 들겠습니다.' 이 절절한 글은 눈을 뜨고 살면서도 제대로 세상을 보지 못하는 우리들에겐 충격이 아닐 수 없다. 옹달샘에서 달을 떠다 향기 나는 차를 끓이기 위하여 밤늦은 시간에도 옹달샘에 간다는 법정 스님의 무소유도 만날 수 있는 축복을 누리기도 했다. 늦게나마 귀의한 신앙생활을 통하여 사랑을 나누고 용서를 배울 수 있는 지혜를 얻은 것 또한 축복 중의 축복이다. 세상을 만들고 난 다음 하느님의 말씀처럼 이 아름다운 창조물을 볼 수 있을 뿐 아니라 예쁜 사람, 예쁜 옷, 사랑하는 사람의 얼굴을 만져 보는 즐거움만 해도 가슴 벅찬 축복이다. 故 장영희 교수는 어느 신문사 인터뷰 기사에서 자기를 '천형의 삶'이라고 표현한 것을 보고 '천형이 아니라 천혜의 삶'이라고 하며 삶 자체를 축복이라 생각하며 살았다. 그런 축복까지를 헤아린다면 내가 누린 축복은 아무리 생각해도 너무 많아

셀 수가 없을 것 같다. 자식들에게 유언장까지 육필로 써서 남겼으니 이것이 나의 마지막 축복인 듯싶다. 한 가지 남은 축복이 있다면 고종명(考終命), 아무래도 이것은 하느님께서 허락하고 내리셔야 할 축복이기에 열심히 기도하고 또 기도하는 수밖에……

책읽는 바보라고?

어느 해 여름철 갑작스런 폭우로 마당에 널어놓은 곡식이 덕석째 떠내려가 버렸다. 저녁 지을 쌀이 없어 솥에 물만 붓고 불을 때 굴뚝에 연기만 나게 하는 날도 있었다. 굴뚝에 연기가 나지 않으면 이웃집에서 이상하게 생각할까 봐서다. 땔나무가 없어 울타리를 뜯어다 불을 땠다. 양반집 여인네가 상스럽게 산으로 나무를 하러 갈 수가 없어서다. 며칠이고 기다리다 할 수 없이 양식이 없다고 하면 하인을 불러 변통을 청하는데 "요즘 춘궁기라 모두들 구휼을 요하는가 보다." 했다. 양반이 입에 돈을 얘기할 수 없어서였다. 우리 증조부님과 증조모님의 삶을 편린으로 더듬어 본 얘기다.

우리 상할아버지(증조부)는 주무시고 세수하고 칙간 가고 진지 드신 시간 외에는 아침부터 밤늦도록 글 읽는 데 몰두하셨다. 최근 안소영 씨가 상재한 ≪책만 보는 바보≫를 읽으면서 우리 할아버지에 대한 그리움이 새삼스럽게 솟구쳐 왔다. ≪책만 보는 바보≫에 실린 얘기들이 할아버지의 삶을 닮았기 때문이다. 굶주린 때 책을 읽으면 소리가 훨씬 낭랑해지고, 추울 때 책을 읽으면 소리의 기운이 스며들어 추위를 잊는다고 했다. 마음이 괴로울 때 책을 읽으면 모든 근심이 사라지고, 기침병을 앓을 때 책을 읽으면 괴로운 기침이 사라진다고 했다. 할아버지는 해소증이 심해서 여름이면 많은 고통을 겪으셨는데 아마 그래서 병중에도 책을 놓지 않으셨던가 보다. 할아버지는 조선 말엽으로부터 일제 강점기를 거쳐 해방 후의 혼란기까지를 사시면서 책 읽기를 통해 그 험난한 세월을 이겨낸 것이다. 뉘라서 그 깊은 마음을 들여다볼 수 있었으랴. 6·25전쟁이 나던 해, 음력 유월 초까지 여든세 해를 사시는 동안, 할아버지는 책 속에 모든 것을 묻고 고고한 한평생을 사셨다.

정조 임금의 사랑을 받았던 조선 후기의 실학자 이덕무는 식구들의 배고픔을 보다 못해 목숨처럼 소중히 여기던 ≪맹자(孟子)≫ 한 질을 팔아 양식을 구했다. 이덕무는 책을 팔아 양식을 구했다는 허허로운 마음을 이기지 못하고 벗 유득공을 찾아갔다. 이덕무의 얘기를 들은 유득공은 "그럼 나도 좌씨에게 술이나 한잔 얻어먹으렵니다."하고 ≪좌씨춘추(左氏春秋)≫를 팔아 술을 사오게 했다. 물론 유득공은 책을 팔아 술을 마실 사람은 아니었지만 벗의 허허한 마음을 달래고자 함이었다. 이런 일화들을 어떻게 수집했는지 안소영 씨의 노력도 놀랍지만 이덕무와 유득공 같은 벗이 있다면 정말 살 만한 가치가 있는 세상임을 깨우쳐 주어서 더욱 고마운 생각이다.

이덕무는 유득공, 박제가, 이서구와 함께 ≪사가시집(四家詩集)≫을 내어 글재주를 떨친 분이지만 서얼(庶孽)이라는 출생 신분 때문에 관직에는 오르지 못하고 규장각 외각검서관으로 청나라에 가서 그곳 학자들과 교류를 할 만큼 학문이 도도했다고 한다.

책만 읽는 바보, 이덕무와 그 교우들을 이르는 말이었지만 우리 할아버지도 그럼 책만 읽는 바보였던가? 연재 선생의 수제자로 스승의 학맥을 이으셨던 할아버지는 결코 책만 읽는 바보는 아니었다. 대사헌까지 지내신 스승이 을사늑약으로 국권이 말살되자 의분을 참지 못하고 자결하신 상황에서 무슨 영화를 꿈꿀 수 있었으랴. 출생 신분 때문에 책만 읽을 수밖에 없었던 이덕무, 명문가의 떳떳한 후예였지만 스승의 뒤를 이어 어지러운 세상을 등질 수밖에 없었던 할아버지, 배경은 달라도 상황은 다를 수 없음을 느꼈다.

할아버지는 그 깊은 뜻을 새겨 후손들에게 가훈으로 남겼으니 우리들이 금과옥조로 여기는 염와가훈(念窩家訓)이다.

인개애주옥(人皆愛珠玉) 사람은 저마다 재물을 탐하지만

아망자녀현(我望子女賢) 나는 오로지 내 자녀가 어질기를 바란다.

지락어독서(至樂於讀書) 삶에 있어 가장 보람된 것은 책과 벗하는 일이며

지요어검근(至要於儉勤) 더 없이 소중한 것은 부지런하고 알뜰함에 있지 않으랴.

시여가법(是汝家法) 이를 너희들의 가훈으로 삼으라.

할아버지의 후손들은 한결같이 세속의 일에 얽매어 책만 읽는 바보짓을 하지 못했다. 삶에 있어 가장 보람된 일, 할아버지의 훈육을 따르지 못한 것이다. 내가 어린 시절 할아버지의 무릎에서 배운 천자문과 동몽선습은 "이놈이 그래도 내 뒤를 이을 놈이구나."하며 즐거워하신 책들이다. 그때 할아버지께서 손수 써 주셨던 천자문은 지금 내가 보존하고 있는 보물 중의 보물이다. 여러 차례 이사를 하고 난리를 겪고 할아버지께서 애지중지하시던 책들마저 행방을 모르는 판에 어찌 그 천자문이 70년 가까운 세월을 내 옆에 있어 주었는지 신기하고 감사한 일이다. 그 책을 읽히며 책만 읽는 바보가 되라고 염원하시던 할아버지의 소망이 아직도 생생한 것만 같아 책 읽기에 매진해 보려 하지만 어찌하랴. 눈은 자꾸만 침침해지고 머릿속은 실타래 엉키듯 산란하기만 한 것을. 지금이라도 할아버지의 유훈을 실천할 수 있도록 책 읽는 그 시간만이라도 초롱초롱한 눈과 머리였으면 좋으련만. 언젠가는 하늘나라에서 할아버지를 뵈올 날이 있을 텐데 그때 할아버지 앞에 무릎 꿇는 일은 없어야 하기에 말이다.

할아버지! 영혼이 계시다면 『맹자』를 팔아 식솔에게 먹일 쌀을 구하고 ≪좌씨춘추≫를 팔아 친구의 허허한 마음을 달래주기 위해 술을 사오게 하는 어려움이 있다 하더라도 책 읽는 바보로 살 수 있게 하여 주십시오.

희망은 축복이란다

애들아! 너희들도 이제 불혹의 나이를 살았으니 살아온 세상 살아갈 세상에 대하여 되돌아보고 설계하는 프로그램이 있을 것으로 믿는다. 인생일장춘몽이라거나 세월이 유수와 같다느니 하는 따위의 수사들은 도연명 시대의 풍월 음풍에 지나지 않는 푸념들이다. 그러니 어쩌자는 얘기가 전혀 없기 때문이다. 장영희 교수는 ≪살아온 기적 살아갈 기적≫이라는 제목의 에세이에서, 빨간약이라는 별칭의 지독한 항암제를 스물네 번씩이나 맞고 목이 타서 물 한 모금도 넘기지 못할 뿐 아니라 눈물까지도 빨갛게 나오는 고통을 겪으면서도 희망을 버리지 않았기에 살아날 수 있었다고 회고했다. 그렇다. 희망은 신이 인간에게 내려준 최고의 축복이란다. 세상에서 제일 큰 축복은 희망이란다. 희망은 우리가 행복하고 기쁠 때는 잊고 살지만 마음이 아플 때, 절망에 빠졌을 때 어느덧 우리 곁에 와서 손을 잡아

준다. 상처에 새살이 나오듯, 죽은 가지에 새순이 나오듯, 희망은 죽은 생명을 일으켜 준다.

영미문학의 대표적인 여류 시인 에밀리 디킨슨의 시 〈희망은 한 마리 새〉를 감상해 보자.

> 희망은 한 마리 새 / 영혼 위에 걸터앉아 / 가사 없는 곡조를 노래하며 / 그칠 줄을 모른다.
>
> 모진 바람 속에서 더욱 달콤한 소리 / 아무리 심한 폭풍도 / 많은 이의 가슴 따뜻이 보듬는 / 그 작은 새의 노래 멈추지 못하리.
>
> 나는 그 소리를 아주 추운 땅에서도, / 아주 낯선 바다에서도 들었다. / 허나 아무리 절박해도 그건 내게 빵 한 조각 청하지 않았다.

이제는 정말 막다른 골목이라고 생각할 때, 가만히 마음 깊은 곳에서 들려오는 소리에 귀 기울여 보아라. "아니, 괜찮을 거야. 이게 끝이 아닐 거야. 넌 해낼 수 있어." 그칠 줄 모르고 속삭일 거다. 생명이 있는 한 희망은 존재하기 때문이다. 그래서 희망은 우리가 삶에서 누리는 제일 멋진 축복이다.

너희들의 경우를 생각해 보렴. 먼저 철우, 재수도 어렵다는데 삼수를 하면서 추리닝 엉덩이가 닳아 해질 지경으로 책과 씨름하는 동안 그 힘은 무엇이었다고 생각하느냐? 가고 싶은 학교에 들어갈 수 있다는 희망이었겠지. 그리고 7개월간의 무보직 근신 기간을 보내며 모자랐던 독서를 보충한다는 억지 명분을 내세웠을 때도 마찬가지였다. 반드시 권토중래하겠다는 희망이 200일 이상의 인고를 참아낼 수 있는 힘이었지 않느냐.

현정이의 경우를 보자. 비교적 순탄한 편이지만 그래도 고비는 있었다. 남편과 함께한 유학생활 말이다. 학위를 받고 귀국하게 되면 전공에 몰두할 수 있는 좋은 일자리가 기다리고 있을 거라는 희망이 고생을 참을 수 있는 힘이었을 것이다.

성훈이의 경우, 가히 파란만장이라는 표현을 써도 될 만큼 어려운 고비를 많이 넘겼다. 어릴 때부터 귀가 좋지 않아 마음놓고 공부에 열중할 수 없었던 고비, 그래서 대학입학에 제동이 걸린 황당함, 일자리 찾기가 만만치 않았던 어려움, 당치도 않은 오해에 휘말려 법정을 오갔던 아픔, 홈쇼핑사업의 실패로 겪었던 고난, 생사를 넘나드는 12시간의 수술, 발치 하나 하기 위하여 5일 동안이나 입원을 해야 하는 상황 등 엄청난 고난의 연속 속에서도 분명 희망의 끈을 놓지 않았다. 약한 것 같지만 강한 의지가 있음을 나는 보았다. 그리고 그것은 나도 할 수 있다는 희망임을 알았다.

불후의 명작 ≪카라마조프형제≫를 남긴 러시아의 대 문호 '도스토옙스키'의 얘기다. 사형집행의 형장에서 그는 생각했다. 남은 시간 5분을 이렇게 쓰리라. 옆 사람과 인사를 나누는 데 2분, 자기 생애를 돌아보는 데 2분, 자연을 둘러보는 데 1분. 거총소리와 함께 '사형중지'라는 황제의 명령이 도착하고 시베리아로 유형의 길을 떠나게 된다. 절박한 순간에도 놓지 않았던 여유와 희망의 끈은 그를 역사적인 대문호로 만들어낸 것이다.

두 팔을 잃고 발가락으로 컴퓨터를 연습하여 1분 295타라는 놀라운 실력을 닦은 의지의 장애인 얘기를 너희들도 들었지? 우리는 언제나 희망 발전소를 가동하고 있어야 한다. 한시라도 멈추면 한시도 생명 유지가 어려울 수도 있다. 옛날 〈빠삐용〉이라는 영화가 있었다. 절해고도의 햇빛 한 점 들어오지 않는 감방에 갇힌 주인공은 바퀴벌레를 잡아먹으며 살아나 감옥을 탈출하는 데 성공한다. 그런 최악의 상황에 진저리를 치고 그 후 나는 지금까지 영화관엘 가지 않았지만 뭐랄까 극단의 희망에 대한 기피심리가 작용했던 모양이다. "앓느니 죽겠다."고 하는 우리 속담이 있지만 그 지독한 희망의 끈이 더러는 무서울 수도 있는가 보다.

철우야! 현정아! 성훈아!

너희들이 형제로 만난 인연은 몇억 겁을 쌓아 맺어졌는지 모른다. 인연이란 그 쌓은 공만큼 희망을 빌었다는 증거다. 부모 자식 간의 인연, 부부간의 인연도 마찬가지다. 옷깃만 스쳐도 전생에 수많은 인연을 쌓은 결과라고 하지 않느냐. 그런 인연으로 태어난 너희들은 적어도 희망의 DNA는 같아야 할 줄로 믿는다.

운명을 믿지는 않지만 재미로 봐둔 너희들의 사주를 줄여서 얘기해 주마.

먼저 철우, 평생 운이 지나침도 없고 모자람도 없는 사주라고 했다. 법략이나 학술 모두가 좋으며 자식운, 건강운, 재물운이 두터워서 볼 것도 없는 사주라고 하더라. 이름 또한 사주에 걸맞게 흠이 없는 작명이라며 괜히 내 기분을 붕 뜨게 했다.

현정, 모범적 도리, 의리를 중히 여기는 성격으로 현량해서 가정을 잘 지킨다고 했다. 공명을 탐하지 않아 사회활동을 했으면 좋을 거라고 했다.

그리고 성훈, 살아온 생애가 그러했던 것처럼 역시 불(火)이 많은 사주라서 초년에 고생이 많았지만 주변에 사람이 많아서 구해 주는 덕을 많이 입는다고 했다. 중화와 덕을 지켜 마흔두 살이 넘으면 인생 상승기를 타 모든 것을 이룩하리라 했다. 그러나 항상 기도하는 삶을 살라고 권하더라.

재미로 본 것이었지만 희망적인 얘기를 들으면 그것이 단 며칠이라도 삶의 활력이 되곤 했단다. 그렇지만 무능력하게 가만히 있는 사람에게 축복받을 수 있는 희망이 저절로 생길 수는 없을 거다. 희망제작소라는 말이 있더라. 항상 자기 마음 안에 희망을 창출할 수 있는 에너지를 가지라는 뜻인 듯하다. 그래. '폭풍이 지난 들에도 꽃은 피고 지진에 무너진 땅에도 맑은 샘은 솟아오른다.'며 절망은 반드시 희망으로 바뀌게 되어 있다는 강렬한 메시지를 전하는 시인의 말도 있었다.

류시화 씨가 엮은 시집 ≪사랑하라 한 번도 상처받지 않은 것처럼≫에서 내가 좋아하는 대목을 소개한다.

책 제목의 시 마지막 행에 '살라, 오늘이 마지막 날인 것처럼'은 삶을 진지하게 살라는 뜻이다. 타고르의 시 「기도」의 첫 구절에 '위험으로부터 벗어나게 해달라고 기도하지 말고 위험에 처해도 두려워하지 않게 해달라고 기도하게 하소서.'는 스스로 자기를 지켜 나가는 용기를 강조한 뜻으로 안다. 작자 미상의 시에 '즐겁게 대화를 나눌 수 있는 사람과 결혼하라.'는 구절이 있다. 삶의 동반자가 되어야 할 사람을 신중하게 선택하라는 충고로 생각한다. 여기에서 말하는 진지하고 용기 있고 신중한 행위는 결코 후회 없는 삶을 살라는 고언인 동시에 희망을 싹틔워 줄 밑거름이 될 것이다.

여기서 잠깐 내 얘기를 하자. 모든 것 다 접어두고 철우가 초등학교 2학년 때쯤이었는가 보다. 갑자기 하반신이 마비되어 모든 기능을 잃었을 때 당시로서는 유명한 병원이었던 세브란스에서조차 원인을 알 수 없다는 진단을 내렸고 치료할 엄두를 내지 못하는 상황에 처했다. 나는 너희들 때문에라도 이렇게 무너질 수 없었고 어렵사리 선택한 방송인의 길을 버릴 수 없다는 오기가 생겼다. 너희 엄마는 너희들 고등학교 마칠 때까지만 살아 달라고 애원을 했다. 입에 담기 어려운 것들까지 좋다는 것은 다 구해서 먹었다. 너희들 고등학교 졸업 때까지라는 삶의 희망이 있었기에 최악의 불구는 극복될 수 있었으리라 믿는다. 너희들은 대학을 모두 졸업하고 결혼을 하고 직장을 얻었고 귀여운 아들딸들을 낳았고 그 놈들이 대학에 가게 되었으니 나에게는 그 이상의 축복이 없게 되었다. 참아낸 나에게 고맙고 평생을 뒷바라지로 늙은 너희 엄마에게 고맙고 나에게 축복이 되어 준 너희들에게 한없이 고맙다.

철우야! 현정아! 성훈아!

어떤 고난이 닥치더라도 절대로 희망을 버리지 말아야 한다.

희망을 가질 수 있다는 것, 그것처럼 큰 축복이 어디 있겠느냐. 그 큰 축복을 받기 위하여 항상 사랑하고 모두 용서하며 평생을 기도하며 살기 바란다. 기도와 용서와 사랑의 길은 모두 책 속에 있다. 책 속에서 길을 찾기 바란다.

가슴으로 난 딸에게

아버지 어머니를 모신 다섯 가족이 일곱 가족으로 늘어난 기쁨의 순간이었다. 열 명이 넘는 대가족 집안에서 자란 나로서는 당연한 마음이었다. 그런 너희들이었기에 가족이 된 이후 단 한 번도 '아가'로 부르지 않았고 영주야!, 은숙아!였다. 현정아!, 영주야!, 은숙아! 누가 딸이고 누가 '아가'였겠느냐. 아니다, 모두가 내 딸이었다.

부모가 돌아가시면 산에 묻고 자식이 죽으면 가슴에 묻는다고 했지? 그 가슴은 무엇이겠느냐. 정이고 사랑이고 애틋함이겠지. 그래. 정으로, 사랑으로, 애틋함으로 얻은 딸이 영주와 은숙이다. 출가를 하면 출가지 외인이니 그때부터 가슴으로 난 사람의 진정한 딸이 되는 것이다. 출생의 인연을 얕잡아 하는 말은 아니고 새로운 탄생에 대한 각별한 의미를 되새기자는 말이다.

한국여인의 한(恨)은 가슴이 아니라 법을 앞세웠던 데서부터 시작되었다. 그랬기에 너희들은 한국 여인으로서의 한(恨)은 없었으리라 생각한다. 한(恨)은 없으되 원망이나 불만 정도야 있겠지. 그러나 인연의 소중함을 안다면 그런 것쯤 묻어버릴 수 있으리라 생각한다. 내가 주례사에서 단골로 쓰는 말이다만 '좋은 인연은 하늘이 만들어 주고 좋은 배필은 사람이 만든다.'고 믿는다. 이미 너희들과 우리는 한 가족으로서의 인연이 맺어져 세상에 태어났을 것이다. 그 인연은 물론 하느님의 창조 작업으로 이루어졌겠지. 하느님이 우리를 창조하시고 무어라 하셨을까? "참 보기가 좋다."라고 하셨으리라. 그리고 그 다음, 좋은 가족, 보기 좋은 가족은 우리가 만들어 가야할 몫이다.

숙명이나 운명을 너희들은 어떻게 생각하느냐? 좋든 싫든 피할 수 없는 것쯤으로 알고 있을 것이다. 그렇다. 세상의 길흉화복(吉凶禍福)이 뜻대로 되지 않음을 보면서 인정하고 싶지 않아도 할 수 없이 받아들일 수밖에 없다. 그래서 사람은 숙명이나 운명의 노예라고도 한다. "참 보기에 좋다."라고 하느님께서 말씀하셨다면 나쁘든 좋든 순종할 수밖에 없다.

안씨 집안의 가족이 된 뒤에 힘들었던 일, 불만스러웠던 일, 그리고 실망스러웠던 일을 찾자면 어디 한두 가지겠느냐만 그래도 숙명인 양, 인연의 늪인 양 묵묵히 참아준 너희들이 고맙고 대견스럽다. 내가 보기에 좋았으니 하느님께서도 좋으셨으리라 믿는다. 솔로몬왕의 '이 또한 곧 지나가리라.'의 지혜를 너희들은 터득한 셈이다. 아무쪼록 앞으로도 그러한 마음으로, 그러한 모습으로 살아가기를 바란다.

너희들에게 남긴 유서라 할까, 유언이라 할까 하는 원고에서 내가 살아온 바를 숨김없이 모두 고백하였다. 마지막 문장을 마치면서 내 스스로의 삶은 얼마나 편안하고 여유로워졌는지 모른다. 적어도 너희들에게 대하여 더 이상 바랄 것도, 숨길 것도, 줄 것도, 받을 것도 없어졌기 때문이다. 너희들의 삶이나 아이들의 교육도 내가 밟아 온 시행착오를 답습하지 않는다면 만점은 아니더라도 인생 낙제점수는 면할 수 있을 것이다.

위장전입을 하고 땅 투기를 하지 못했던 탓에 반듯한 아파트 한 채 사주지 못했고 하고 싶은 사업자금도 넉넉히 대주지 못했지만 변명 같은 얘기이긴 하나 너희 고조부님의 유훈을 지킨 것이 되어 오히려 자랑스러운 마음이다.

너희 고조할아버지 염와공께서는 '사람은 저마다 재물을 탐하지만 나는 오로지 내 자녀가 어질기를 바란다.'라고 훈육하셨다. 나를 무릎 위에 앉히시고 ≪천자문(千字文)≫과 ≪사자소학(四字小學)≫을 가르치셨던 할아버지는 나로 하여금 그런 철학을 몸에 배게 하셨다. "이 세상에 선비가 어디 있느냐."고 하지만 선비는 반드시 존재한다. 할아버지는 후손들에게 선비의 기개를 기대하셨던 것이다. 너희들은 물론이려니와 아이들에게도 몸에 익히게 해야 할 중요한 덕목이다.

성경 말씀에 '남편 섬기기를 하느님께 하듯 하고 아내 사랑하기를 하느님이 교회를 사랑하듯 하라.'고 하셨다. 존경과 사랑이 없으면 부부관계는 물론 가족관계를 포함하여 인간관계는 유지될 수가 없다. 다행히도, 고맙게도, 너희들은 훌륭하게 이를 지켜내고 있으니

고마울 뿐이다. 배우기도 하였으려니와 타고난 덕성일 것이다. 초로인생(草露人生), 풀잎에 이슬 같은 것이 사람의 일생인데 인연으로 만난 사람들끼리 어찌 미워할 틈이 있고 싫어할 겨를이 있겠느냐. 부모와 형제와 친척과 이웃이 함께, 같은 하늘 아래에서 숨을 쉴 수 있는 시간은 정말 찰나일 수 있다.

믿음에 대하여서는 이렇게 생각한다. 믿음이란 선택 이전에 나약한 인간의 마지막 피난처라고. 심지어 바위와 나무와 태양과 달과, 그 밖에 어떤 것이라도 믿음의 대상은 될 수 있다. 심지어 자기를 믿는 것까지 말이다. 그렇지만 그 믿음의 대상에서 영성을 느낄 수 없다면 부질없는 믿음일 수밖에 없다. 우리 가족은 모두가 건전한 믿음은 갖고 있으나 다만 냉담하고 있을 따름이다. 그리고 일치를 이루지 못하고 있다. 기도도 함께했을 때 은혜가 더한다고 했지 않느냐. 교회든 성당이든 절이든 가족끼리 함께하는 모습에서 일치와 평화와 은혜를 느낄 수 있어 항상 부러웠다. 늦게나마 믿음을 확실하게 갖게 되면서부터는 더욱 절실한 바람이었지만 그럴수록 어쩐지 쓸쓸한 마음은 더해가니 나의 믿음이 성실하지 못한 것 같아 불안할 따름이다.

내가 좋아하는 기업인은 기업의 경영철학을 '기본과 상식'에 두고 사업을 이끌어 크게 성공하였다. 인생 경영도, 가정 경영도 다를 바 없다. 기본은 초등학교 도덕책에 있고 상식은 사람의 생활 속에 있다. 이를 행하면 세상을 살아가는 데 우선 필요 없는 위해를 당할 이유가 없어진다. 할아버지가 내려주신 가훈도 풀이하면 결국 여기에 귀결이 된다.

하고 싶은 얘기가 훈계조이고 막연하고 원론적인 것 같았다만, 살아온 세월, 살아갈 세월을 한 땀 한 땀 누비옷처럼 헤아릴 수는 없으니 새겨서 들어 주기 바란다. 세상에서 가장 좋은 말, 딸들아! 사랑한다.

현정에게

원래 네 이름은 용희(容希)였지 않느냐. 너희 할아버지께서 단골로 다니던 작명가에게 부탁하여 받아오신 이름이다. 얼굴 용(容)자에 바랄 희(希)니까 네 얼굴이 모든 사람을 위한 바람이 되라는 뜻으로 풀이하셨다.

그런데 1975년쯤이었던가 임병찬 아저씨가 우리나라에서 유명한 작명가가 와 있으니 아이들 이름이나 보러 가자고 권하여 따라 나섰던 게 오늘 용희가 현정으로 바뀌는데 계기가 되었다. 자기 큰아들은 조영을 승환으로 바꿨는데 훌륭하게 자라서 YTN의 기자로 일하고 있으니 손해는 없는 셈이다.

할아버지가 지어 주신 이름을 바꿀 때 많은 갈등을 했지만 좋으라고 한 것이니 그렇게 하라는 할아버지의 말씀에 따라 그때부터 용희는 현정이라는 새 이름으로 부르게 되었다. 아마도 초등학교 2학년 때쯤으로 기억한다. 그렇지만 너는 지금까지 두 가지 이름으로 살아오고 있다. 호적의 이름을 바꾸려면 까다로운 법 절차를 밟아야 하기 때문이었다.

두 이름으로 살면서도 너는 아무것도 달라질 게 없었다. 결혼 1년 만에 홍기를 낳았고 그로부터 5년 뒤에 지원이를 낳아 건강하고 어여쁘게 기르고 있을 뿐 아니라 가정도 원만하게 가꾸어 놓았다. 그동안 너는 두 아이들을 위해서 모든 정성을 바쳤다. 네 남편 따라 파리로 갈 때 "너 하고 싶은 공부 계속하라."고 했었지만 공부를 시작할 즈음 홍기가 태어났으니 공부를 하고 싶어도 할 수가 없었던 것 이해한다.

그 홍기 녀석이 대학에 가게 되기까지 네 모든 것을 아이들의 교육에 바치는 것을 보면서 뿌듯함을 느꼈다. 가난한 과학자 남편을 만났으니 부동산에도 눈을 뜰 만했고 맞벌이라도 생각해 볼 만한데 전혀 그런 눈치를 보이지 않았다. 그 결과가 오늘날 홍기의 서울대학교 진학의 꿈을 키운 것으로 이어졌다고 생각한다. 자식을 바르게 길러 세상에 내놓는 것은 부모의 책임인데 너는 그 책임을 다하고 있는 셈이다. 서울대학교에 제출할 홍기의 자기소개서 초안을 보면서 눈시울이 뜨거워짐을 느꼈다. 외교 통상을 전공하여 국가와 인류사회에 공헌하겠다는 당찬 포부를 밝힌 대목 때문이었다. 우리 홍기가 벌써 이렇게 컸구나, 고집부리는 것으로 소문난 놈이었는데. 너희가 유학생활을 하던 프랑스에 갔을 때 돌아가신 교장 아저씨가 돌배기 홍기의 고집에 혀를 내두를 정도였다. 높기로 유명한 파리의 지하철 계단을 기어코 제 힘으로 올라가겠다고 고집을 부릴 정도였으니까.

아마도 홍기가 너를 빼닮은 모양이다. 네 고집은 소문난 고집이었거든.

그런 고집으로 공부를 한 너는 300점 이상의 모의성적을 내면서도 정작 본시험 때에는 긴장한 나머지 의외의 결과가 나와 일 년을 재수하게 됐고 또 실패할까 봐 벌벌 떤 아빠 덕분에 연세대학에서도 경쟁률 낮은 학과를 지원하여 엉뚱하게도 사서자격 획득에 만족해야 했었다. 그렇지만 너희들에게 감사한 것은 남들이 가고자 하는 소위 일류 대학에 남매가 나란히 합격해 준 것 때문이었다. 그 기분에 나도 서울로 석사과정 공부를 하러 다녀 문학석사 학위를 획득했고 이후 20년간을 대학 강단에 설 수 있는 행운을 누렸다. 3부자녀의 학비를 마련하면서 고생한 것은 역시 엄마였지. 너희들에게 미안한 것은 용돈 한 번 제대로 푸짐하게 주어 보지 못한 것이다. 일주일에 한 번씩 밤늦은 서울역에서 너희들을 만나는 기쁨만 즐겼을 뿐 야간 통학을 하는 동안 나는 너희들에게 해 준 것이 없었다. 아쉬운 것을 얘기하자면 헤아릴 수 없이 많다. 연년생이라는 이유로 멀리 할머니가 떼어다 기르도록 방치한 잘못은 용서받을 수 없는 일이었고 인형 하나 사주지 못할 만큼 무심했던 것도 마음에 걸린다. 시대사정이 그랬다고는 하지만 요즘 부모들의 정성을 보면 부끄럽다 못해 가슴이 쓰려오는 아픈 기억들이다.

아쉬운 것은 성장한 뒤에도 마찬가지다. 너는 지금 유명한 의사가 돼 있을 수도 있었는데 아빠가 제대로 진로를 정해 주지 못하여 평범한 아이들의 엄마로만 남게 되었다. 네가 받은 점수 278점을 가지면 지방 명문 사립대학 의과대학에 6년 장학금과 학비보조까지 받을 수 있는 장학생으로 선발을 제안받았었다. 그때 우겨서라도 너의 진로를 그렇게 잡아 주었어야 옳았다. 솔직히 말하면 아빠의 한풀이 때문에 너희들은 희생을 한 것이나 다름이 없다. 번듯하게 일류대학에 들어가 대학생활을 만끽하지 못한 아빠는 너희들을 통하여 대리만족을 하기 위해 서울로 진학하기를 원하는 너희들의 희망을 못 이긴 척 받아준 셈이다. 하지만 후회는 하지 않을 것으로 믿는다. 앞으로 네가 이루게 될 성취감은 결코 평범한 의사가 되는 것으로 비교할 수 없는 때가 올 것이기 때문이다.

나는 또 너에 대하여 왜 그토록 넉넉하지 못했는지 모르겠다. 스물여섯 살이 되자 너를 결혼시켜야 되겠다는 생각으로 이 사람 저 사람에게 혼처를 부탁하고 이 사람이다 싶으면 맞선도 보게 하여 서너 사람은 만났던 것 같다. 그러나 내가 가끔 하는 주례사에서 단골로 쓰는 말처럼 배필은 하늘이 정해준 것이었던가 보다. 네가 싫다 하면 그만이었던 내가 전경락을 보면서 이 사람이다는 생각을 갖게 되었다. 일곱 살이라는 나이 차이가 걸리기는 했지만 네 할아버지 할머니의 나이 차이를 생각하면서 오히려 좋은 점으로 받아들였다. 너는 썩 마음에 내키지 않은 듯했지만 60점 이상이면 만점이라고 우겨서 혼인을 결정했다. 한 가지 마음에 걸리는 것은 6년간을 서울에서 청춘의 중반을 살았던 너의 젊음을 고려하지 않았던 나의 독선이다. 몰래 너 혼자 사랑을 키울 수도 있었고 호감을 가지고 만나는 선배가 있을 수도 있었는데 그런 것에 대해서는 전혀 배려가 없었다. 이 또한 내 스스로를 향한 저항이었다고 고백한다. 그렇지만 언젠가 너에게 물었었지. 결혼에 대하여 후회는 없느냐고. 너는 그렇다고 대답했다. 시어머님의 깐깐한 성격에 힘들어하는 너를 가끔 보았지만 원래 고부간이란 그런 거라며 너를 오히려 나무랐었다. 너의 시어머니는 차가운 듯했지만 내면의 온유와 기품을 가진 분이셨다. 자식들의 권유도 뿌리치고 겸허히 죽음을 받아들인 분이시지 않느냐. 깐깐한 어머니에 원칙대로 사는 과학자 남편과 함께하는 가정생활이 물론 만만할 수야 없었겠지만 그것이 오늘날 너를 있게 해준 원동력이었다고 생각하여라. 옛날에 새색시의 시집살이를 일러 벙어리 3년 귀머거리 3년이라고 했었다. 시집살이의 고단함과 덕목을 암시해 주는 일종의 교훈이었다.

벌써 사십대 중반에 들어선 너를 보면서 이제는 내가 너에게 아무것도 해 줄 일이 없다는 허무를 느끼게 된다. 아빠의 무능함과 무상한 세월에 대한 소회일 테지. 아빠가 살아온 인생은 굽이굽이 후회의 범벅이다. 출생을 제외한 모든 것이 그렇다. 죽음이라도 후회 없는 죽음이 됐으면 싶은데 그것은 나의 의지와는 상관없는 것이라 그 또한 자신이 없구나. 이런 얘기를 솔직하게 나눌 친구 하나 없다는 것도 실패한 인생을 말해 주는 것 같아 창피스러움을 느낀다. 70을 넘게 살아온 인생을 후회한들 무슨 소용이겠느냐만 마음에 사무쳐 속절없는 독백을 늘어놓을 뿐이란다.

내가 살아온 일생을 반추하며 너에게 부탁하고자 한다. 네가 살아온 방식, 네가 지켜낸 가정은 보편적이면서도 가장 기본적인 가정경영 형태라고 생각한다. 따라서 네 모든 정성과 열정을 바쳐서 네 가정이 빛나는 우주가 되도록 하여라. 달이 아름다운 빛을 보이려면 태양의 도움을 받아야 하는 것처럼 너의 가정도 마찬가지다. 모든 이웃과 더불어 함께하고 베푸는 덕목을 생활화하여라. 그러기 위해서는 모든 일을 시작할 때의 마음으로 해야 하고 인생의 마지막처럼 진지해야 한다. 항상 기도하는 마음만으로 가능한 일이다. 형제와 친족은 이웃 중의 이웃이다. 아이들에게는 지나친 기대를 하지 말아라. 세대에 따라 시대에 따라 혹은 가정의 전통에 따라 가정관이나 효도관 가치관까지도 다르기 때문이다. 기대가 크면 실망도 크다는 통설은 맞는 말이다. 남편은 말 그대로 인생의 동반자다. 각기 다른 DNA가 하나로 통합되어야 하는 생물학적 변이종이라 할 수 있다. 그만큼 어려운 사이가 부부라지만 극복해내지 않으면 안 될 필연 중에 필연이다. 인내와 이해와 타협과 협조가 없으면 부부관계는 성공할 수 없다. 정치보다도 어려운 것이 부부관계요 국가경영보다도 어려운 것이 가정경영이다. 마지막으로 부탁할 것은 건강한 몸, 건강한 가정은 필요한 요소가 같은 것이다. 건강한 마음이 그것이다. 마음이 건강하지 못하면 몸이 결코 건강할 수 없고 가족의 건강이 없으면 가정도 사회도 건강할 수 없다. 건강한 가정을 가꾸고 지키는 것은 곧 국가에 공헌하는 것이고 애국의 길이기도 하다. 마음의 건강을 당부한다. 이렇게 하여 부디 성공한 주부로 성공한 어머니로 성공한 인생으로 남기를 바란다.

연두색 수건

드골 공항에 도착한 것은 밤 여덟 시쯤이었다. 항공료를 절약하기 위하여 네덜란드 비행기를 이용한 탓에 암스테르담에서 프랑스 항공으로 비행기를 바꿔 타고 열다섯 시간 만에 도착한 꽤나 힘든 여행이었다. 처음 만나는 유럽의 풍광, 역사의 나라 프랑스, 세기의 자존심과 패션의 중심지 파리, 발을 딛는 순간부터 설렘과 흥분으로 마음은 풍선처럼 들뜰 수밖에 없었다. 하지만 그보다 더 설레는 것은 한 달에 30만 원 가깝게 전화요금을 내며 울음소리라도 들으려 했던 손자 녀석을 안아 보는 기쁨이었다. 마중 나온 딸과 사위보다도 먼저 손자놈의 체온을 느껴 보는 것이 급했다. 그러나 손자놈은 제 어미 품에서 떨어지지 않으려 안간힘이었고 행여나 제 품에서 떨어질세라 무엇인가를 꼭 부둥켜안고 있었지만 억지로라도 안아보는 손자 녀석의 체온에서 나는 생전 처음으로 느껴 보는 야릇한 감회를 맛

보았다. 내가 어느덧 할아버지가 되었다는 사실을 실감하는 순간이기도 했고.

첫 번째 손자 홍기의 생일은 1991년 8월 3일이다. 아내가 딸의 해산을 돕기 위해 파리에 도착한 것은 8월 4일이었으니까 이미 해산을 한 다음날인 셈이다. 출산 예정일을 8월 10일쯤으로 알고 있었던 것이 실수였다. 아내는 며칠에 걸쳐 준비한 해산 용품이 80킬로그램으로 제한된 1인당 항공화물을 120킬로나 초과한 탓에 자칫 비행기를 놓칠 뻔하기도 했다. 추가 화물 요금이 무려 120만 원, 하지만 20만 원에 흥정을 해서 파리행 비행기를 타게 했던 내 능력도 생각해 보면 대단(?)했던 것 같다. 프랑스어라곤 한 마디도 못하는 아내가 드골 공항에 내려 200킬로나 되는 짐을 옮기면서 젊은 사람을 골라 손짓 발짓으로 도움을 청했다는 얘기도 오래도록 화젯거리였다.

이렇게 태어날 때부터 유난을 떨었던 홍기는 자라는 하루하루가 그랬던 것 같다. 공항에 나오면서 품에 꼭 껴안고 있었던 것은 연두색 수건으로 출산한 뒤에 병원에서부터 덮어 주었던 것인데 점점 자라면서 이 수건에 대한 애정이 유난하더라는 것이다. 잘 때도 반드시 안겨 주어야 하고 외출할 때는 물론이고 열이 나 괴로울 때마저 수건을 안고 있으면 쌔근쌔근 잠을 자더라는 것이다. 불만이 있으면 수건 끝을 잘근잘근 씹어 곳곳이 해진 흔적들이다. 임실 부군수를 지낸 이용찬 씨의 손녀가 비슷한 버릇이 있다는 말을 들었지만 그 녀석은 엄마를 떨어져 자란 탓이라고 제 할애비는 짐작을 했다. 그렇지만 홍기는 무의식 중에라도 외로움을 느낄 만한 이유가 없는 아이다. 사위로 봐서는 늦게 얻은 자식이라서 금이야 옥이야 할 수 밖에 없고 제 어미 또한 제 것을 애지중지하는 천성이어서 홍기를 소홀히 할 리가 없기 때문이다. 그래서 어린아이들이 무의식중에라도 외로움을 느끼거나 불만이 있으면 어떤 물건에 대하여 지나친 애착을 보인다는 아동심리학자의 설명에도 홍기는 해당이 되지 않는 경우인 것 같다.

20여 일 가깝게 홍기와 같이 있는 딸네 집 파리의 생활은 행복했다. 유모차에 홍기를 태우고 딸과 함께 시장도 가고 파리 시내 관광도 다니고 지하철도 타 보고 버스도 타 보고 저녁이면 사위와 앉아 좋아하는 술자리도 벌이고 날짜 가는 줄을 몰랐다. 돌이 갓 지난 홍기 녀석, 루블 박물관 구경을 갔는데 많이 걷는 구경길이라 당연히 유모차에 타야 할 놈이 기어코 제 놈이 유모차를 끌겠다고 고집을 피워 애를 먹었던 일이 눈에 선하다. 1993년 2월이었으니까 겨우 1년 6개월짜리인 셈이다. 함께 갔던 교장(김성균)은 홍기의 떼와 고집에 질려 즐겁지 않은 눈치였다. 저녁 술자리에서 내가 관광을 왔는지 유모차를 밀러 왔는지 모르겠다고 농담처럼 한 말은 진담이었다. 드골공항에 도착할 때까지 교장과 나는 모처럼 신나는 여행이었다. 좌석이 마침 뒤쪽 기내 바 옆이라 스튜어디스를 서툰 영어로 구워삶아 서비스룸을 드나들며 양주를 마음껏 얻어 마실 수 있었다. 물론 이러한 교섭은 교장의 담당이었다. 사위한테 선물하겠다고 미리 산 두 병의 양주까지 다 마셔 버렸으니 대단한 술꾼들이었다. 교장, 호탕하고 인정 있고 정의감 투철하고 정말로 나와는 세상에 하나뿐인 친구였다. 이런 친구와 함께한 파리 여행은 손자를 만나는 기쁨 외에 또다른 즐거움이었다.

파리의 지하철은 그 어느 나라보다 깊고 에스컬레이터가 없는 곳도 있어서 오르내리기가 무척 힘들 수밖에 없었다. 홍기를 안고서 오르내리기가 그렇지 않아도 힘든데 기어코 제가 걸어서 오르내리겠다니 제 어미나 나와 교장이 진땀이 날 수밖에. 닫힌 출구를 안고 나가면 기어코 밑으로 들어가서 제 발로 걸어나와야 하는 홍기의 고집은 그야말로 쇠고집이었다. 지하철을 기다리고 있는 플랫폼에서 인형처럼 예쁜 프랑스 여자 어린이를 보고 너 가서 인사하라고 했더니 거침없이 달려가 볼에 뽀뽀를 한 홍기는 정말 뻔뻔한 놈이었다. 특히 어린이를 귀여워하는 프랑스 사람들에게 홍기는 인기 짱이었다. 어린이를 태운 유모차가 길을 건너려고 기다리고 있는데 차가 달리면 경찰관은 예외 없이 운전자에게 호통을 치는 나라가 프랑스다. 시내 관광차 홍기를 유모차에 태우고 길을 건너기 위해 기다리고 있었을 때 직접 체험한 일이다. 홍기 때문에 사위의 유학 생활이 그래도 경제적으로 여유가 있었다면 믿기지 않는 얘기일 것이다. 그렇지만 사실인 것이 주거비, 우윳값 , 난방비, 심지어 완구값까지 지원을 받았다니까. 프랑스가 저출산국에서 고출산국으로 바뀐 데는 이러한 노력이 있었던 것을 쉽게 알 수 있다. 어린이 사랑에서 인간 사랑으로 이어지는 프랑스의 사상과 문화를 짚어볼 수 있는 좋은 본보기이기도 하다.

홍기를 데리고 스위스 레만호를 돌아 알프스 몽블랑 터널을 통해 이탈리아와 모나코, 남프랑스의 리스, 깐느, 리용을 거쳐 온 11일의 유럽 여행은 교장과 더불어 그 일행과 함께 다시 가보고 싶은 코스다. 안전벨트에 묶인 홍기, 앙탈을 부리다가 "이야 이야 이야빠." 무슨 뜻인가도 모르는 구호를 외치는 등 그놈 때문에 여행이 힘들기도 했지만 그놈 때문에 지루하지도 않았다. 홍기네가 귀국한 것은 사위가 박사학위를 받고 난 1993년 4월쯤이었으니까 홍기는 우리 나이로 세 살이 미처 되지 않았던 때인가 보다. 마중하러 인천 공항에 나가 출국장에서 기다리기 한 시간여 만에 아장아장 걸어 나오는 홍기의 품에는 어김없이 연두색 수건이 안겨 있었다. 이상하다 할까 신기하다 할까 별나다고 할까 아무튼 그 집착은 대단한 놈이었다. 전주로 내려오는 차 안에서 홍기는 모든 것이 처음이요 궁금한 것뿐이다. 눈에 보이는 것마다 "저게 뭐야."다. 우리 나이로 겨우 세 살인데 설명을 알아들을 만큼 이해력도 대단한 수준이었고 말의 구사능력 또한 대단했다.

홍기 애비인 사위는 서울 공대와 대학원 그리고 프랑스에서 원자력 관련 연구로 박사학위를 받았고 딸인 홍기 어미 또한 수능 예비성적 300점 이상으로 서울대학 진학을 목표했던 비교적 우수한 머리를 갖고 있었던 아이들이라 그 2세가 조금은 영특하리라는 생각은 하고 있었던 터다. 처음으로 얻은 손자놈의 영명함과 독특함이 나에게는 엄청난 재미요 기쁨이었다. 홍기가 유치원에 들어가면서도 연두색 수건은 대단한 관심거리였다. 유치원 갈 때도 가지고 간다고 떼를 쓰면 어떻게 할까. 에미의 걱정은 당연했으나 설득이 어렵지 않아 일단 집에 돌아올 때까지 수건과의 이별은 쉽게 이루어졌던 모양이다. 그렇지만 집에 들어오면 수건부터 찾는 홍기의 수건에 대한 애착은 변하지를 않았다. 어깨에 걸어도 바닥에 끌릴 만큼 큰 수건과 함께 놀고 재롱부리고 짜증부리고 떼도 쓰는 홍기는 정말 재미있는 놈이다. 초등학교와 중학을 거쳐 지금은 고등학교 3학년, 서울대학을 목표로 열심히 공부하는 가운데서도 홍기의 연두색 수건에 대한 애정은 변했을 리가 없다. 연두색 수건에 대한 끈질긴 애정이나 집착만큼 홍기는 학업성적도 매우 좋은 편이다. 대전 외국어고등학교 영어과에 진학한 홍기는 피아노 실력도 전문가 수준이고 수영, 테니스, 달리기 등 운동에도 뛰어날 뿐 아니라 학년회장에 당선될 만큼 리더십도 강한 편이다. 20년 가까운 세월 동안 그렇게 사랑을 받았던 홍기의 연두색 수건은 지금 어디에 있을까? 바래고 해졌지만 홍기 어미는 연두색 수건을 고운 보자기에 싸 장롱 깊은 곳에 소중하게 보관하고 있다. 홍기의 상징물이기도 하고 홍기의 집념을 고스란히 담고 있는 기념물이기도 한 연두색 수건은 장성하여 배필을 맞을 때 함 속에 넣어 주겠다는 딸의 얘기가 벌써 우리 딸이 며느리 볼 생각까지 하고 있구나 싶어 홀로 잔잔한 미소를 머금었다. 연두색 수건에 대한 홍기의 애착만큼이나 그런 녀석을 애지중지 그토록 훌륭하게 키워낸 홍기 에미가 장하고 예쁘다. 홍기가 장가가는 혼례청에 초대되는 영광을 누릴 수 있을는지, 그리고 그 연두색 수건을 홍기는 제 처에게 어떻게 설명할 것인지 쓸데없는 상상에 젖어 본다.

웰다잉 제1장

당신은 누구인가? 어디서 왔다가 어디로 가는가? 명쾌한 대답 대신에 '생야일편 부운기 사야일편 부운멸(生也一片浮雲起 死也一片浮雲滅)'이라는 정답도 아니고 오답도 아닐 듯한 읊조림을 남길 수밖에 없다. 현재의 나는 생명의 연원을 어디에 두고 있으며 존재의 의미는 무엇이고 사후의 귀속은 어떤 형태일까라는 의문을 구름의 뜨고 짐에 비유하는 옹색함을 보이고 있다. 사람의 일생은 결국 낳고 죽음이라는 단순한 과정에 지나지 않으므로 그것이 구름의 생성 사멸의 모습과 흡사하다는 뜻이다. 그렇지만 유아기, 유년기, 소아기, 소년기, 청년기, 장년기, 노년기 등 복잡한 성장단계를 거치는 동안 수많은 곡절과 사연을 담아내고 죽음이라는 단계에 이르게 된다.

'삶과 죽음은 한 탯줄에서 한날 한시에 태어난 쌍둥이다.', '잘 사는 것이 잘 죽는 것이다.', '죽음은 삶의 스승', '죽음은 자연의 일부'

이렇게 삶과 죽음은 일직선상에 있음이 분명하다. 제왕의 권력으로도 거부하지 못하고 천하를 사고도 남을 부로도 막아내지 못하는 죽음이기에 순명할 수밖에 없는 것이다. 그런데 '잘 사는 것(웰비잉)이 잘 죽는 것(웰다잉)'을 아는 시기는 대개 노년기에 접어든 이후다. 잘 살지 못했다면 당연히 잘 죽지도 못해야 하기에 노년의 인생은 무섭고 슬프고 절망하기 쉽다. 하지만 자신 있게 잘 살았다고 생각한다면 잘 죽을 수 있다는 자부심과 기쁨으로 나날이 즐거울 수밖에 없다. 그렇지만 이런 사람이 과연 있을 것인가? 그래서 그 어떤 죽음도 슬플 수밖에 없고 그 어떤 죽음도 회한에 젖을 수밖에 없다. 그렇지만 삶의 궤적을 더듬어 보고 스스로라도 평가해 볼 수 있는 것은 최후의 양심이 아닐지 생각해 보았다. 그것은 웰다잉을 준비하는 구차스런 작업일 수도 있다.

죽음을 준비하는 일은 여러 가지가 있겠지만 나는 유서를 쓰는 일을 첫째로 삼았다. 희수를 맞으면서 생각했던 일이 무려 삼 년이 지나서야 이루어졌다. 늦가을 햇볕이 따스하게 내려앉은 일요일 오후, 불현듯 첫 번째로 생각했던 죽음의 준비를 시작했다. 막상 시작은 했지만 무엇을 어떻게 써야 좋을지 막막했다. 물려줄 만한 재산이 없으니 재산 분배 때문에 고민할 필요는 없었다. 하지만 자식들에게 미안하다는 생각마저 떨칠 수는 없었다. 경제적으로 팍팍한 삶을 살아가는 아이들을 보면서 항상 안쓰러운 생각과 함께 나의 무능을 탓해 왔으니까. 한편으로는 빚을 물려주거나 불명예를 상속하지 않는 것만 해도 다행이려니 하고 구차스런 자위를 해 보았다. 잘 사는 것이 잘 죽는 것이라는 뜻을 조금은 알 것도 같았다. 웰비잉이라는 것이 건강에 좋은 음식만 골라 먹고 공기 좋은 곳에서 유유자적한 삶을 사는 것이기도 하지만 삶의 본질에 얼마나 충실하게 다가갔느냐도 기준이 되어야 옳다. 흔히 말하는 '하늘을 우러러 한 점 부끄러움이 없다.'고 자신 있게 말할 수 있는 사람이면 웰비잉을 실천한 사람이다. 붙잡혀온 '창녀에게 누가 돌을 던질 수 있는가.'라고 화두를 던지신 예수님의 말씀을 상기해도 마찬가지다.

마음씨 착하기로 유명한 친구가 엄청난 교통사고를 당하여 생사를 가늠할 수 없는 상황에 처한 가족이 '하느님은 죽었다.'고 울부짖는 광경을 보면서 나도 그 말에 동의를 한 적이 있었다. 그렇지만 천벌을 받아 마땅할 사람이 의기양양하게 잘 살기만 하는 경우를 보면서 내가 동의했던 친구 가족의 말이 틀렸음을 깨달았다. 잘 사는 것, 즉 웰비잉은 관 뚜껑이 닫힌 이후에야 알려지게 되는 것이라는 사실에 주목하면서부터다. '호랑이는 죽어서 가죽을 남기고 사람은 죽어서 이름을 남긴다.'는 말의 의미는 故 김수환 추기경님이 극명하게 설명해 주고 계신다. 천형을 축복으로 여기며 수만 장애인에게 희망을 남기고 간 故 장영희 교수도 마찬가지다. 이 두 분의 경우를 통하여 우리는 비로소 웰다잉의 의미를 깨닫게 된다. 얼마나 살았느냐의 문제가 아니라 어떻게 살았느냐의 문제임을 느끼게 된다. 나이 많은 가톨릭 신자라면 누구나 선종기도를 바친다. '죽음을 이기고 부활하신 주님, 저에게 선종하는 은혜를 주시어 죽음을 맞는 순간에도 영원한 천상행복을 생각하고 주님을 그리워하며 기꺼이 죽음을 받아들이게 하소서. 아멘.' 죄인으로 살았으되 죄인으로 죽게 하지 말아주시라는 간절한 기도라고 생각한다. 가끔 우리는 '아름다운 죽음'이라는 표현을 쓰게 된다. 선종기도는 바로 이러한 죽음의 은혜를 주시라는 기원이다. 동의어인 '아름다운 죽음', '웰다잉'은 그렇지만 현재형이 아니라 미래형일 수밖에 없다. 나의 죽음은 아름다운 죽음이 될 수 있을까를 생각하면서 노년의 생활은 겸허하고 자족하는 마음으로 가득해야 한다. 딴에는 그렇게 살아야겠다고 항상 다짐을 했었지만 그 실행에 대해서는 자신이 없다. 왜냐하면 세월이 흐른 뒤 투표가 아닌 공감의 평가로만 가능하기 때문이다. 한없이 가지를 치는 의문과 상념을 접고 아이들에게 남기는 글이라는 완곡한 문장으로 시작한 유서를 작성했다.

지나온 세월에 대한 반성과 후회로 시작을 했다. '오늘 나의 발자취는 후일 다음 사람이 따라서 닮는 것이라.[今日我行跡 遂作後人程]', '분발해서 먹는 것도 잊는다.[發憤忘食]', '잃어버린 시간은 다시 돌아오지 않는다.'[장왕록 박사의 묘비명] 등 선인들이 남긴 교훈을 한 가지도 실천하지 못한 것이다. 뿐만 아니라 이른바 선비정신의 근간인 인(仁), 의(義), 예(禮), 지(智)의 궁행마저 투철하지 못했다는 뉘우침이 남는다. 이를 바탕으로 아이들에게 나는 솔직한 고백을 했다. 성장의 단계적 과정을 무시하고 이유 없이 일을 서둘러 안정된 진로를 찾지 못했다. 확실한 야망을 갖지 못한 탓에 일생이 일사분란하지를 못했다. 가정을 꾸미고 다스리는 일에 중대한 하자를 범했고 생각만큼 결과가 없었다. 능력 부족이고 성의 부족이었다. 모든 일에 최선을 다하지 못했다. 1%를 소홀히 했거나 무시했기 때문이다. 항상 감사하고 베푸는 사랑의 삶을 살지 못했다. 건강은 필수라는 사실을 명심하지 못한 탓으로 가족을 우울하게 만들었고 마음껏 젊음의 기상을 펴보지 못했다. 기적 같은 삶이었다고 해도 과언이 아니다. 이제 살아갈 기적은 너희들의 몫이며 내 몫 또한 거기에 있어야 한다. 못다 한 내 몫까지 해야 한다는 뜻이다. 죽음을 치르는 일에는 비교적 자세한 말을 남겼다. 물리적으로 생명을 연장하는 일은 없도록 했고, 제례 상례에 따라 미리 준비해 둔 염습복은 쓰지 못하도록 했으며 성당에 알려 교우 가운데 쓰겠다는 사람이 있으면 기증하도록 했다. 평상시 입었던 흑곤색 양복에, 흰 와이셔츠, 고운 넥타이, 검정색 양말, 그리고 자유로운 모습으로 입관하도록 했다. 물론 화장이며 유골은 분쇄하여 값싼 오동나무 함에 담아 하루라도 빨리 흙에 돌아갈 수 있도록 했다. 이미 조성해 놓은 묘지에 순서에 따라 안장을 하고 이미 정해 놓은 와비 묘석에 생사일자를 명시하고 "작은 영웅을 꿈꾸며 살다 가다."라는 묘비명을 새기라고 했다. 조상님들의 제사는 좋은 날을 선택하여 묘지에서 합동으로 올리도록 했고 생시에 모셨던 분들의 기일에는 저녁상에 영정을 모시고 간단한 기도로 추모의 예를 갖추라고 했다. 석물 등 묘지 보존을 거의 완벽하게 해놓은 산소들은 적당한 시기에 숙부들과 상의하여 가족묘지에 옮겨 모시도록 했다. 내 명의로 된 재산, 은행구좌, 저축예금 구좌, 증권거래 구좌까지 모두 명시하여 내 모든 활동이 불가능할 시점에 정리하여 분배할 것이 있으면 삼 남매가 공평하게 나누어 갖도록 했다. 내가 거처하던 집은 들어와서 산다는 전제 아래 큰아이가 갖도록 했으며 아버지가 물려주신 고향집은 사촌들의 공동 명의로 등기하여 종가의 명맥을 이어 가도록 했다. A4용지 열 장에 육필로 쓴 유서는 법률적인 효력이야 있든 없든 아이들에게 하고 싶은 얘기며 줄 수 있는 모든 것, 그리고 당부하고 싶은 모든 것을 망라했다. 원안을 복사하여 놓고 세 아이에게 나누어 줄 시점을 생각하다가 2010년 1월 10일 전날 저녁 73세 생일이라고 모든 아이들이 내려온 날을 택하여 마지막 남기는 육성을 녹음하며 나누어 주었다.

유서를 쓴다는 것이 망설여질 뿐 아니라 어려운 일 같기도 했지만 막상 쓰기를 마치고 나니 그렇게 마음 가벼울 수가 없다. 갑자기 예기치 않은 일이 생긴다 해도 당황하거나 놀랄 것도 없을 것 같다. 남들이 하지 못한 일을 해놓았다는 흐뭇한 마음마저 들었다. 유서에도 썼지만 이제 남은 일은 사는 동안 은혜롭게 살다가 하느님의 나라에 드는 일뿐이다. 그날을 위하여 정성스레 묵주기도를 바치고 선종기도를 드릴 것이다.

熾熱했던 삶을 讚美합니다

人生 七十 古來稀가 인간수명의 상식적 한계어는 아닌 듯합니다. 육체적으로 정신적으로 건강한 칠십은 오늘도 쉽지 않기 때문입니다.

그로부터 7년, 그 짧지 않은 세월을 더하며 오히려 영혼의 성숙은 물론이고 육신의 평안까지를 일구었으니 자족의 미소를 또 어디서 찾으시리오.

頓首百拜하여 그 치열했던 삶을 지극한 마음으로 讚美하고 慶賀하나이다.

'今日我行跡 遂作後人程 오늘 내가 걸으면서 남기는 나의 발자국이 뒤에 따라 오는 사람에게는 목표를 따라 가는 이정표가 될 것이다.'

하오나 어찌 그 깊게 파여진 軌跡을 쉽게 읽을 수 있었으리까. 옛 성현의 道는 그저 道일진대 누구나 함부로 따를 수 없는 길임을 잘 아옵니다.

하여 先學께서 보여주신 그 氣高한 氣品은 오늘날 저희 後學들에게 있어 遂作後人程일 수밖에 없습니다. 步幅으로 하여도 마찬가지입니다.

불혹의 나이에 들어 이미 경영의 자질을 높이 인정받았고 거대 재벌의 바탕이 되는 사업을 일구셨으니 오늘날의 '호남식품'이었습니다. 이어서 맡은 '네셔널 플라스틱'을 동업계의 지존으로 성장시킨 것은 선배님이 창조하신 제2의 신화에 해당하는 쾌거이기도 합니다.

이 나라 최고의 명문에서 시장경제를 눈여겨 보셨던 선배님은 졸업과 함께 조미료 꾸러미를 들고 전국을 누비며 사업가의 자질과 경영의 기본을 터득하셨다지요. 그 어떤 성공 신화보다 감동적인 다큐멘터리입니다.

후학들이 어찌 감히 그 장엄한 軌轍을 쉽게 밟을 수 있었겠습니까.

그러면서도 항상 겸손을 잃지 않으셨던 모습이 한없이 존경스러웠습니다.

전주에 계시는 동안 챙겨야 할 일과 사람들이 주변에 널려 있었음에도 한 치의 마다함 없이 그 쓰리고 허전한 곳들을 어루만져 주던 모습은 저희들의 氣를 살리는 데 결정적 기여를 하셨습니다. 그리하여 남성의 門徒임을 항상 자랑스럽게 여길 수 있도록 붙잡아 주고 이끌어 주셨습니다.

상남회를 만들어 20여 년간을 이끄신 것도 남성을 지키고 남성을 빛내고자 하는 일념 때문이 아니었을는지요.

총동창회장으로, 남성동창회관 건립위원장으로, 남성장학재단이사장으로 남성이 하고자 하는 일이라면 언제나 그 중심에는 선배님이 계셨습니다.

일손을 놓고 한가로히 지내야 할 시간에도 전국방방곡곡을 찾아 갸륵하다 싶은 후배를 격려하는 일을 놓지 않으셨습니다. 그 많은 전화비는 무엇으로 감당하셨는지 모르겠습니다. 후배들에게만의 경우는 아니었지요.

그런 사연들이 빼곡히 적혔을 메모 책을 한 번 보고 싶습니다.

出齒不說이라 했던가요. 환하게 보이는 치아를 중심으로 한 선배님의 얼굴에서는 善과 德을 함께 느끼는 일러서 공자님의 인상이십니다.

1980년대 후반쯤으로 기억합니다만 故 임형순 씨가 전주문화방송 사장으로 계시던 때입니다. 소낙비가 퍼붓던 어느 여름날 저녁 무렵이었던가요. 임 사장님을 각별히 모신 잘못밖에 없는 선배님은 임 사장님의 인사방침에 대한 저의 포악에 가까운 무례한 비판을 웃음으로 받아주시던 모습이 지금도 눈에 아련합니다. 아파트 앞 우산 속이었으니까 조금은 여유로울 수 있었을 텐데 저는 그러지를 못했습니다. 그로부터 20여 년이 흘렀습니다. 그동안 끊임없이 보내주시던 사랑의 파장 속에서 제 나이만을 생각했을 뿐 선배님의 喜壽는 헤아리려 하지를 못했습니다.

그러나 선배님!

선배님이 쓰고 싶은 가장 훌륭한 시는 아직 쓰시지를 않았습니다.

가장 아름다운 노래도 아직 부르시지를 않았습니다. 최고의 날들도 아직 살지를 않았다고 여기십니다. 가장 빛나는 별도 아직 발견하지를 못한 것으로 여기십니다. 선배님의 내일이 기다려집니다. 그런가 하면 아이러니하게도 요즘 선배님의 하루하루를 보면 웰다잉에 대해 많은 생각을 하신 듯합니다. 때가 되면 속절없이 떠나야 하는 실존적 상황 때문에 주변에 대하여 너그러워지고 깨끗이 정리하려 드는 것인가요. 그것은 아닌 듯하옵니다. 좋은 책을 골라 보면서 좋은 구절을 암송하고 인터넷을 공부하고 회화공부를 하고 종교에 심취하시는 등 면면이 예사롭지를 않습니다.

그토록 의욕에 찬 행보를 지켜보면서 우선 米壽를 예약하여 드리고 싶습니다. 미수에는 반드시 스스로 쓰시고 싶은 훌륭한 시와 부르고 싶었던 가장 아름다운 노래를 들을 수 있을 것 같습니다. 선배님이 기다리시는 내일은 그날이 아닐는지요. 그때 다시 경하의 글월을 올리면서 다음의 내일을 예약하여 드리겠습니다. 지금까지의 것만 해도 감히 쳐다볼 수 없는 경지에 이르셨는데 그토록 한없는 내일을 추구하고 계시니 삼가 우러를 따름입니다. 기다려지는 선배님의 내일에 무한한 영광과 주님의 은총을 비옵니다.

丁亥년 正월 初 열흘날　安鴻燁 삼가 올림.

경계를 넘나드는 上善若水

– 熹의 ≪안골에서 도시로≫上梓에 부쳐

曾祖父님의 영전에 삼가 올립니다.

祀堂에 들어 告하여야 될 慶事이오나 이미 焚主(神主를 불에 태움)한 지 오래이온지라 靈魂을 우러러 삼가 말씀 드리옵니다. '至樂於讀書(삶에 있어 가장 보람된 것은 책과 벗하는 일)'라 하셨던 증조부님의 유훈을 착하게 받들어 熹가 정성들여 써 모은 원고를 책으로 엮어 上梓하였습니다.

이 책에 담겨 있는 사연들의 연원은 멀리 단종애사의 한 자락에 깔려 있다. 世祖의 왕위 찬탈로부터 안골의 근원을 이루고 있기 때문이다. 벼슬을 버리고 정처 없는 발길을 남으로 남으로 재촉하여 닿은 곳이 안골(內洞), 落南시조 白山公이 터를 잡아 隱居한 지 500년이 되는 곳이다. 책의 제목 ≪안골에서 도시로≫의 안골이 바로 이곳이다.

난세를 피하여 머물렀기에 생명을 부지할 수 있었던 안골, 그러나 수세기 累代를 그곳에 머물렀기에 자손들은 衰落의 悲運을 겪을 수 밖에 없었다. 그러나 曲流, 不爭, 기다림, 若水의 忍苦가 上善으로 이어졌던가. 500년 동안 태평의 세월에 안주할 수 있었다. 급기야 경계를 넘나드는 깨달음이 있었고 안으로부터의 탈출, 개척과 희망을 꿈꾸게 되었다. 내가 그랬고 燾가 그랬고 우리들 安門의 젊은이 모두가 그랬다. 책의 제목을 보면서, 천근만근 가문의 桎梏을 돌이켜 볼 수 있었고 조상님들의 悔恨을 곱씹을 수 있었다. 그러나 안에서 밖으로의 탈출이 그리 쉬웠던 歷程이었을까. 〈안골마을의 사계〉에서 포근하게 감싸주는 안골을 그리워했고 〈어린 날의 잔상〉에서 슬픔과 아픔도 소중한 추억이라 했다. 〈삶의 흔적〉에서, 추억으로 분장한 눈물을 본 듯했다. 그리고 곳곳에 숨어 있는 아픔과 다짐을 읽을 수 있었다. 내가 느끼고, 겪고, 걸었던 길에 다름 아닌 것을 다시 보는 듯하여 마치도 내가 타임머신을 타고 있다는 착각을 했다. 燾와 나는 위 아랫집에서 함께 자란 형제였으니까.

≪안골에서 도시로≫는 문학의 모든 장르를 망라했다. 결코 쉬운 일일 수 없다. 심지어 원고에 담긴 사연과 문학성을 다듬고 모으면 훌륭한 소설이 꾸며지고 희곡이 건져질 것도 같다.

上善若水의 도를 깨우치려 했던가. 후배를 앞세워 교장의 자리에 오르게 하고도 한 마디 서운한 말을 하지 않았던 기백이 정말 자랑스러웠다. 돌아가려 했던가. 낮은 곳을 채우려 했던가. 높은 곳을 만나 기다리려 했던가? 지나고 나면 일장춘몽인 것을, 그저 그 너그럽고 여유로움에 고마울 뿐이었다. 모름지기 仁者의 道를 訓戒하셨던 先祖의 遺訓을 받든 셈이다. '내 자녀가 어질기를 바란다.(我望子女賢)'는 할아버님 가훈의 핵심을 실천한 것이다. 어찌 그 경계에 서서 갈등이 없었으리오만 넘나드는 경계에서 마지막 선택의 용기가 참으로 가상할 따름이다. '사소한 것에 목숨을 걸지 말라.'는 리처드 길슨의 충고를 새기고 있었는가도 싶었다.

험난한 환경을 무릅쓰고, 가고자 하는 길에 정진했던 당찬 모습이 대견스러웠다. 무엇보다도 내가 닦지 못한 曾祖父님의 학덕을 기리는 길이었기에 더욱 그랬다. 대학원 과정에서 漢文學을 전공하여 가문의 學脈을 이어준 데 고마움을 느낀다. "만일 네가 없었으면 우리 집안의 체면이 어찌 되었을꼬?" 〈나의 증조부 염와 할아버지〉에서 그 절절함이 풍긴다.

'禮以制家, 예로써 집안을 다스려라.' 회헌선조(文成公 安珦)의 유훈을 받들어 착실하게 실천에 옮겼다. 안도현 시인의 '좋은 시를 쓰기 위하여 연애를 많이 하라.'는 객담에 취했던 모양이다. 편력의 솔직함을 글에 담고 있지만 나는 그것이 결코 낭만이었음을 믿는다. '즐겁게 대화를 나눌 수 있는 사람과 결혼하라. 늙으면 그것이 아주 중요해질 테니까.' 〈삶을 위한 지침〉이라는 작자 미상의 장시를 감명 깊게 보았던지, 燾의 가정생활은 詩 그대로이고 제가의 본을 보여주고 있다. 〈진주 같은 부부〉, 〈나의 아내〉, 그리고 막내 딸의 獻辭 「아버지의 방학을 축하드리며」 등에 진솔함이 드러나 있다.

사랑은 생명 이전이고
죽음 이후이며
천지창조의 시작이고
지구의 해석자

시라기보다는 마치 경구와 같이 짧은 "에밀리 디킨슨"의 시를 닮기 위하여 평생을 한결같이 애쓴 흔적이 돋보인다. 치열한 삶의 역정에서 사랑은 분명 생명의 원천일 수밖에 없으니까.

그러나 이제, '무거운 짐진 자들아, 다 내게로 오라. 내가 너희를 쉬게 하리라.' 한없는 사랑과 자비의 울림을 들을 때가 되었다.

耳順의 턱을 넘어 七旬으로 가는 길에, 무거웠던 짐을 내려놓고 훨훨 자유의 나래를 폈으니 이제는 영혼의 안식과 依託을 진지하게 생각할 때다. 오랫동안 섬기던 교단을 떠나 남편과 함께 성당에서 일치를 이루기로 한 그 아내의 신앙적 포용은 가히 우러러볼 일이다.

언젠가는 뵙게 될 하늘나라의 曾祖父님 靈 앞에서, 너와 내가 나란히 앉아 500년 恨의 타래를 풀면서 칭찬의 말씀을 듣게 될 환영을 떠올리게 된다. 축하한다.

길이 文運을 이어가기 바란다.

■ 발문

맑은 눈으로 보는 세상

라 대 곤 | 소설가

내가 수필가 안홍엽 형의 두 번째 산문집 ≪사랑이 꽃비 되어≫ 발문을 쓰기로 결정하고 먼저 혼돈에 빠진 것은 호칭 때문이었다. 통상으로는 선생으로 대칭이 되겠지만 그럴 수만은 없다고 생각을 한 것은 형과 나는 십여 년을 형이야 아우야 하고 살아왔기 때문이었다.

고민 끝에 통념을 깨고 형이라는 칭호를 써야겠다고 생각하고 글을 시작했다. 형이 굳이 문단의 말석에 있는 아우에게 발문을 써 달라고 하는 것은 허명이나 문단의 지위를 떠나서 인간적인 면에서 본 형의 모습을 진솔하게 써 달라는 뜻으로 받아들여졌기 때문이다.

나는 형을 처음 만났을 때를 기억한다. 참 인간적인 사람이라고 생각했었다. 정감이 흐르는 조용한 목소리, 선한 미소를 머금은 부드러운 얼굴, 오랜 언론인 생활보다는 시골에서 조용히 살다 나온 선비 같은 모습이었다.

첫인상과 함께 해박하고 소박한 형의 글은 내 마음을 사로잡기에 충분했다. 첫 번째 작품집 ≪작은 영웅들을 위하여≫를 필두로 최근의 작품들까지 많은 글들이 내게는 감동이었다. 또한 세상을 바르고 곱게 보는 형의 따뜻한 인간미는 만나볼수록 정감이 일었다.

자신보다 남을 먼저 배려할 줄 아는 신사, 마음처럼 맑은 눈으로 보는 세상, 참 따뜻한 사람이었다. 모두가 형의 글 속에도 자명하게 나타나고 있었다.

수필이 자신의 이야기일진대 형의 글 속에는 자신의 주장이나 자랑보다는 대부분 주변의 훈훈한 이야기들을 감동과 융화로 폭넓게 추슬러 꾸며놓은 것들이었다.

법정 스님과 이해인 수녀님의 인연을 다룬 정겨운 이야기가 있는가 하면 백혈병을 앓고 있는 브래드라는 소년의 먼 나라 이야기가 가슴을 울리기도 한다.

두 편 속에 들어 있는 문장을 조금 인용해 보자.

글을 읽으며 나는 햇빛에 영롱한 아침 이슬을 보는 것 같았고 방긋 피어날 듯 말 듯한 매화꽃, 수채화를 보는 느낌이었다. 물처럼 구름처럼 바람처럼 담백한 심성이 풍겨주는 향기 때문이었다.

비록 2주간의 짧은 시간이었지만 사랑이라는 영원한 가치를 실천이라는 선물로 남기고 간 열한 살 브래드 군의 명복을 빈다. 지구촌을 달군 이 훈훈한 이야기가 바로 우리 옆에 등장한 자선냄비에 가득 찬 세모가 되었으면 좋겠다.

첫 번째 인용문은 유려한 문체로 '글이란 이런 것이다.'라고 하는 본보기같이 서정의 아름다움과 순수한 인간의 정을 보여주었다. 두 번째 인용문에서는 융화로 자선을 좇아가고자 노력하는 것이 눈에 보인다. 두 문장 모두 해박한 지식으로 타인의 삶을 거울로 자신의 속내를 내보이는 겸손일 것이다.

다른 글들도 모두 나름대로 특색이 있었다. 형의 글 속에는 끝없는 탐구와 미래가 들어 있음을 볼 수가 있다. 가까이 또는 멀리까지 두루 찾아내고 있는 폭넓은 지식은 끝없는 노력에서 오는 것임을 짐작하게 해 준다.

〈보리피리 소리가 들리더이다〉에서 인용한 한하운 선생의 전라도 길은 너도나도 한 번쯤 외워 보았음 직하지만 <파랑새>는 쉽게 접해 보지 못한 시(詩)다. 낯설다고 생각하고 있었는데 형은 너무나 잘 외우고 있었다. 경이로운 일이었다.

아쉽지만 한 문장만 더 인용해 보고 이 글을 마치고 싶다.

> 장 교수의 글을 읽고 있노라면 영혼의 소리를 듣고 있는 것 같아 삶 자체가 신비스러워짐을 느낀다.

〈57세의 문학소녀 장영희〉의 인용문이다. 생의 마지막 속에서도 좌절을 넘어 영혼의 길을 찾아서 삶의 의지를 좇아가는 아름다운 이야기로 희망을 만들어 가고자 했을 것이다. 남의 글을 읽고 사랑할 줄 아는 것은 진정 미덕이요, 겸손이라고 생각한다.

수필가 안홍엽 형의 두 번째 산문집 상재를 진심으로 축하드리며 이 시대에 진정 우리가 바라는 마음 따뜻한 수필가로 거듭나기를 바라면서 발문을 띄운다.

2011년 가을.

안홍엽 두 번째 산문집

사랑이 꽃비 되어

인　　쇄 / 2011년 11월 10일
발　　행 / 2011년 11월 15일

지 은 이 / 안 홍 엽
펴 낸 이 / 서 정 환
펴 낸 곳 / 신아출판사

출판등록 / 1984년 8월 17일 제28호
주　　소 / 전주시 완산구 태평동 251-30
전　　화 / (063) 275-4000 · 252-5633
팩　　스 / (063) 274-3131
전자우편 / sina321@hanmail.net
shina321@chol.com

값 15,000원

ISBN 978-89-5925-925-0 03810